KEVIN DeYOUNG & TED KLUCK

NÃO QUERO UM PASTOR BACANA

E OUTRAS RAZÕES PARA NÃO ADERIR À IGREJA EMERGENTE

Traduzido por EMIRSON JUSTINO

MC
mundocristão
São Paulo

Sumário

Prefácio

DA JANELA DO MEU QUARTO de hotel, vejo a antiga cidade de Budapeste. Do outro lado da rua fica o Quarteirão Reformado, uma parte da cidade que atraiu pessoas e igrejas reformadas no século XIX quando Budapeste iniciava sua industrialização e florescia. Não muito longe dali fica a Praça Calvino e, na rua por onde andei hoje, vi até um Café Calvino.

Enquanto olho aquelas ruas ladeadas de acácias e sicômoros, bem como repletas de edifícios grandiosos, pondero sobre a notável justaposição de dois aspectos da história da Hungria. Por um lado, aqui estão os edifícios que, por sua graça e solenidade, falam de outra era e de outros tempos. Por outro, não há nada que relembre a história recente de Budapeste, sob o regime comunista. Não tenho dúvida de que a opressão deixou suas marcas no espírito humano, mas hoje um visitante de Budapeste, como eu mesmo, não vê absolutamente nada relacionado àquele episódio doloroso.

Desta vez, estou em Budapeste para participar de algumas reuniões. Discutiremos a verdade imutável do evangelho cristão em meio à cultura mutante de nosso mundo. Enquanto olho pela janela do meu quarto, me ocorrem alguns paralelos entre o que estou vendo e o que discutiremos. Será que essas verdades bíblicas não guardam certa semelhança com o prédio que observo, que resistiu aos séculos e sobreviveu a tantos períodos culturais, a guerras e a conquistas? Como vimos, as tentativas comunistas de engenharia social na segunda metade do século XX, embora extraordinariamente danosas, também foram iguais a qualquer outro movimento que surge: tiveram seu período sob o sol e então desapareceram. Não estamos exatamente nesse ponto em relação à verdade imutável do cristianismo bíblico em meio a culturas que mudam constantemente?

A analogia não é perfeita, eu sei; também sei que essa sugestão de que doutrinas são como prédios irrita os pós-modernos. Eles acham — como este livro explica — que uma conversa desse tipo está mais próxima do Iluminismo do que da Bíblia, que demonstra um tipo de escravidão cultural àquilo que é moderno. A ideia de verdade como algo que pode ser conhecido e que não muda parece objetiva demais, racional demais, distante demais, remota demais, não relacional demais e também... bem, perfeita demais para o momento penoso e desalentador em que vivemos, quando é mais importante ser honesto sobre nós mesmos do que defender verdades abstratas. Essa ideia particular de verdade, portanto, é algo a ser abandonado, não abraçado.

Contudo, essa objeção é o que nos leva ao cerne da principal questão de nosso tempo, na qual este livro se envolve de maneira habilidosa e cativante. É a única coisa que consigo dizer com minhas próprias palavras, esforçado e perseverante como sou. Felizmente os leitores podem seguir estes dois autores. Eles não apenas exploram essa questão do seu próprio jeito, como também o fazem com muita perspicácia.

Kevin DeYoung e Ted Klock escrevem, por assim dizer, no nível das ruas, como a vida é vivida dia após dia no mundo e um fim de semana atrás do outro na igreja. Fizeram um excelente trabalho ao levantar essas questões que são tão importantes para a vida e o bem da igreja.

É difícil para nós dar um passo atrás, saindo de nosso lugar neste mundo, para olhar para nós mesmos de maneira objetiva. Isso parece impossível para os pós-modernos, que acham que jamais se pode fugir da própria subjetividade dessa maneira — e eles nem sequer desejam isso. É exatamente nesse ponto que nos envolvemos de novo com a questão central de nosso tempo. Se nossa própria subjetividade é preservada do escrutínio, como será possível chegar a desenvolver uma noção criteriosa da relação entre Cristo e a cultura? E, na ausência dessa avaliação cuidadosa, não terminamos sempre caindo em uma posição ou Cristo ou a cultura? Não é nessa direção que muitos emergentes estão seguindo, resultando que Cristo seja cada vez mais semelhante à cultura (pós-moderna)?

A verdade é que, sem a capacidade de ser autocrítico, é muito provável que levemos conosco para a fé cristã uma mentalidade que reflete nossa cultura pós-moderna. Tal mentalidade nos inclina a viver dentro do reino do particular e a sermos pessimistas em relação a tudo o mais, a confiar em nossos próprios impulsos subjetivos e a desconfiar dos de qualquer outra pessoa, a pensar que a verdade foi uma invenção do Iluminismo e que a tolerância ao ponto de vista de outras pessoas é a maior de todas as virtudes.

Hoje valorizamos os relacionamentos porque possuímos poucos que realmente perduram; queremos ser ouvidos porque poucos nos escutam; queremos nos conectar porque somos muito solitários e pensamos que somos superiores a todas as gerações anteriores (o que, ainda hoje, é um ponto no qual a ideia iluminista de progresso não foi vencida). Existe uma grande possibilidade de que essas e muitas outras atitudes semelhantes sejam trazidas para a igreja. Elas constituem o lugar no qual nos colocamos e do qual avaliamos a igreja.

Sendo assim, o que acontecerá quando o envolvimento dessa cultura interiorizada acontecer conforme a Palavra de Deus for pregada? Qual deve ser a aparência dessa fé cristã nesse contexto (pós-moderno)? E como devemos pensar nos emergentes que procuraram encarnar a fé cristã nesse contexto?

Essas são as questões abordadas neste livro. Deixemos agora que os autores nos ofereçam sua análise e suas respostas.

David F. Wells
Autor de *Above All earthly Pow'rs: Christ in a Postmodern World*
[Acima de todos os poderes terrenos: Cristo em um mundo pós-moderno]

INTRODUÇÃO

Ainda imergente depois de todos esses anos

[Kevin]

Há duas maneiras de chegar em casa; e uma delas é permanecer ali.

G. K. Chesterton, *O homem eterno*

NASCI EM 1977. SOU PASTOR. E não sou emergente.

Cresci em um subúrbio da cidade de Grand Rapids, no estado norte-americano de Michigan, em uma comunidade com fortes raízes reformadas holandesas. Fui criado em um lar cristão por pais amorosos e tementes a Deus que trabalham em uma rádio missionária. Juntamente com meus pais e três irmãos, frequentei uma igreja reformada de porte médio que, de modo geral, era mais evangélica do que reformada. Com chuva ou sol, na saúde ou na doença, na pobreza ou na riqueza, ia àquela igreja duas vezes por domingo, frequentava a reunião dos jovens nos domingos à noite e participava dos eventos de meio de semana praticamente todas as quartas-feiras. Em outras palavras, cresci em um lar evangélico, em uma igreja evangélica, em uma região evangélica de meu país.

Para muitas pessoas, essa criação explica por que sou um pastor conservador e reformado. Para outras, porém, pode parecer estranho que me tenha alinhado tão fortemente à ortodoxia evangélica histórica em geral e à teologia confessional reformada em particular. Em muitos aspectos, sou um forte candidato à igreja emergente.

Para começo de conversa, faço parte da geração X (ou Y, ou *busters*, ou do milênio; não consigo levar esses títulos a sério). Eu deveria ser membro de uma dessas igrejas de pregação dialógica e cheias de tecnologia dos anos 1980. Diante de toda televisão e filmes que já vi, deveria ser menos linear e mais ligado a histórias e imagens. Deveria estar no mínimo em uma crise de fé típica dos que estão na faixa dos trinta anos. Deveria estar pensando de que maneira tudo isso que conheci como cristianismo pode sobreviver nessa matriz pós-moderna. Deveria questionar a igreja como a conhecemos e reimaginar a igreja para a minha geração.

Afinal de contas, cresci em um gueto evangélico da região conservadora do oeste de Michigan. Deveria me juntar a muitos de meus colegas no desprezo pela "bolha" evangélica e sua visão fechada e doutrinariamente rígida da fé cristã. Depois de ter minha fé cristã desconstruída por muitos dos professores da faculdade denominacional que frequentei, lá no meio do nada, deveria ter tentado fazer as pazes com minha criação conservadora e o cristianismo mais liberal de meus professores, desviando-me para o mundo emergente de mistério, jornada e incerteza — o verdadeiro mingau dos que não são nem muito fundamentalistas nem muito liberais. Eu deveria ter-me rebelado (depois de ter desfrutado de todos os benefícios da segurança, da provisão e do amor) contra a criação de minha família, considerando-a, em retrospectiva, artificial, estoica e acomodada. Como muitos dos que estão na igreja emergente, deveria ter zombado de meu passado evangélico e ter traçado um futuro mais emergente.

Mas não fiz nada disso.

Atualmente, sou pastor de uma igreja de tamanho médio em East Lansing, Michigan, e do outro lado da rua fica a Universidade Estadual de Michigan (cerca de 45 mil alunos). Prego longos sermões doutrinários e expositivos que proclamam a singularidade de Jesus Cristo, a realidade do inferno, as exigências da obediência, a chamada ao evangelismo, a responsabilidade do ministério de auxílio e as gloriosas verdades da eleição incondicional e da redenção particular (embora nem todo mundo na igreja ache que essas duas últimas verdades sejam tão gloriosas como eu as considero).

A igreja na qual sirvo tem bacharéis, mestres, acadêmicos estrangeiros, funcionários, professores e chefes de departamentos, todos da universidade. Também há pessoas de fora, mas fico surpreso de ver quantos estão ligados à universidade de alguma maneira. Não é mérito meu ou de meu ministério ter essas pessoas na igreja. Cheguei há apenas alguns anos. Muitos estão ali desde muito antes de minha chegada. Menciono o cenário e a composição da igreja simplesmente para deixar claro que não sou pastor de uma igreja homogênea em termos étnicos, culturais ou teológicos. É fato que East Lansing está no meio-oeste norte-americano. Não é San Francisco nem Nova York. Mas ser uma cidade universitária dá à cidade um tom muito mais diversificado, acadêmico e liberal do que, digamos, a cidade onde cresci, a 120 quilômetros a oeste dali.

Até aqui, meu ministério em East Lansing tem sido breve, sem destaque e, espero, fiel. Muitas pessoas se juntaram a nossa igreja. Algumas partiram. Iniciamos alguns ministérios e encerramos outros. Têm havido algumas controvérsias e alguns sucessos. Descrentes têm se convertido e cristãos têm sido edificados na fé. Somos visionários esforçados tentando aprender a Bíblia, amar uns aos outros, falar do evangelho e adorar a Deus em espírito e em verdade.

A questão é que, aos trinta anos de idade, não tenho um grande histórico de sucesso como pastor, tampouco sou um melancólico carrancudo. Amo pregar e amo minha igreja. Espero que minha congregação ame a boa pregação e que seus membros amem uns aos outros também.

Por que começar com uma autobiografia? Não é porque eu tenha uma grande história para contar. A maior parte do restante deste livro (pelo menos a minha parte) será leve em histórias e pesada em reflexão mais acadêmica. Apresento algumas páginas sobre mim mesmo apenas para demonstrar que você pode ser jovem, apaixonado por Jesus Cristo, cercado de diversidade, envolvido em um mundo pós-moderno, criado no evangelicalismo e não ser um cristão emergente. De fato, quero defender a ideia de que seria muito melhor se você não fosse.

Sobre o que e sobre quem estamos escrevendo?

Ao discutir esse novo movimento, usaremos o termo emergente em sentidos diferentes. No sentido exato da palavra, nossa crítica não está voltada para aqueles que tentam envolver-se com a cultura emergente, mas com a igreja emergente. Alguns usam o termo emergente para categorizar aqueles que estão tentando contextualizar o evangelho para os pós-modernos, enquanto outros se referem à organização agora dirigida por Tony Jones e associada especialmente a Doug Pagitt e Brian McLaren. Mark Driscoll, por exemplo, da Mars Hill Church em Seattle, que se distanciou da igreja emergente, embora ainda tente envolver os pós-modernos, defende que "a igreja emergente é parte do Movimento da Igreja Emergente, mas não abraça a ideologia dominante do movimento. Em vez disso, a igreja emergente é a última versão do liberalismo. A única diferença é que o velho liberalismo favorece a modernidade, e o novo liberalismo favorece a pós-modernidade".[1] Driscoll talvez não seja o único a fazer a distinção entre os usos do termo "emergente", mas carregar essa distinção pelo livro inteiro seria incômodo para a maioria dos leitores.

Quando falamos sobre a igreja emergente, não nos estamos referindo simplesmente àquilo que é novo, pós-moderno, "antenado" com a cultura e que tem boas chances de fazer sucesso com essa geração. Também não nos estamos referindo apenas à organização emergente oficial. Alguns autores que citamos fazem parte da Vila Emergente, outros não. Estamos falando de um movimento liderado e inspirado por um grupo de autores e pastores que expressam muitas das mesmas preocupações com a igreja evangélica, que tratam de muitos temas semelhantes e frequentemente falam como as vozes mais influentes da conversa emergente. Não queremos ficar presos a rótulos, muito menos envenenar tudo e todos que têm sido chamados de emergentes. Para os propósitos deste livro, porém, a palavra "emergente" tem sempre o mesmo sentido.

Enquanto trabalhava neste projeto, a pergunta número um que ouvi de amigos e familiares foi: "Então, afinal o que é a igreja emergente?". Definir a igreja emergente é como pregar gelatina na parede. O "o que" e o "quem" do movimento são praticamente impossíveis de definir. Isso se deve, em parte, ao fato de o movimento ser novo (pelo menos em nome e estilo, ainda que nem sempre em substância). Novos movimentos são sempre mais amorfos e menos codificados.

Mas essa natureza gelatinosa da igreja emergente também é intencional. Afinal de contas, tudo é apenas "uma conversa". Autores, blogueiros e pastores emergentes não se veem como líderes ou teólogos dotados de autoridade, apenas como pessoas que conversam. Essa é uma das partes mais admiráveis e ao mesmo tempo frustrantes da igreja emergente. É admirável porque os cristãos emergentes admitem que suas ideias são apenas exploração e experimentação, sem serem definitivas em nenhum aspecto. Isso é agradavelmente honesto e discreto. É frustrante porque o mantra "estamos apenas em uma conversa" pode se tornar uma manobra por meio da qual os líderes emergentes facilmente se fazem ouvir, mas que impossibilita que sejam reconhecidos com a mesma facilidade.

Uma coisa é um aluno do ensino médio avaliar sua teologia. Outra, bem diferente, é adultos que escrevem livros e falam mundo afora sobre suas reflexões e temores. Concordo que é necessário haver espaço para que cristãos façam perguntas difíceis e explorem as tensões de nossa fé, mas sinceramente questiono a ideia de que esse espaço deva ser amplamente público, no qual centenas de milhares de homens e mulheres aguardam ansiosamente pelo próximo livro, *blog* ou *podcast* que surja da jornada de fé de alguém. Não importa o rótulo que se coloque; a partir do momento em que você começa a vender milhares de livros, falar pelo país e pelo mundo e ser procurado como fonte de orientação espiritual e eclesiástica, você deixou de ser apenas um parceiro de conversa. Você é líder e mestre. E isso é coisa séria, como nos diz Tiago: "Não sejam muitos de vocês mestres, pois vocês sabem que nós, os que ensinamos, seremos julgados com maior rigor" (3:1).

Vamos voltar ao ponto: a tentativa de explicar a igreja emergente. Para alguns, "emergente" não significa nada além de um novo estilo e de uma nova abordagem da adoração ("sofás, velas e café"). Para outros, sinaliza uma apreciação pelo pós-modernismo. Para outros ainda, significa uma volta a uma forma de cristianismo mais antiga, primitiva e imaculada. Em nível popular, "o termo igreja emergente tem sido aplicado a congregações de nível elevado e voltadas a jovens que chamaram atenção por seu rápido crescimento numérico, sua habilidade de atrair (ou reter) pessoas na faixa dos vinte anos, sua adoração contemporânea, baseada em música de estilo popular, e em sua habilidade de se promover entre a subcultura cristã por meio de *websites* e propaganda boca a boca".[2] Ou, como disse Andy Crouch na revista *Christianity Today*, igrejas emergentes são "frequentemente urbanas, desproporcionalmente jovens, preponderantemente brancas e muito recentes".[3]

Um de seus críticos descreveu a igreja emergente como um movimento de protesto — um protesto contra o evangelicalismo tradicional, um protesto contra o modernismo e um protesto contra as megaigrejas preocupadas com os sem-igreja.[4] Outros, simpáticos ao movimento, usaram o acrônimo EPIC: Experimental, Participativo, Imagético e Conectado.

Algumas definições são tão amplas que acabam sendo de pouca ajuda. Que cristão não quer "1) identificar-se com a vida de Jesus, 2) transformar o mundo secular e 3) viver uma vida de comunhão profunda" e, como resultado, "4) dar boas-vindas aos de fora, 5) servir com generosidade, 6) participar ativamente, 7) criar como seres criados, 8) liderar como um corpo e 9) tomar parte em atividades espirituais"?[5] Outras definições trabalham com dicotomias, contrastando o ministério moderno com o pós-moderno, como o movimento do racionalismo para a personificação, do poder para o serviço, da informação para a formação, da limitação para a expressão, das festas para a oração e da teoria para a ação.[6]

Diante de definições tão variadas, optamos por nos concentrar em "o que" da igreja emergente ao focar em "quem". É claro que isso exige pregar muito mais gelatina na parede. Como qualquer cristão emergente vai lhe dizer, ninguém fala em nome do movimento e ninguém fala em nome de nenhuma outra pessoa. Mais uma vez, isso é muito conveniente e muito frustrante. Em certo nível, a igreja emergente se torna qualquer coisa que uma pessoa qualquer que se diga "emergente" venha a pensar em dado momento.

Em um artigo extraído do *site theooze.com* de 2 de junho de 2005, intitulado "Responses to Recent Criticisms" [em português, Respostas a críticas recentes], Tony Jones, Doug Pagitt, Spencer Burke, Brian McLaren, Dan Kimball, Andrew Jones e Chris Seay argumentam: "Ao contrário do que alguns disseram, não há um teólogo ou porta-voz único da conversa emergente. Cada um de nós fala por si, e não somos representantes oficiais de ninguém, nem necessariamente endossamos tudo o que é dito ou escrito pelo outro".[7] Ótimo. Mas se sete homens se reúnem em um artigo para responder às críticas feitas, eles deveriam ao menos admitir que não apenas compartilham de algumas coisas comuns, como também são alguns dos principais influenciadores (já que não podemos usar o termo "porta-vozes") naquela conversa. Pode chamar isso de amizade, rede de contatos ou teia de relacionamentos, mas, quando pessoas endossam o livro umas das outras, citam as mesmas conferências e escrevem nos mesmos *blogs*, certamente há algo que nos leva a enxergar um movimento óbvio ali.

Sejamos totalmente claros: entendemos plenamente que emergente significa uma centena de coisas diferentes para uma centena de pessoas diferentes. Assim, se aquilo que você ler nestas páginas não for o que você entende por emergente, que seja. Poderíamos incentivá-lo a reconsiderar seus rótulos, mas se aquilo que descrevemos como emergente não for o que você é como emergente, então, certamente seja emergente. Mas, se a igreja emergente existe como um movimento real e identificável ("conversa", se você preferir), então seu espírito certamente é capturado por autores como Brian McLaren, Doug Pagitt, Peter Rollins, Spencer Burke, David Tomlinson, Leonard Sweet, Rob Bell e Tony Jones.

Precisamos acrescentar três advertências aqui. Em primeiro lugar, não consideramos nossos parceiros de luta emergentes como os "vilões" e nós os "mocinhos". É certo que muitos dos que leem este livro foram ajudados por esses homens, seja pessoalmente, seja por meio de seus textos. Por viver na cidade em que Rob Bell cresceu e por Bell viver na cidade em que eu cresci, já ouvi muitas pessoas, incluindo amigos meus, se enfurecerem com aquilo que aprenderam com os ensinamentos de Bell. Já o escutei muitas vezes; ele é um ótimo professor. É bem provável que grande parte do que ele ensina seja perfeitamente bom. O mesmo provavelmente vale em relação à maioria dos autores emergentes que citamos. Queremos destacar algumas preocupações sérias sobre o pensamento deles (especialmente o que está expresso em seus textos), mas não queremos rebaixar tudo o que eles dizem nem criticar qualquer pessoa que já tenha sido abençoada por seus ministérios.

Segundo, estamos cientes de que nem todo mundo que criticamos neste livro usaria de bom grado o rótulo de emergente. Falamos em alguns pontos sobre homens como Donald Miller e Erwin McManus. Sua teologia é certamente distinta da de Doug Pagitt ou Brian McLaren. Entendemos que eles podem fazer parte de círculos diferentes, mas ouvimos alguns dos mesmos interesses e termos sendo usados. Ao criticar a igreja emergente, não tentamos criticar uma palavra ou um rótulo. Tentamos interagir com certo número de autores e pastores populares, na maioria jovens, que defendem que "se faça igreja de outro jeito" de maneira semelhante em muitos aspectos. Rob Bell é outro exemplo que citamos com frequência. Bell provavelmente não chamaria a si mesmo ou a sua igreja de "emergente". Mas seus textos abordam os mesmos temas e costumam chegar às mesmas conclusões daqueles que estão sob o guarda-chuva emergente. Bell também reconheceu a influência formativa que McLaren tem tido na modelagem de seu ministério no decorrer dos últimos anos.

A terceira advertência está intimamente ligada à segunda. Percebemos que nenhum dos homens citados acima (ou em outros lugares deste livro) é o porta-voz oficial, e nenhum deles pode ser responsabilizado por aquilo que os outros dizem. Reconhecemos essa diversidade de opiniões, mas não poderíamos chamar o livro de *Por que não concordamos com Brian McLaren, Leonard Sweet, Rob Bell e Doug Pagitt, que podem ou não concordar uns com os outros e que não podem falar em seu nome como cristão emergente.* Consideramos que há suficientes temas, protestos e ideias compartilhadas e comuns a esses autores, apenas para mencionar alguns, para reuni-los sob o estandarte mais amplo da igreja emergente.

Você é emergente?

Depois de ler quase cinco mil páginas de literatura relacionada à igreja emergente, não tenho dúvidas de que a igreja emergente, embora definida de uma maneira livre e muito pouco uniforme, possa ser descrita e criticada como um movimento diversificado, porém reconhecível. Você pode ser um cristão emergente: se ouve U2, Moby e a música "Hurt", de Johnny Cash (às vezes até mesmo na igreja); se as ilustrações do seu sermão são tiradas da série Família Soprano; se bebe café expresso com leite à tarde e cerveja Guinness à noite e sempre usa um computador da Apple; se sua lista de leituras consiste basicamente em autores como Stanley Hauerwas, Henri Nouwen, N. T. Wright, Stan Grenz, Dallas Willard, Brennan Manning, Jim Wallis, Frederick Buechner, David Bosch, John Howard Yoder, Wendell Berry, Nancy Murphy, John Franke, Walter Winks e Lesslie Newbigin (isso sem mencionar McLaren, Pagitt, Bell etc.) e se seus oponentes incluem autores como D. A. Carson, João Calvino, Martyn Lloyd-Jones e Wayne Grudem; se sua ideia quintessencial de discipulado cristão é Madre Teresa de Calcutá, Martin Luther King Jr., Nelson Mandela ou Desmond Tutu; se você não gosta de George W. Bush, de instituições, de grandes negócios, de capitalismo ou do cristianismo de *Deixados para trás*; se suas preocupações políticas são pobreza, aids, imperialismo, atitude belicista, salários de presidentes de empresas, consumismo, aquecimento global, racismo e opressão e não se preocupa tanto com aborto e casamento homossexual; se você é boêmio, gótico, se gosta de *rave* ou do estilo *indie*; se fala sobre o mito da violência redentora ou sobre o mito da certeza; se passa noites em claro ou tem pesadelos só de pensar nas muitas áreas em que o modernismo arruinou sua vida; se ama a Bíblia por ela ser uma linda e inspiradora coleção de obras que nos leva ao mistério de Deus, mas que não é inerrante; se busca a verdade, mas não tem certeza de que ela pode ser encontrada; se já esteve em uma igreja com labirintos de oração, velas, massa de modelar, desenhos de giz, camas ou saquinhos de feijões (seu grupo de jovens não conta); se detesta palavras como linear, proposicional, racional, máquina e hierarquia e usa palavras como antigo-futuro, *jazz*, mosaico, matriz, missional, *vintage* e *dance*; se cresceu em um lar cristão bastante conservador que, em retrospectiva, parece legalista, crédulo e rígido; se você apoia a presença de mulheres em todos os níveis ministeriais, se prioriza o urbano acima do suburbano e se gosta de sua teologia narrativa em vez da sistemática; se não acredita em separação entre sagrado e profano; se quer ser a igreja, e não apenas ir à igreja; se anseia por uma comunidade que seja relacional, tribal e primordial como um rio ou um jardim; se acredita que a doutrina atrapalha a ocorrência de um relacionamento interativo com Jesus; se acha que não é da conta de ninguém saber quem vai para o inferno e, de qualquer forma, se haverá alguém ali; se acredita que a salvação tem pouco a ver com expiação pela culpa e muito a ver com trazer toda a criação de volta à *shalom* com seu Criador; se acredita que seguir a Jesus não é crer nas coisas certas, mas viver da maneira certa; se fica realmente perturbado quando as pessoas falam sobre ir para o céu em vez de o céu vir até nós; se despreza a pregação didática e em forma de monólogo; e se usa a palavra "história" em todas as suas proposições sobre o pós-modernismo.

Se esse parágrafo — como um todo ou em parte, horrivelmente escrito como foi — o descreve, então talvez você seja um cristão emergente.

O "como" deste livro

Chega de "o que" e de "quem". Deixe-me fazer alguns comentários gerais sobre o "como" deste livro. Primeiramente, escrevemos como cristãos falando sobre cristãos. Portanto, queremos criticar como cristãos. Felizmente, nossos comentários seguem a máxima "quem fere por amor mostra lealdade" e não são do tipo caluniador e malévolo. Nossas discordâncias são fortes e declaradas de maneira incisiva, mas temos confiança de que não são amargas nem perversas. Os autores emergentes costumam ser provocadores e apaixonados, e nós também o somos. Achamos que isso é bom, para ambos os lados. Especialmente nesta era suave e não afeita à exploração, por que não acreditar naquilo que você escreve e escrever como se acreditasse naquilo? Mas paixão e provocação não são desculpas para sermos não cristãos. Amamos Jesus e amamos a igreja. Cremos que os cristãos emergentes amam as mesmas coisas. A forma e a substância desse amor são o nosso ponto de discórdia.[8]

Segundo, embora nossa abordagem seja crítica, não presuma que desgostamos de todas as coisas emergentes. O longo parágrafo acima também descreve Ted e eu em muitos aspectos. Mas pelo fato de este livro se chamar *Não quero um pastor bacana — e outras razões para não aderir à igreja emergente*, e não *Uma avaliação da igreja emergente*, não gastaremos muito tempo em listar o que apreciamos no movimento, embora pudéssemos fazê-lo. Também estamos alertas em relação a ferramentas de *marketing*, sermões puramente pragmáticos, megaigrejas aguadas e os efeitos do modernismo. Reconhecemos plenamente que a Bíblia tem sofrido abusos e que ninguém a entende plenamente. Concordamos que existe muito mais coisas no cristianismo do que apenas ortodoxia doutrinária. Damos boas-vindas à crítica emergente aos métodos reducionistas para "tornar-se cristão" (preencher uma ficha, levantar a mão, repetir uma oração etc.). Ficamos felizes pela correção emergente que nos lembra que o céu não é uma nuvem lá em cima, criada para que as almas desencarnadas repousem no firmamento, mas a recriação de todo o cosmo. Concordamos também que nos devemos preocupar em trazer o céu à terra, e não apenas nos encaminharmos para o céu. Em resumo, afirmamos uma grande quantidade dos diagnósticos emergentes. Os remédios prescritos por eles são o que mais nos preocupa.

Tudo isso para dizer que estamos aceitando o conselho de Bell dado na contracapa de seu livro *Velvet Elvis* [*Repintando a igreja*] e aplicando-o a toda a igreja emergente: "Teste. Analise. Não engula sem avaliar. Pense. Brigue". Escrevemos este livro porque, quanto mais aprendemos sobre a igreja emergente, mais difícil fica engoli-la.

Terceiro, na maior parte do tempo, não lidamos com o lado mais acadêmico do pós-modernismo. De tempos em tempos, envolvemos autores como Grenz e Raschke, mas a maior parte dos nossos envolvimentos se dá com os popularizadores, praticantes e pastores do movimento emergente. Os líderes emergentes costumam protestar quando seus livros são entregues ao escrutínio acadêmico. "Não somos acadêmicos profissionais", dizem eles, e nós também não somos. Assim, a luta é justa — mais justa do que luta, esperamos.

Quarto, como foi dito anteriormente, aquilo que criticamos talvez não seja aquilo em que alguns autointitulados cristãos emergentes acreditam. A conversa é variada.[9] Dan Kimball é muito mais responsável no aspecto teológico do que Spencer Burke. Scot McKnight, que se alinhou com a igreja emergente, é um dos poucos no movimento que o critica gentilmente, pelo que somos agradecidos (embora os livros de McKnight não sejam nem de longe os lidos pelos alunos universitários e jovens pastores emergentes). Tentamos ler muita coisa sobre o assunto, mas não lemos tudo o que foi publicado, isso sem mencionar os livros lançados desde o momento em que começamos a escrever e qualquer outra coisa que possa estar na blogosfera.

De modo similar, é possível que, na hora da verdade, alguns autores do círculo emergente pareçam muito mais ortodoxos e evangélicos do que aquilo que se vê em forma impressa. Mas a palavra pública e impressa é o que temos, de modo que respondemos com uma palavra impressa e pública (em vez de chamar individualmente cada líder emergente e perguntar-lhe "é isso o que você realmente quer dizer?"). Não deturpamos propositadamente as crenças de ninguém. Mas, se deixamos alguma coisa de lado, se alguém mudou de ideia, se algum *blog* por aí expressa aquilo em que esses rapazes realmente acreditam, teremos o maior prazer de ser corrigidos. O fato é que, se nosso livro fizer que pessoas emergentes fiquem suficientemente indignadas a ponto de se levantar e nos dizer de forma mais conclusiva aquilo em que creem, então consideraremos este livro um sucesso.

Não estamos brincando. Gostaríamos acima de tudo que os que estão na igreja emergente escrevessem uma declaração explicando exatamente quais são suas crenças sobre questões controversas como inferno, expiação e a singularidade de Cristo. Um dos perigos de se fazer parte de um movimento cuja única declaração de fé é dizer que não se crê em declarações de fé é que isso torna as pessoas fadadas a ser mal interpretadas e associadas a ideias das quais não se gosta.

Mais uma vez, não torcemos aquilo que dizem os autores a quem criticamos. De fato, tentamos evitar a atribuição de visões mais extremas a todos os participantes da conversa. Mas, quando seu movimento tem como características principais o distanciamento de definições e o estabelecimento de limites doutrinários, então não deveria ser surpresa que pessoas comecem a perguntar em voz alta em que você realmente acredita.

Quinto, eu e Ted escrevemos de maneira diferente. Isso ficará óbvio. Abordamos nossos assuntos de maneiras diversas e temos estilos distintos. Mas ficamos felizes em escrever este livro juntos porque, apesar de todas as nossas diferenças, compartilhamos o mesmo entusiasmo pela verdade, o mesmo amor pela Bíblia e a mesma preocupação com a igreja emergente. Pelo fato de nossas abordagens serem profundamente diferentes, porém, consideramos ser melhor escrever capítulos separados em vez de trabalharmos (inutilmente) para que nosso texto soasse como uma única voz. Consideramos que qualquer repetição em nossos capítulos não será redundante demais e quaisquer pequenas diferenças entre nós ficarão claras.

Finalmente, escrevemos para a igreja — para a nossa igreja, para nossos amigos em outras igrejas e para nossos irmãos nas igrejas emergentes. É um privilégio escrever e um privilégio ainda maior ser lido. Portanto, obrigado. Oramos para que, em alguma medida, pequena ou grande, enquanto falamos a verdade em amor, possamos todos nós crescer em tudo naquele que é a cabeça do corpo, em Jesus Cristo (Ef 4:15).

KEVIN DEYOUNG

Talvez: o novo sim

[Ted]

São 18h35 e estou em uma reunião de comissão. As igrejas emergentes têm reuniões de comissão? Sou a presença "jovem" dessa comissão, introduzido ali sem dúvida por "entender aquelas pessoas". Em todo caso, este grupo em particular está tentando descobrir maneiras de promover uma palestra de D. A. Carson. Estamos todos olhando intensamente para um monte de fichas de respostas que serão entregues no final daquela palestra. As fichas incluem coisas normais como "Você gostou da palestra? Gostaria de receber uma ligação de alguém? Marque 'sim', 'não' ou 'talvez'". Alguém sugere que se remova o "talvez". Uma vez que esta será uma conversa sobre pós-modernismo, sugiro que devêssemos remover tudo, exceto o "talvez".

A piada não provoca as risadas que eu esperava. Silêncio total.

Não gosto muito de livros cristãos. Quando penso nas palavras "livro cristão" o que me vem à mente são coisas de autoajuda que mulheres de meia-idade proclamam com entusiasmo e que esquecem em questão de semanas. Penso em autores intocáveis com iniciais (D. A., J. I., R. C.) ou escritores com cifrões nos olhos escrevendo longas séries que poderiam e deveriam ser muito mais curtas. Sinceramente, nunca quis escrever algo assim, mas aqui estou.

Enquanto escrevo esta introdução, estou no meio de uma temporada de futebol de salão profissional, fazendo pesquisa para meu segundo livro. Essa tarefa me fez viver a vida de um atleta profissional: longas viagens de ônibus, treinos, jogos e idas a bares pelo meio-oeste norte-americano. Estou "me relacionando com o mundo" e "me envolvendo em uma cultura diferente" todos os dias. É cruel. E aqueles não são os bares do tipo que você vai para bater um papo cabeça sobre livros e religião; são o tipo de lugar em que se vai para encher a cara. Para esquecer.

Vamos esclarecer algumas coisas. Tenho 31 anos de idade, sou casado há dez anos. Não sou um cara descolado. Escrevo para viver, mas não fico deitado de pijama até o meio-dia bebericando Chianti na garrafa à espera de inspiração. Não estou em uma "jornada", e meu testemunho é do tipo brando, "criado em um lar cristão". Meu primeiro livro tratou do boxeador peso pesado Mike Tyson, e o segundo foi sobre futebol — de novo, nada especialmente bacana. Nunca testemunhei a ninguém em um bar. Nunca me desiludi com a igreja a ponto de gravar uma fita com minhas músicas preferidas e sair de carro por aí em uma jornada ao estilo Cameron Crowe para encontrar a mim mesmo. Este não é esse tipo de livro.

Em relação à igreja emergente, levo todo o jeito. Uma vez que, para os escritores, não existem normas sobre vestimenta, ando por aí de *jeans* e camiseta na maior parte do tempo. Tenho os indispensáveis óculos de armação escura do rapaz esperto (que provavelmente estarão fora de moda quando este livro chegar às livrarias). Minha esposa sempre me compra sapatos legais, o que é apenas uma das razões pelas quais eu realmente gosto dela. Como resultado, as pessoas tentam me envolver em discussões sobre música e provavelmente saem profundamente desapontadas (meus gostos variam do *glam metal* dos anos 1980 ao *rap* — coisa bem tosca). Ultimamente, as pessoas também têm tentado nos recrutar para a igreja emergente. As reuniões são mais ou menos assim: somos sondados verbalmente para saber se temos problemas com nossa situação eclesiástica atual. A igreja poderia ser diferente? (Poderia.) Deveríamos nos envolver com a cultura como um todo? (Deveríamos.)

Então, confesso, todo envergonhado, o que tenho de confessar: gosto muito da igreja.

Minha igreja, como muitas igrejas protestantes ortodoxas dos Estados Unidos, é bastante calma à primeira vista. É um *bunker* de concreto, localizada do outro lado da rua de uma universidade e próxima a quase uma centena de outras igrejas. Tem as características cadeiras de plástico, o carpete feio e o café ruim. Em cinco anos, nunca tomei um café bom ali. Mas amo aquele lugar. Amo as pessoas. E amo o ensino — é desafiador e teologicamente significativo. É carne espiritual em um mundo de cerveja, leite e biscoitos filosóficos. É uma bolha da qual tenho orgulho de fazer parte, e sou desafiado ali a coisas que jamais achei possíveis.

Tenho amigos a quem amo muito e que estão fazendo escolhas ruins em nome da "experiência"; expressam uma liberdade falsa colhida em páginas de livros bem-intencionados sobre jornada espiritual que esboçam os erros de seus autores em toda a sua glória *sexy* e glamourosa. Este livro é para eles. Creio que há perdão para todos os nossos pecados, por mais grave que seja o erro, mas também sei, por experiência, que esses pecados criam um abismo entre nós e o Senhor.

Mas não estamos escrevendo este livro para realmente mudar a cabeça das pessoas, porque, vamos ser francos, isso raramente acontece. O livro será lido (espero), será (provavelmente) citado em *blogs* e, então, provavelmente será remexido com o carvão por ser considerado uma combinação de algo malévolo, míope, muito "cabeça" e acadêmico (os capítulos de Kevin), e não muito cabeça nem acadêmico o suficiente (meus capítulos). Acima de tudo, porém, esta é nossa tentativa de fazer parte da "conversa", pois nos preocupamos com a igreja que amamos. Os capítulos de Kevin são mais longos e proposicionais. Os meus são mais curtos, mais "experimentais", porque não sou um teólogo formado em seminário, mas, pelo contrário, apenas uma pessoa dos bancos da igreja (no nosso caso, cadeiras de plástico). Fizemos graça com essas diferenças, e isso foi intencional. Se meus capítulos não fizerem nada além de lhe dar mais vontade de ler os de Kevin, então considerarei que o trabalho foi bem feito. E se, como alguns evangélicos, você for "pobre" demais para pagar o preço do livro e preferir lê-lo na livraria, leia os capítulos de Kevin primeiro. Eles farão bem a sua alma.

Saiba que, embora façamos um pouco de gozação com a igreja emergente e seus cacoetes culturais (tudo bem, fazemos muita gozação com isso), desejamos fazê-lo em amor. Nós nos esforçamos para representar essas pessoas com exatidão e esperamos que, caso nos encontremos em alguma conferência, em uma cafeteria chamada *Ecclesia* ou em um bar, que possamos realmente desfrutar da companhia uns dos outros, cientes do fato de que estaremos juntos no reino.

Como autor, especificamente da área de esportes, vivo em um mundo de "talvez". Este livro é minha tentativa de escrever algo de valor. Os esportes são ótimos, mas esportes — assim como meus óculos de moda, meu Volvo usado, minha coleção de músicas e minhas tendências — um dia acabarão. Como homem cristão, especificamente como marido e pai, preciso da verdade. Preciso adorar um Deus que faz exigências em relação ao meu caráter, com consequências. Preciso saber que o cristianismo trata de mais coisas além de "alcançar meu potencial que ainda não foi utilizado" ou "encontrar o Deus dentro de mim". Preciso saber que adoro um Cristo que morreu, fisicamente, e ressuscitou dos mortos. Literalmente. Preciso saber quais decisões podem (e devem) ser tomadas com base nas Escrituras, e não apenas pela experiência. Essas são as coisas que me dão paz em um mundo de talvez.

TED KLUCK

1

JORNADA:

Os peregrinos ainda estão fazendo progresso?

[Kevin]

O Caminho não é um método nem um mapa. O Caminho é uma experiência.

LEONARD SWEET, *SoulTsunami*

Findam os meus dias de trabalho. Parto agora para ver aquela cabeça que um dia foi coroada de espinhos, aquele rosto que suportou cusparadas por minha causa.

SR. FIRME, em *A peregrina*

Ele era baixo, atarracado, barbudo e tinha o dobro da minha idade. Não lembro ao certo, mas acho que seu nome era Chuck. O que de fato sei é que ele era um dos melhores músicos de nossa pequena igreja presbiteriana. Chuck era ex-proprietário de uma boate e violonista talentoso, versado em música no estilo *folk* e em todo o cenário desse estilo.

Ele tocava violão na igreja ocasionalmente, quase sempre na "musical especial" da semana. Os líderes da igreja descobriram de alguma maneira que eu também tocava violão (embora não tão bem). Assim, aconteceu um dia de a música do ofertório ficar por minha conta. Toquei meu violão Takamine e cantei uma adaptação do salmo 23. Sem muito destaque, mas sem ser embaraçoso, que era praticamente o melhor que eu podia esperar.

Depois do culto, Chuck veio até mim para conversar sobre violões e canto e, claro, sobre música *folk*. Eu estava completamente por fora. Aprendi a tocar violão sozinho na faculdade para que pudesse conduzir músicas simples de louvor e adoração no grupo ministerial da faculdade. Minhas habilidades eram bem simples — boas o suficiente para a música do ofertório e só. Aquele homem, porém, sabia muito bem do que estava falando. Ele conversou comigo como se eu fosse o especialista em música que ele era. Balancei a cabeça educadamente e, por pura curiosidade, perguntei sobre seu passado no ambiente da música *folk*. Depois de falar sobre alguns grupos com os quais trabalhou (o Indigo Girls me vem à mente), ele me disse algo de que jamais vou esquecer — algo que representa o *ethos* pós-moderno. Ele disse: "No cenário musical é realmente bacana buscar a Deus. Não é muito legal encontrá-lo".

Essa frase está comigo desde então, como um ótimo resumo não apenas do mundo do entretenimento, mas também da espiritualidade do Ocidente. O destino tem pouca importância. A jornada é o que vale.

Para cristãos emergentes, a jornada da vida cristã tem menos a ver com nossa peregrinação por este mundo decaído que não é nosso lar, e mais a ver com a aventura selvagem e sem censura do mistério e do paradoxo. Não somos guias turísticos que sabem onde estão indo e se fixam no curso. Somos mais parecidos com viajantes. Spencer Burke, do *site theooze.com*, escreve:

> Guias turísticos não se sentem livres para desviar da "rota" que outros cristãos estabeleceram. Além do mais, são aptos a impor o mesmo tipo de estrutura rígida aos outros. Tornar-se um viajante, porém, o capacita a ser sincero consigo mesmo [...]. Como viajante, sou livre para amar e ser amado. Não me preocupo com o fato de dar um passo errado ou de perder minha posição. Sou apenas mais uma pessoa na jornada — um filho amado de Deus.[1]

O antigo conceito de peregrinação espiritual usou a ideia de jornada para simbolizar nosso anseio pelo céu e nosso lugar como estrangeiros no reino deste mundo. Como estrangeiros e peregrinos no mundo, os cristãos são chamados a se abster dos desejos carnais "que guerreiam contra a [nossa] alma" e a viver "entre os pagãos de maneira exemplar para que [...] observem as [nossas] boas obras [...] e glorifiquem a Deus no dia da sua intervenção" (1Pe 2:11-12). Deveríamos viver em fé, esperando por "uma pátria melhor, isto é, a pátria celestial" (Hb 11:16). A jornada da vida cristã era o caminho do peregrino lutando contra temores e dúvidas, tentando não ser forçado contra o molde deste mundo, confiando que Deus tem algo melhor para nós, ainda que não tenhamos recebido aquilo que foi prometido (cf. Hb 11:39-40).

Em grande parte do pensamento emergente, porém, o destino é uma questão secundária, como o é qualquer preocupação sobre estar no caminho certo. "Evangelismo", portanto, "deveria ser visto como uma oportunidade de 'capitalizar' a jornada espiritual das pessoas, valendo-se dos recursos altamente relevantes das 'pequenas peças' de verdade contidas na narrativa cristã".[2] De modo similar, Peter Rollins argumenta que, em vez de pensar em termos de destino (tornamo-nos cristãos, nos unimos a uma igreja, somos salvos), deveríamos pensar em termos de jornada (estamos nos tornando cristãos, estamos nos tornando igreja, estamos sendo salvos). Por conseguinte, "precisamos ser evangelizados tanto quanto os que nos cercam, se não mais".[3]

O Caminho pós-moderno, como Leonard Sweet diz de maneira tão franca, é uma experiência. A jornada é mais vaguear do que seguir em uma direção definida, é mais ação do que crença, é mais ambígua do que definida. Explicar e definir a jornada de fé seria desvalorizá-la. Já ouvimos que a fé cristã não é um problema matemático a ser resolvido. Afinal de contas, para citar Rob Bell e ignorar os primeiros apologistas cristãos, "você raramente defende as coisas que ama".[4]

Movimentação interna na jornada

Em seu mais novo livro, David Wells compara a noção de jornada do livro *O peregrino* com a ideia contemporânea. Ele destaca que Cristão tropeçou com frequência em sua peregrinação. Mas, pela graça de Deus, sempre voltou para o caminho, seguiu na direção correta, aprendeu o que outros deixaram de entender e continuou pelo caminho. Wells escreve:

> Essa é a real diferença entre a noção de peregrinação espiritual de Bunyan e a ideia pós-moderna de jornada espiritual [...]. A importância da espiritualidade está na *experiência* da jornada, não no *propósito* de alcançar o destino. Para Bunyan, a peregrinação tem a ver com certo conhecimento que os cristãos possuem da "pátria melhor" para a qual eles viajam e do caminho no qual eles devem se conduzir na jornada de preparação para Aquele a quem eles estão viajando.[5]

Pelo fato de a jornada ser mais uma experiência do que um destino, a vida cristã exige menos reflexão doutrinária e mais introspecção pessoal. A paixão cega pós-moderna pela jornada se alimenta e desemboca em uma preocupação com nossas próprias histórias. Talvez a geração de meus avós tenha sido um tanto estoica e pouco meditativa, mas minha geração é introspectiva em algum nível entre o ensimesmamento e o narcisismo. Estamos por demais sintonizados com nossas disfunções, feridas e idiossincrasias, a ponto de isso normalmente nos impedir de crescer, pois maturidade é equivalente a hipocrisia em um mundo que valoriza mais a enfermidade do que a saúde.

Não defendo esconder todos os nossos sentimentos, mas devemos aprender que a expressão daquilo que somos e a sinceridade para conosco não são os melhores guias para nos tornarmos semelhantes a Cristo. A sinceridade é uma virtude cristã, como o é a honestidade em relação às nossas lutas. Mas minha geração precisa perceber que o cristianismo é mais do que fragilidade chique, autorrevelação infindável e a impassividade que vem com a autenticidade.

Vivemos na cultura dos *blogs*, o que sugere que o simples fato de termos uma opinião sobre algo implica que isso tenha valor, e simplesmente pelo fato de estarmos em contato com nossa jornada espiritual ela deve ser digna de ser contada. Sei que o livro *Reimagining Spiritual Formation* [Reimaginando a formação espiritual], de Doug Pagitt, contém citações do boletim informativo do Solomon's Porch[6] para dar ao livro um ar de comunidade, mas qual a verdadeira importância de saber que Erin é do signo de Touro, mas tem mais características de Escorpião, que Dustin gosta de determinada marca de cereal matinal, de andar de patins e de escrever sobre modelos e que gostaria de ter um macaco chamado Scratch que faz carteiras de couro e joga fezes em crianças?[7] Talvez essas revelações sejam engraçadas, mas também são um jeito engraçado de iniciar um livro sobre formação espiritual. No mundo pós-moderno da jornada espiritual, a autenticidade e a sinceridade se tornaram a moeda corrente da autoridade, e disfunção, inconsistência e idiossincrasia são usadas como medalhas de honra.

Mas falar sobre fezes de macaco não é o verdadeiro problema da espiritualidade pós-moderna. Falar sobre excrementos de primatas é um pouco esquisito, mas, no grande esquema das coisas, é suficientemente inócuo. Existem, porém, problemas mais sérios espreitando por entre a jornada emergente.

Deus é cognoscível?

O primeiro problema da visão emergente de uma jornada é que ela questiona a cognoscibilidade de Deus. Há muito tempo os teólogos afirmam a cognoscibilidade de Deus juntamente com sua infinitude. Ou seja, os teólogos cristãos de todo tipo entenderam que não podemos entender tudo sobre Deus. O conhecimento de Deus sobre si mesmo é chamado de arquetípico; nosso conhecimento sobre ele é chamado de típico. Deus conhece a si mesmo de modo pleno; nós vemos através de um vidro embaçado. Deus é infinito; nosso conhecimento dele é finito. Tudo isso para dizer que nenhum cristão que já conheci ou sobre o qual li já afirmou ter entendido Deus plenamente. E os cristãos emergentes certamente não serão os primeiros.

Mas os líderes emergentes estão permitindo que a infinitude de Deus engula sua cognoscibilidade. Bem ao estilo pós-moderno, estão questionando, em primeiro lugar, se é de fato possível ter algum conhecimento real e preciso sobre Deus. Ao destacar sua concordância com Tony Campolo, Brian McLaren argumenta que, em certo sentido, todas as teologias são heresias, pois não podemos realmente falar de Deus usando nossa formulação humana. É preciso que não haja "certeza absoluta e arrogante sobre nossas teologias, mas uma confiança correta e humilde em Deus".[8]

Muito bem. Quem quer estar arrogantemente certo sobre qualquer coisa? Mas McLaren postula uma antítese falsa, sugerindo que é possível conhecer a Deus pessoalmente, mas não podemos saber coisas sobre ele com certeza. O primeiro tipo de conhecimento é o "conhecimento pessoal". O outro é "certeza abstrata, racional e impessoal".[9]

Mas o que de fato significa conhecer a Deus pessoalmente e, ao mesmo tempo, não conhecer racionalmente nada sobre ele? Não posso amar minha esposa sem saber fatos sobre ela; caso contrário, meu amor por ela é amor por amor, ou pior, amor para que eu possa ser amado. A não ser que a ame pelos fatos relativos a quem ela é, ao que ela fez e ao que ela faz, amarei um vazio sem forma. Independentemente de quão corretamente eu enfatize a importância do relacionamento com minha esposa além do mero conhecimento sobre ela, devo ter esse conhecimento para que possamos ter um relacionamento. Afinal de contas, se não sei nada sobre os fatos "abstratos" e "impessoais" relacionados a minha esposa (como o estilo de seu penteado, cor dos olhos, altura etc.), como posso ter um relacionamento pessoal com ela? Não conseguirei sequer identificá-la no meio da multidão!

Pouco importa a maneira esplêndida com que eu possa falar sobre nosso relacionamento; se não puder fazer declarações certas, claras e inequívocas sobre minha esposa, qual é a verdadeira qualidade de nosso relacionamento? Tagarelar por aí as maravilhas do relacionamento pessoal enquanto, ao mesmo tempo, me recuso a fazer declarações definidas sobre quem amamos no relacionamento não é o tipo de conversa que honre a esposa de alguém e, a propósito, nem a Deus.

Tenho certeza de que os cristãos emergentes afirmariam que sabem coisas sobre Deus. Mas a ideia que têm de conhecimento é tão condicional e carente de confiança (porque o outro tipo de conhecimento que há na mente deles é frio, linear e infalível) que fica difícil imaginar que seja possível conhecer a Deus de fato e com precisão, a não ser que o experimentemos. Como Donald Miller diz em *Como os pinguins me ajudaram a entender Deus*, "não creio que venha a me afastar de Deus por motivos intelectuais. Afinal de contas, quem sabe alguma coisa?".[10]

O agnosticismo emergente em relação a verdadeiramente saber e entender qualquer coisa sobre Deus aparenta ser humildade piedosa. Parece honrar a infinitude de Deus, mas na verdade enfraquece seu poder soberano. Os pós-modernos acolhem tamanha desconfiança na linguagem e descrença na capacidade de Deus de comunicar verdade à mente humana que, de fato, se envolvem naquilo que Carson chama de "amordaçamento de Deus".[11] Tomlinson, por exemplo, escreve: "Dizer que a Escritura é a palavra de Deus é fazer uso de uma metáfora. Não se pode pensar em Deus literalmente dizendo palavras, uma vez que elas são um fenômeno totalmente humano que jamais poderia mostrar-se como meio adequado para a comunicação de um Deus infinito".[12] Em uma linha similar, Bell escreve: "Nossas palavras não são absolutos. Apenas Deus é absoluto, e Deus não tem intenção de compartilhar sua qualidade de absoluto com nenhuma outra coisa, especialmente com palavras que as pessoas inventam para falar sobre ele".[13]

Tais declarações insultam frontalmente a história da redenção e praticamente todas as páginas das Escrituras. O Deus da Bíblia não é nada se não for o Deus que fala a seu povo. Sem dúvida, nenhum de nós entende a Deus infinitamente por meio de um elegante pacote de afirmações, mas podemos conhecê-lo verdadeiramente, tanto no aspecto pessoal como no proposicional. Deus pode falar. Ele pode usar a linguagem humana para comunicar a verdade acerca de si mesmo que é precisa e cognoscível, sem deixar de ser Deus porque, de alguma maneira, conseguimos entendê-lo.

> Nenhum de nós entende a Deus infinitamente por meio de um elegante pacote de afirmações, mas podemos conhecê-lo verdadeiramente, tanto no aspecto pessoal como no proposicional.

Por natureza, todos nós podemos ser como os homens cegos que tocam um elefante sem saber se o que estamos apalpando é a tromba, a cauda ou a orelha. Mas e se o elefante falasse e dissesse "parem de me chamar de crocodilo, de pavão ou de paradoxo. Sou um elefante, pelo amor de Deus! Essa coisa comprida é minha tromba. Essa outra, cheia de fiapos, é minha cauda. E essa coisa enorme e mole é minha orelha"? E se o elefante nos desse ouvidos para ouvir sua voz e uma mente para entender sua mensagem (cf. 1Co 2:14-15)? Será que nossa professa ignorância sobre o elefante e nossa falta de disposição de fazer qualquer afirmação com confiança sobre sua natureza significariam que somos profundamente humildes ou que somos simplesmente surdos?

Por causa da doutrina implícita da igreja emergente relacionada à incognoscibilidade de Deus, a palavra "mistério", uma palavra perfeitamente boa por si só, tornou-se totalmente inoportuna. Deixe-me ser bem claro: não entendo tudo sobre Deus ou sobre a Bíblia. Não entendo plenamente como Deus pode ser três em um. Não sei exatamente como a soberania divina funciona em conjunto com a responsabilidade humana. A fé cristã *é* misteriosa. Mas, quando falamos sobre cristianismo, não começamos com mistério. É alguma combinação de confusão piedosa e preguiça intelectual afirmar que viver o mistério é o cerne do cristianismo.

Contudo, mais uma vez, os líderes emergentes rotulam o cristianismo de misterioso, acima de tudo o mais que se vê nele.

> O mistério não é o inimigo a ser conquistado, nem um problema a ser resolvido, mas, pelo contrário, o parceiro com quem dançamos — e devemos dançar. O chamado à comunidade pós-evangélica é para dançar e tocar a música. Mas também somos chamados a mostrar uns aos outros o caminho para o mistério. Certamente seríamos maus provedores se não oferecêssemos novas maneiras de entrar e viver em mistério.[14]

> Também não creio que se possa explicar como a fé cristã funciona. É um mistério. Gosto muito disso na espiritualidade cristã. Ela não pode ser explicada e, ainda assim, é bela e verdadeira. É algo que se sente, que vem da alma.[15]

> A fé cristã é misteriosa até a medula. Trata de coisas e seres que, em resumo, não podem ser colocados em palavras.

> A linguagem fracassa. E, se de fato colocarmos Deus em palavras, naquele exato momento transformamos Deus em algo que ele não é [...]. O mistério *é* a verdade.[16]

Portanto, a espiritualidade cristã não pode ser explicada; não podemos usar a linguagem humana para falar de verdade sobre Deus; e o mistério de nosso Deus incognoscível e insondável *é* a verdade. Isso mais parece a concepção hindu de Brama do que a ideia cristã de Deus, de revelação e de autoridade. É fato que há coisas secretas que pertencem ao Senhor, nosso Deus, mas o que dizer das coisas reveladas que pertencem a nós e aos nossos filhos para sempre (Dt 29:29)? O que Paulo disse aos homens em Atenas? "Vejo que vocês adoram um Deus desconhecido. Ótimo! Eu também." Não. Paulo declarou: "Ora, o que vocês adoram, apesar de não conhecerem, eu lhes anuncio" (At 17:23).[17]

Mistério como expressão de nossa finitude é uma coisa. Mistério como forma de se livrar da responsabilidade por nossas crenças é outra, bem diferente.[18] Mistério como desconhecimento radical de Deus e de sua verdade revelada não é cristão, e não sustentará a igreja. Como G. K. Chesterton observou ao refletir sobre a racionalidade do compromisso cristão por dois milênios, "as pessoas não ficam maravilhadas por um quebra-cabeça, um paradoxo ou uma simples confusão na mente por tanto tempo assim".[19]

Incerteza é o mesmo que humildade?

O segundo problema da visão emergente de uma jornada é que ela padece de uma confusão de categorias. Os líderes emergentes igualam incerteza a humildade. Steve Chalke conta a história de um rapaz que finalmente se cansou de ouvir os teólogos lhe dizerem que precisava buscar o Jesus real. Depois de uma conversa sobre esse assunto, o jovem clamou: "Se vocês, acadêmicos em seu isolamento, perderam Jesus, isso é problema de vocês. Eu não o perdi. Eu o conheço. Eu o amo. Não preciso procurá-lo". Os comentários de Chalke sobre a história são tocantes.

> Contudo, por mais atraente que esse tipo de certeza possa parecer no início, é, de fato, muito parecido com a presumida familiaridade sobre a qual Dallas Willard falou. Presumir que conseguimos "reconhecer Jesus com precisão" ou "resumi-lo" é não apenas arrogante, mas também estúpido e, no final, inibe nossa habilidade de comunicar sua mensagem imutável a um mundo inconstante.[20]

Para a igreja emergente, certeza é o mesmo que reconhecer Jesus precisamente e resumir a Deus, enquanto incerteza é um sopro de ar fresco. "Abandone qualquer caso que você possa ter com a certeza, a prova, o argumento — e substitua-o por diálogo, conversa, fascínio e busca", argumenta McLaren. A clareza, afinal de contas, normalmente é enfadonha e errada, "uma vez que a realidade raramente é clara, mas normalmente confusa e misteriosa; não se mostra apenas em preto e branco, mas em cores vivas".[21]

Mas por que fascínio e busca precisam significar o fim de toda certeza? McLaren é culpado de um erro bastante moderno, o de insistir em *um ou outro* quando *ambos* são possíveis. Há espaço para perguntas. Há momento para conversa. Mas também há a possibilidade de certeza, não porque tenhamos dissecado a Deus como um aluno do primeiro ano de biologia disseca um sapo, mas porque Deus

Há a possibilidade de certeza [...] porque Deus nos falou de maneira clara e inteligível.

nos falou de maneira clara e inteligível e nos deu ouvidos para ouvir sua voz.

Veja como Calvino confrontou os pós-modernos em sua época pré-moderna:

> Mas defendem que se trata de uma questão de presunção imprudente que nós declaremos um conhecimento indubitável da vontade de Deus. Abriria mão desse ponto somente se nos propuséssemos a sujeitar o plano incompreensível de Deus à nossa escassa compreensão. Mas quando simplesmente falamos junto com Paulo que "não recebemos o espírito do mundo, mas o Espírito procedente de Deus, para que entendamos as coisas que Deus nos tem dado gratuitamente" (1Co 2:12), como podem eles bradar contra nós sem atacar abusivamente o Espírito Santo? Mas se é um sacrilégio temeroso acusar a revelação dada pelo Espírito, tanto de falsidade como de incerteza ou ambiguidade, como transgredimos ao declarar sua certeza?[22]

Quem sabe havia cristãos emergentes na Europa ocidental do século XVI! Aparentemente, essa ideia de que apenas arrogância e presunção imprudente podem levar alguém a falar sobre Deus com certeza não é coisa nova. Nem é marca de humildade quando nos recusamos a falar sobre Deus e sua vontade, a não ser em termos ambíguos. É um ataque ao Espírito Santo e descrença na capacidade de Deus de comunicar declarações racionais e claras sobre si mesmo em linguagem humana. Sofremos hoje aquilo que Chesterton, no século passado, chamou de "humildade no lugar errado. A modéstia saiu do órgão da ambição [...] e estabeleceu-se no órgão da convicção, onde jamais deveria estar. Um homem deve ter dúvidas em relação a si mesmo, mas não deve ter dúvidas em relação à verdade; isso foi totalmente invertido. Estamos prestes a produzir uma raça de homens mentalmente modestos demais para crer na tabuada".[23]

O desprezo pela certeza no conhecimento é construído sobre uma dicotomia falsa. A dicotomia falsa diz que você deve saber alguma coisa de modo onisciente para que possa conhecer algo verdadeiramente. Stan Grenz, por exemplo, escreveu: "No cerne da agenda fundamentalista está o desejo de superar a incerteza gerada por nossa inclinação humana ao erro e os desacordos inevitáveis que se seguem. Os fundamentalistas estão convencidos de que a única maneira de resolver esse problema é encontrar algum meio de embasar todo o edifício do conhecimento humano sobre certeza inabalável".[24] Mas não somos capazes de conhecer a verdade de modo não ambíguo sem precisar conhecê-la com certeza inabalável? Carson chama isso de abordagem assimptótica.[25] A assímptota é uma linha curva que chega cada vez mais perto de uma reta sem nunca tocá-la. Do mesmo modo, nosso conhecimento da verdade se aproxima da linha reta da compreensão infalível e plena de Deus em relação a todas as coisas, de tal maneira que pode ser chamada de verdadeira, confiável e certa, embora ainda não seja onisciente e inabalável.

A dicotomia falsa diz que você deve saber alguma coisa de modo onisciente para que possa conhecer algo verdadeiramente.

Paulo não afirmou entender plenamente a profundidade da sabedoria e da misericórdia de Deus (Rm 11:33-36), mas isso não impediu o apóstolo de repreender seus colegas judeus por terem um zelo por Deus que "não se baseia no conhecimento" (Rm 10:2). De fato, a Bíblia inteira supõe que o cristianismo se baseia em certo conhecimento e na aderência a asserções seguras sobre Deus e seu Cristo. É por isso que Paulo pregava em poder e em plena convicção (1Ts 1:5).

Defender a incerteza inerente do conhecimento causa problemas quando se escreve livros tentando convencer as pessoas a crer ou a se comportar de determinada maneira. Ou seja, a incerteza radical parece boa se for semelhante a um tipo de protesto contra o dogmatismo percebido no cristianismo evangélico, mas atrapalha quando você quer provar o que diz. Em algum ponto, não importa quanto se irrite com a certeza e se vanglorie da grande e misteriosa incognoscibilidade de Deus, você desejará que as pessoas sejam claras em relação a suas crenças.

Desse modo, McLaren escreve: "Em um de meus livros anteriores, disse que a clareza é às vezes valorizada demais e que, de modo correspondente, o fascínio é subestimado. Mas quero dizer aqui, claramente, que é trágico para alguns — especialmente para qualquer afiliado à religião que recebe seu nome por causa de Jesus — não ser claro em relação ao que a mensagem de Jesus realmente foi".[26] Assim, o fascínio e a ambiguidade são bons quando as ideias em questão forem aquelas com as quais os líderes emergentes particularmente não se preocupam ou não apreciam, mas, quando a questão é fazer suas declarações, então a clareza é fundamental.

Mesmo diante de toda conversa sobre perspectivas e incerteza, McLaren ainda acredita que algumas interpretações sejam boas e outras ruins. Ele precisa fazer isso. Todos nós precisamos fazer isso se tivermos alguma coisa a dizer. Ninguém escreve livros, prega sermões, dá palestras ou conversa em diálogo, a não ser que acredite que aquilo que está dizendo é verdadeiro, ou pelo menos mais verdadeiro do que outras opções existentes. É muito frustrante, portanto, quando autores emergentes declaram a superioridade moral pós-moderna que supostamente evita a razão, a lógica e certas declarações de verdade.

Seguindo o mesmo tom, não tenho certeza se é preguiça retórica ou intelectual, humildade, medo de crítica, pós-modernismo consistente ou todas as anteriores, mas grande parte dos textos emergentes está carregada de advertências. Os textos de McLaren fornecem muitos exemplos. Veja a seguir um deles, extraído de um artigo sobre homossexualidade: "Certamente estou errado em relação a muitas coisas. É bem provável que esteja errado em minha opinião sobre homossexualidade (o que, a propósito, nunca foi expresso na obra, ao contrário das pressuposições de muitos que escreveram)".[27] Pode ser sinal de humildade admitir que suas opiniões sejam falíveis, mas admitir que suas opiniões sobre um assunto em particular são provavelmente erradas é, no mínimo, algo estranho de se dizer. Por que manter sua opinião se você acha que ela está errada?

Veja outro exemplo. No início do livro *A Generous Orthodoxy* [Uma ortodoxia generosa], McLaren descreve a si mesmo como um humilde bacharel em letras que caiu no ministério por acidente. "Sou amador", escreve ele. "E até mesmo como alguém formado em letras, sou um fracasso. O livro está repleto de exageros, hipérboles e generalizações. Sou terrivelmente injusto neste livro, carecendo de objetividade acadêmica e de imparcialidade."[28] Portanto, *A Generous Orthodoxy* é injusto e cheio de caricaturas enganosas. Mas será que reconhecer esses "erros grotescos"[29] os torna bons?

Apresento ainda outro exemplo. McLaren admite que sua indisposição quanto a falar claramente sobre suas crenças em relação ao estado do ímpio após a morte vai frustrar muitas pessoas. "Elas dirão que sou evasivo, covarde, que tenho medo de assumir uma posição, que escrevo bobagens." Qual foi sua resposta? "Ninguém pode culpá-las."[30] Então estaria ele admitindo ser evasivo e covarde?

Nunca me encontrei com Brian McLaren. Aposto que gostaria dele, que o acharia cordial, atencioso e de bom coração. Todas as pessoas com quem falei que já se encontraram com McLaren destacaram sua bondade e sinceridade. Acredito nele quando diz repetidamente que não quer criar controvérsia. Mas ele é o escritor emergente de maior influência e, portanto, o mais controverso, não importa quantas vezes diga que preferia ver seus livros proibidos a criar dissensão. Espero que McLaren leve a sério suas próprias críticas, segundo as quais seus livros são cheios de generalizações exageradas, reconstruções históricas além dos limites e puro e simples exagero. O fato de que seus críticos se anteciparam em destacar essas coisas não o livra das acusações.

No final do livro de McLaren intitulado *A mensagem secreta de Jesus* ele tenta reagir a objeções que alguns poderão ter por sua leitura de Jesus ser nova demais (o que não é) para ser levada a sério. Para reagir a essas objeções, ele argumenta que sua leitura dos evangelhos é boa porque "se prende mais aos detalhes incluídos no texto do que em uma leitura ruim" e porque "nossa leitura aqui leva em conta o texto todo em todo o seu estado bruto e intensidade, e parece integrar temas políticos, sociais, teológicos, escatológicos e outros em um todo coerente".[31] A abordagem hermenêutica declarada por McLaren não me perturba em nada. Uso a mesma abordagem semana após semana. O que mais me incomoda são todas as outras vezes que ele nos critica como supostos modernos, por sermos lineares demais e muito convencidos de nossas próprias interpretações falíveis, quando, no fim, ele chega às suas conclusões como qualquer outro mortal que estuda a Bíblia. Ele pergunta: "Isso faz sentido em relação ao contexto? Isso se encaixa a outras partes das Escrituras? Isso se alinha a uma miríade de outras leituras sem contradição interna?".

Apesar de tudo, podemos conhecer algumas coisas. Não estamos presos a uma espiral hermenêutica que nos puxa na direção do pântano do "tudo o que temos são nossas interpretações". Existe significado no texto. Existem interpretações ruins e interpretações boas. Bell pode citar uma série de perguntas difíceis sobre a Bíblia e nos convencer de que "a Bíblia está em aberto",[32] mas ele *está* certo de que os três primeiros milagres do livro de João estão diretamente relacionados a Dionísio, Esculápio e Demétrio, que a referência à mulher ser salva no parto é uma alusão direta a Ártemis e que os primeiros capítulos de Apocalipse seguem a sequência dos jogos domicianos.[33] Parece que a dança da incerteza é engraçada, mas difícil de segurar ao longo de um livro inteiro, quanto mais por toda uma vida.

O perigo da ambiguidade: homossexualidade como teste

O mantra "Deus é grande demais para se entender, e a verdade é misteriosa demais para ser conhecida com certeza" não é apenas humildade confusa. Possui perigosas implicações pastorais. A humildade, como nos advertiu Chesterton, não deveria ter se mudado para o órgão da convicção. A incerteza à luz de nossas limitações humanas é uma virtude. A incerteza diante da Palavra de Deus não é.

Tomemos a homossexualidade como exemplo. Em certo nível, os líderes da igreja emergente oferecem uma advertência sábia: não demonize os homossexuais e não fale sem pensar primeiro. McLaren escreve: "Hesito em responder à 'questão homossexual' não porque eu seja um covarde inconstante que quer agradar alguns ouvidos, mas porque sou pastor, e pastores aprenderam com Jesus que há mais coisas em responder uma pergunta do que estar certo ou até mesmo ser honesto: também precisamos ser [...] pastorais".[34] Isso faz sentido para mim. Como McLaren, recebo pessoas que perguntam qual a posição de nossa igreja em relação à homossexualidade. Quando a pergunta surge, tento ser sensível e cauteloso, pois não sei de onde vem a questão.

Mas termino respondendo, algo que McLaren parece não fazer. O artigo de McLaren, que foi compreensivelmente controverso, seria bom se, em algum lugar, ele tivesse dito "creio que a Bíblia ensina que o comportamento homossexual é errado, mas isso não é tudo o que, como pastores, precisamos saber. Temos que descobrir a pergunta por trás da pergunta". Mas ele nunca diz isso. Porque ele não sabe se isso é errado.

> Francamente, muitos não sabem o que deveríamos pensar sobre a homossexualidade. Já ouvimos todos os lados, mas nenhuma posição conquistou nossa confiança a ponto de podermos dizer "parece bom para o Espírito Santo e para nós". Isso nos aliena tanto dos liberais como dos conservadores que parecem saber exatamente o que deveríamos pensar. Mesmo que estejamos convencidos de que todo comportamento homossexual é sempre pecaminoso, ainda queremos tratar os *gays* e as lésbicas com mais dignidade, gentileza e respeito do que nossos colegas. Se pensarmos que de fato é possível haver um contexto legítimo para algum relacionamento homossexual, sabemos que os argumentos bíblicos são cheios de nuanças e de múltiplas camadas, e que as ramificações pastorais são estonteantemente complexas. Não sabemos ao certo se limites precisam ser traçados nem quais são esses limites, e também não sabemos como impingir com equidade esses limites, sejam eles quais forem.[35]

Mais tarde, em um artigo de resposta, McLaren deixa claro que o uso de "nós" é intencional.[36] Muitos de seus amigos na conversa emergente — mas nem todos — estão inseguros sobre o que pensar em relação à homossexualidade. Steve Chalke, do outro lado do Atlântico, escreve: "Até que ponto a igreja serve de modelo da espiritualidade e da mensagem social inclusiva de Jesus? Somos libertadores de pessoas excluídas ou simplesmente outra dimensão de sua opressão? Talvez não excluamos coletores de impostos ou mulheres hemorrágicas, mas o que dizer de esquizofrênicos, divorciados, solteiros, famílias com apenas um dos pais, usuários de drogas, transexuais ou aqueles que enfrentam dificuldade com sua fé?".[37] De modo similar, Doug Pagitt comenta:

> A questão da humanidade está inexoravelmente ligada à sexualidade e ao gênero. Assuntos de sexualidade podem estar entre os mais complexos e convolutos com os quais precisamos lidar. Parece-me que a teologia de nossa história não lida o suficiente com essas questões de nossa época. Não falo isso como crítica, mas como um reconhecimento de que nossos tempos são diferentes. Não quero dizer que sejamos uma cultura mais ou menos sexual, mas uma que sabe mais sobre questões genéticas, sociais e culturais em torno da sexualidade e do gênero do que as culturas anteriores. O cristianismo será impotente para conduzir uma conversa sobre sexualidade e gênero se não integrarmos audaciosamente nossas visões atuais da humanidade a nossa teologia. Isso exigirá de nós que não apenas cheguemos a novas conclusões sobre a sexualidade, mas também nos forçará a considerar novas maneiras de sermos sexuais.[38]

Ben Witherington, estudioso do Novo Testamento, acredita que Rob Bell também foi evasivo (na melhor das hipóteses) quando perguntado sobre a homossexualidade.[39] Witherington é amplamente positivo em relação a Bell, mas crítico quando a questão é sua ética. Sem revelar-se nem apoiar comportamento homossexual, falando a um auditório lotado em uma viagem de promoção de seu livro *Deus e sexo*, Bell defendeu os argumentos comuns para a aceitação da homossexualidade. Os argumentos foram mais ou menos assim (com as respostas de Witherington resumidas entre parênteses): Não devemos falar sobre essas questões, a não ser que tenhamos amigos *gays* (mas Paulo não falou sobre o assunto?). Jesus nunca disse nada sobre a homossexualidade (mas Jesus não falou sobre o plano de Deus para o casamento e sobre o celibato para as pessoas solteiras?). Somos hipócritas por ignorar o pecado heterossexual (concordo e, portanto, vamos deixar de ignorá-lo). A Bíblia não diz nada sobre orientação sexual (mas, não obstante, proíbe o comportamento homossexual).

Muitos líderes emergentes odeiam até mesmo a insinuação de que o comportamento sexual seja pecado. Nunca a ambivalência soou tão corajosa. Mas sua ambivalência é de fato indecisão? Vamos tomar McLaren como exemplo. Parece que ele não escolheu um lado no debate, mas, para todos os efeitos práticos, escolheu. Ele não prega contra a homossexualidade. Ele não diz aos frequentadores da igreja que é errado. Ele não estabelece limite de certo ou errado. Todos nós podemos alegar a humildade da incerteza, mas, em algumas questões, nosso silêncio fala muito alto. Será que realmente precisamos de uma "moratória de cinco anos de declarações", de modo que possamos dialogar um pouco mais e ouvir a todos os campos acadêmicos relacionados antes de tomar quaisquer decisões, o que será "reconhecidamente provisional"?[40] Minha denominação tem conversado sobre a homossexualidade por trinta anos e está em um processo de diálogo intencional de três anos neste momento. Tom Oden está certo. "Já se desperdiçou tempo demais tentando obter tração nesse pântano." Adiante, ele destaca: "Cristãos confessos têm uma longa experiência com a frustração e a futilidade de tal diálogo indisciplinado e desordenado sob a Palavra escrita. É menos comum que ele leve a questões de verdade do que a questões de como nos 'sentimos' e como podemos acomodar ou negociar nossos interesses conflitantes".[41]

Creio que muitos líderes emergentes estão verdadeiramente incomodados por dentro por causa da homossexualidade. Eles não querem ferir ninguém. Mas a recusa a assumir uma posição (e, às vezes, sua decisão de tomar uma posição não bíblica) também fere pessoas: fere aqueles que estão lutando para vencer a tentação sexual, os que chamam gentilmente os homossexuais (e também os outros pecadores) ao arrependimento e aqueles que ousam falar com convicção sobre esse assunto. Depois de anos e às vezes décadas no ministério pastoral, seria muito pedir que os pastores emergentes tenham pelo menos uma convicção funcional sobre o assunto? Talvez uma opinião baseada em evidências, mas aberta a considerações?

A recusa a assumir uma posição [...] fere pessoas: fere aqueles que estão lutando para vencer a tentação sexual, os que chamam gentilmente os homossexuais [...] ao arrependimento.

Quando for confrontado com um dos assuntos mais explosivos e controversos que se colocam diante de qualquer pastor ou igreja, é sábio procurar perguntas por trás das perguntas, mas também é prudente, proveitoso e pastoral dizer ao seu povo o que você de fato pensa sobre a questão.

Não tenho dúvidas de que existem muitas pessoas como o casal citado no artigo de McLaren, que pergunta sobre a homossexualidade porque um membro da família é *gay* e porque querem saber se a pessoa deve ser duramente condenada na igreja deles. Mas McLaren e outros líderes da igreja emergente por certo devem perceber que a indecisão não é útil, em termos pastorais, para a maioria das pessoas. Há pessoas na minha congregação que enfrentam dificuldades com a atração por outras do mesmo gênero. Condená-las ao ostracismo por enfrentarem dificuldades com esses desejos seria danoso em termos pastorais, mas também o seria não ter disposição de incentivá-las em sua luta contra esses desejos.

Conheço um homem cuja mãe saiu de casa para viver com sua parceira lésbica. Ele costumava ir à igreja metodista, mas deixou de ir àquela igreja — e a qualquer outra — depois de ouvir o pastor dizer que ele precisava parar de julgar sua mãe. Ele pensou: "Não preciso de uma igreja que fica ao lado de minha mãe lésbica e me diz para me conformar com a situação". Outro casal de nossa igreja ainda está lidando com a ferida de um casamento anterior no qual o ex-marido fugiu com um padre. Falei recentemente com um homem em nossa igreja que quer ajuda para superar questões relacionadas à atração pelo mesmo gênero.

Tais histórias não dizem tudo, é claro. Mas de fato nos lembram daquilo que a igreja emergente costuma esquecer: algumas pessoas precisam saber com certeza o que pensamos sobre a homossexualidade.

Não me impressiono com a afirmação emergente de que seja um meio-termo sagrado entre os dogmatistas conservadores e os vilões liberais. A tendência emergente de se proclamar como a terceira opção, sadia e fresca, entre duas caricaturas é injusta. Tenho confiança de que McLaren e outros percebem que não são apenas os conservadores cuspidores de fogo que sabem o que os líderes emergentes deveriam pensar sobre a homossexualidade. Também são Peter Akinola, primaz da Nigéria, e o arcebispo Livingstone Mpalanyi Nkoyoyo, de Uganda, que sacrificaram ajuda financeira do Ocidente para não serem envolvidos nos escândalos homossexuais da Igreja episcopal, e o restante do Movimento Sul Global que sabem exatamente o que os líderes emergentes devem pensar sobre homossexualidade, sem mencionar os quase dois mil anos de cristãos que também tinham certeza da opinião de Deus sobre o assunto.[42] Martyn Lloyd-Jones, escrevendo em um contexto diferente, poderia estar falando sobre a igreja emergente quando disse "primeiro, essas pessoas geralmente são avessas a definições claras; elas não gostam de clareza ou certeza. Nesse ponto, não precisamos abordar as razões específicas para isso. Penso que se opõem à clareza de pensamento e de definição por conta de suas exigências. O tipo mais confortável de religião é sempre uma religião vaga, nebulosa e incerta, atravancada por tantas formas e rituais".[43]

A todos os pastores que leem este livro e que enfrentam questões sobre a homossexualidade peço, por favor, que sejam sensíveis e façam boas perguntas, mas que não sejam silentes nem incertos.

O que dizer sobre a dúvida?

O terceiro problema da visão emergente de uma jornada é que ela estabelece a dúvida como a essência da fé. McLaren é mais equilibrado do que a maioria ao admitir que a dúvida nem sempre é boa.[44] Mas então ele dá a volta e exalta o valor da dúvida. "É irônico; quanto mais livre sou para duvidar de uma crença específica, mas livre me torno para me apegar àquela fé pessoal em Deus [...]. Afinal de contas, confiar em nossas crenças sobre Deus mais do que confiar em Deus não é deixar de entender a questão?"[45] Ou como Peter Rollins diz: "Ao contrário da visão moderna, segundo a qual a dúvida religiosa é algo a se rejeitar, temer ou simplesmente tolerar, a dúvida não apenas pode ser vista como um aspecto inevitável de nossa humanidade, como também pode ser celebrada como uma parte vital de nossa fé".[46]

Tomlinson faz a mesma afirmação: "Os pós-evangélicos também querem espaço para expressar dúvidas sem que alguém se apresse, em um pânico insano para tentar 'libertá-los' de sua descrença. É muito comum que a dúvida seja retratada simplesmente como um inimigo em vez de como um amigo em potencial; como algo de que cristãos maduros não deveriam sofrer, mas um meio poderoso através do qual os cristãos amadurecem".[47]

Para Tomlinson, a dúvida é o oposto dos "elegantes esquemas nos quais achamos que a verdade está embrulhada. A dúvida cria uma insegurança 'santa'".[48] Para os líderes emergentes, fé é um compromisso de confiança pessoal a despeito da incerteza de nosso conhecimento e da dúvida que todos nós experimentamos. Em outras palavras, a dúvida é a boa amiga da fé.

A chave para o apreço emergente pela dúvida é a distinção feita entre confiar em Deus *versus* confiar nas doutrinas sobre Deus. A dúvida é boa porque desvia nossa atenção das crenças falíveis feitas pelo homem sobre Deus, nas quais não podemos confiar, e nos leva a um Deus pessoal em quem podemos confiar. Em vez de confiar na religião, Cristo nos manda confiar nele.[49]

Mas não seria essa uma distinção falsa? Se confio em Frank ou, para usar a linguagem religiosa, se tenho fé em Frank, o que isso significa? Como explicaria minha fé em Frank para um amigo que não tem fé? Explicaria dizendo que creio que Frank vai cumprir aquilo que prometeu. Sei que ele é uma pessoa de confiança. Tenho fé em sua capacidade de fazer o que diz. Posso até mesmo destacar situações do passado nas quais ele provou ser fiel. Ao explicar minha confiança em Frank dessa maneira, também não expliquei minha fé em certas crenças sobre Frank? Creio que ele é digno de confiança. Creio que agiu de determinadas maneiras no passado. Creio que é capaz de realizar aquilo que promete. Será que minha confiança em Frank pode realmente ser diferenciada da confiança que tenho em minhas crenças sobre ele? Se duvido de tudo o que creio ser verdadeiro sobre Frank, de que maneira isso me torna mais capaz de confiar na pessoa de Frank?

> A dúvida é algo que devemos resolver [...] em vez de abraçar como a grande amiga da fé.

Não entenda mal; a dúvida não é um pecado imperdoável. Todos os grandes livros sobre batalha espiritual (ou direção espiritual ou formação espiritual, como podem ser chamados hoje em dia) entendem que os cristãos, muitas vezes grandes cristãos, passam por períodos de dúvida. Eles questionam sua fé. Não sentem a presença de Deus. Duvidam de sua salvação. A maioria de nós sentirá coisas semelhantes em algum ponto da vida, sendo essa a razão de Judas dizer "tenham compaixão daqueles que duvidam" (Jd 22).

Mas, se devemos ter compaixão daqueles que duvidam, isso não sugere que a dúvida é algo que devemos resolver e lutar contra em vez de abraçar como a grande amiga da fé? Afinal de contas, fé é ter certeza daquilo que esperamos e daquilo que não vemos (Hb 11:1). Citando o Catecismo de Heidelberg (Q/A 21), a verdadeira fé "é não apenas um conhecimento e certeza"; também é "plena confiança". Não há dúvidas de que Jesus teve compaixão dos que enfrentavam dificuldades. Há momentos em que a única oração que conseguimos fazer é "creio, ajuda-me a vencer a minha incredulidade!" (Mc 9:24). Mas Jesus também repreendeu aqueles que duvidaram e seus discípulos, por terem pouca fé (Mt 6:30; 21:21; Jo 20:27; cf. Tg 1:6).

Tomlinson gostaria que nos livrássemos de nossos "rígidos arcabouços de certeza" e "descêssemos do pequeno bote de nossas certezas estabelecidas e nos uníssemos a Jesus na caminhada pelas águas da incerteza e da vulnerabilidade".[50] Mas vamos analisar essa história por um instante. Pedro correu riscos quando dirigiiu -se a Jesus sobre a água. Muito bem, Pedro. Aquilo exigiu fé — todos nós já ouvimos sermões que dizem que não podemos andar sobre as águas se não sairmos do barco. Mas Pedro viu o vento e teve medo. Ele duvidou. E qual foi a resposta de Jesus? "Homem de pequena fé, por que você duvidou?" (Mt 14:31). A dúvida não foi amiga da fé de Pedro, mas sua inimiga. Jesus não aplaudiu Pedro por sua dificuldade em crer, mas o repreendeu por sua dúvida e falta de fé, por sua incerteza.

Talvez, em algumas igrejas, as pessoas precisem de espaço para questionar sem medo de reprovação. Talvez alguns cristãos precisem de permissão para pensar mais uma vez. Mas o objetivo não é ser jogado de um lado para outro pelas ondas nem ser carregado para todo canto por qualquer vento de doutrina. Talvez alguns de nós na jornada precisemos ser lembrados do destino, que estamos nos dirigindo a um lugar onde a fé se tornará vista.

Até chegarmos a esse destino, que descansemos confiantemente na verdade segura de que Deus é cognoscível e que pode fazer a si e a seus caminhos conhecidos. Talvez Lloyd-Jones — em seu típico jeito galês, calvinista, autoritário e exagerado — estivesse prevendo alguma coisa. "Venha à Palavra de Deus", diz ele. "Pare de fazer perguntas. Comece com as promessas na ordem correta. Diga: 'quero a verdade, custe o que custar'. Prenda-se a ela, submeta-se a ela, venha em total submissão como uma criança pequena e peça-lhe que lhe dê um sinal claro, uma visão perfeita e que o cure [...]. Não fomos feitos para ser deixados em um estado de dúvida e temor, de incerteza e infelicidade".[51]

2

REBELDE SEM CAUSA:

A que vale a pena se submeter?

[Ted]

Encontrar o pai.

Nicholas Ray, diretor do filme *Juventude transviada* (cujo título original é *Rebel without a cause*, ou *Rebelde sem causa*) quando indagado sobre o objetivo do filme.

HOJE É UMA DAQUELAS TARDES de verão idílicas no norte de Michigan, nas quais o lago está mais azul, o peixe grelhado está mais gostoso e as pessoas bonitas estão ainda mais bonitas do que normalmente são. Eu e minha esposa estamos passando alguns dias em uma maravilhosa cabana com alguns parentes dela, e todo mundo reclama de não estar dormindo bem. Talvez não tenhamos dormido bem porque não fizemos nada que nos deixasse cansados na noite anterior. O tempo ocioso pode ser uma coisa profundamente estressante.

Há uma boa quantidade de livros cristãos espalhados em várias mesas de apoio e perto das espreguiçadeiras, tratando de assuntos como "uma mulher cristã e sua dor", "orando em tempos difíceis", "em seu lugar o que Jesus comeria" etc. Isso dá uma boa imagem do que fazemos por aqui: sentamos, lemos, ficamos entediados e comemos.

Tocando o veludo

Esse é o cenário no qual estou lendo *Velvet Elvis*, de Rob Bell, pela primeira vez. É parte de uma pesquisa mais ou menos informal que estou fazendo sobre a igreja emergente. Certamente não li tudo o que o movimento produziu, pois isso exigiria um tempo imenso. A espreguiçadeira marrom, tecida à mão, com estilo da América Central (US$ 88,00 na Pottery Barn), range toda vez que sento nela com o livro em mãos. Com uma capa estilo *art déco* e páginas com bordas alaranjadas, a obra tem todo o jeito de transcrição de um *blog*.

Na foto da contracapa, Bell dá um meio sorriso. Ele usa os óculos de armação preta que são pré-requisito de todas as pessoas da minha idade hoje em dia que se consideram letradas. Também uso óculos assim.

Rob Bell me diz que devo brigar com o livro — mais de duzentos mil leitores já o fizeram — e apresenta a advertência típica dos emergentes na página 87: "O simples fato de eu ser cristão e estar tentando articular uma visão de mundo cristã não significa que eu seja o dono da verdade. Estou contribuindo para uma discussão". A discussão custa US$ 19,99 — um pouco pesado para um reformista bom, frugal (leia-se pobre) que mora no estado de Michigan — e está cadastrado na categoria "religião/vida prática/geral".

Também descobri pela internet que Bell acabou de iniciar uma turnê de palestras, patrocinada pela Zondervan, chamada "Tudo é espiritual", o que me deixa ainda mais interessado em ler o que ele tem a dizer aqui. A lotação da maioria das palestras — feitas em grandes auditórios de campi universitários e em pequenas cidades — já está esgotada. Quem pensou que espiritualidade seria o ingresso mais difícil de vender se enganou.

Minha primeira impressão do livro é que ele tem muito espaço em branco. É mais ou menos como ler uma lista de destaques daquilo que Bell acha interessante naquele momento. Ele compara a vida cristã a um quadro de Elvis Presley pintado sobre veludo que está guardado no porão dele, por isso o título original *Velvet Elvis*. E a um trampolim. Ele diz que, como artistas, precisamos "repintar" constantemente a fé (teologia etc.) para acompanhar o ritmo de uma cultura em constante mutação.

Ele descreve o início de uma igreja sem declaração de visão nem objetivos que agora já conta com dezenas de milhares, de modo que eles devem estar fazendo alguma coisa certa. A nova igreja se reúne em um antigo centro comercial e não se parece com uma igreja.

É hora de fazer uma pausa para dizer que acho que entendo, até certo ponto, a razão de Rob Bell ter escrito esse livro e, com reservas, cumprimentá-lo por fazê-lo. Viver no estado de Michigan talvez seja a única maneira de alguém entender a cultura da região oeste de Michigan, que é onde Rob vive e ministra. Dizer que a região é "conservadora" e "repleta de tradições" seria pouco. A área tem sido chamada de "repressora". Embora exista ali uma enorme quantidade de maravilhosas famílias cristãs, também existe muito do que eu chamaria de pressão para se encaixar.

O livro possui sete capítulos — o número bíblico da perfeição. Um detalhe interessante. Possui títulos ambíguos e intrigantes como "Pulo", "Jugo", "Verdadeiro", "Franjas", "Poeira", "Novo" e "Bom".

O tema central, se é que já posso definir algum, é que precisamos questionar tudo. A espiritualidade está em todo lugar. O mistério é bom.

Os parentes de minha esposa, que conheceram a família de Rob quando ambos moravam no mesmo subúrbio de Lansing, Michigan, estão surpreendentemente desinformados sobre o livro, a não ser meu cunhado, que me pega lendo na varanda.

— Em termos espirituais, você se considera cheio de energia e não conformista? — pergunta ele, pegando o livro e folheando-o.

Sinto a necessidade agora de sugerir algo realmente inteligente. Ryan está com quase trinta anos e passou os últimos quatro anos no Panamá, trabalhando com pessoas pobres de origem indígena e geralmente fazendo o trabalho sobre o qual pessoas como Rob Bell e eu escrevemos. Ele é um cara realmente esperto. Não é "emergente" em si, mas começo a considerar que um dos destaques do movimento é que ser considerado um Cara Realmente Esperto é algo muito importante. E um dos dogmas de ser um Cara Realmente Esperto é questionar tudo.

— Tão não conformista quanto me senti quando não me conformei com a última coisa — respondi. Fraco.

Rebeldes nas igrejas

Gosto de James Dean, o ator. *Vidas amargas*, *Juventude transviada* e *Assim caminha a humanidade* estão entre os melhores filmes já feitos. Gosto muito do fato de ele ser de Fairmount, Indiana, que está a apenas alguns quilômetros de onde cresci, em Hartford City. Gosto do fato de nós dois termos vindo do nada. Você pode parar em qualquer posto de gasolina da Rodovia Interestadual 69 na área central do estado de Indiana e comprar um suvenir de James Dean (além de fogos de artifício em qualquer época do ano — estranho). As camisetas costumam trazer imagens ruins de Dean franzindo os lábios e com ar pensativo, tendo a palavra "rebelde" escrita na parte de baixo.

Dean, o rebelde dos anos 1950. Não mudou muita coisa desde então. Hoje, nossa economia se alimenta de rebelião. Assista à televisão a qualquer hora do dia e você descobrirá que a lata de Coca-Cola que está bebendo é mais do que uma lata de Coca-Cola — é uma maneira de diferenciar-se das massas. Uma maneira de comunicar o fato de que ninguém pode reprimir você. Ninguém vai lhe dizer o que fazer porque, meu amigo, você é único e especial. Apesar de suas calças cáqui e das camisetas polo, da baia-padrão da sua empresa e do carro popular, você é um ser humano picante, saboroso e expressivo, com jogo de cintura e um monte de sentimentos.

Você também descobrirá que a rebelião é *sexy*. É excitante dirigir sua Grand Cherokee do ano, com bancos de couro, por caminhos diferentes das rotas batidas e entrar em um vale cheio de lama enquanto aquela gata morena, segurando um *squeeze* de marca famosa e sentada no banco do passageiro, ronrona de excitação.

Vejo a publicidade das igrejas quase da mesma maneira. Na década de 1980 ficamos desiludidos com órgãos, bancos de madeira e velhinhas e, assim, construímos igrejas com assentos iguais aos de um estádio que mais parecem pequenas arenas esportivas, montamos bandas de louvor que se parecem com Barbie e Ken e vendemos milhões de livros. Transformamos em *superstars* cristãos as pessoas que se diziam capazes de "fazer melhor". E talvez tenhamos alcançado muitas pessoas com o evangelho (essa é a parte boa).

No início dos anos 2000 a geração da década de 1980 se desiludiu com as arenas de seus pais (lugar onde você pode fazer um corte de cabelo cristão, fazer a troca cristã do óleo do seu carro e comprar roupas cristãs) e começaram a colocar seus sentimentos em *blogs*. Vamos nos encontrar na praia (nada de errado com isso), vamos nos reunir em um armazém abandonado com tijolos e canos à mostra (nada de errado com isso também) e vamos iniciar um movimento que não terá nenhum tipo de líder, e que, na verdade, não chamaremos de movimento. Em vez de pastores, poderíamos ter líderes de discussão e facilitadores da adoração em grupo. Porque os não movimentos são os novos movimentos. Diga ao seu vizinho. Eles também venderam milhões de livros, mas os livros tratavam de coisas como as jornadas espirituais de Bono e de Bob Dylan. Cristianismo estava virando moda.

Ted, o rebelde

Em 2002, estava no auge de minha fase de rebelião pessoal, seguindo a máxima "a igreja é irrelevante". Fui com minha esposa a Little Rock, Arkansas, para a reunião dos colegas do ensino médio e visitamos a igreja daquela cidade que ela frequentou quando criança. Agora, no novo milênio, as coisas haviam saído de "grandes" para "esplendorosas". Você podia comprar tudo ali. Café *gourmet.* CDs. Um enorme sortimento de livros. Havia uma parede de escalada para adolescentes. *Pagers* para os pais de filhos pequenos. Uma porção de Cadillacs e Mercedes no estacionamento e um sermão sobre como alcançar seu potencial, pregado logo depois de uma apresentação fabulosa de uma banda de louvor só de brancos com camisas polo combinando. O sorriso deles era cegante. Tudo era tão fabuloso que comecei a sentir enjoo.

E ninguém disse olá.

Assim, no voo de volta, escrevi o roteiro de um pequeno filme (de quinze minutos) chamado *Por trás do grupo de louvor: Maná do céu* [*Behind the Praise Band: Manna from Heaven* no original] que foi realmente produzido e, verdade seja dita, provavelmente um pouco irreverente. Foi feito por outras pessoas de vinte e tantos anos como eu, também desiludidas como eu, que acharam que eram engraçadas e que achavam que eram contra o *status quo.* O filme foi exibido em alguns festivais, e recebemos cinquenta cópias em DVD, com uma bela embalagem e tudo o mais. Ainda tenho 48 dessas cópias em meu porão.[1]

Eu estava cheio da minha igreja convencional e daquilo que eu enxergava como um bando de cristãos brancos de classe média que não se importavam com a justiça social e queriam apenas saúde, riqueza e prosperidade. Mas ainda não sabia nada sobre o movimento da igreja emergente (uma vez que eu não morava em Portland, no Oregon, nem em Minneapolis, em Minnesota). Em vez disso, fui desafiado por alguém que disse que nenhuma igreja é perfeita, que vamos frequentar uma igreja com pessoas que não se parecem, não agem nem pensam como nós, que precisamos, em algum momento, nos dedicar a um corpo. Na verdade, o desafio veio de vários "alguéns" — pessoas que sabiam de minhas críticas, que as respeitavam e que, ainda assim, me desafiaram a ir mais fundo na teologia, a aprender aquilo em que criam e que pegasse mais leve em certa área: a deles.

De modo geral, penso que é mais fácil ser contra do que defender alguma coisa. Durante anos, soube que era contra a pobreza evangélica — fui o primeiro cara a pichar publicamente a música cristã, os livros sem profundidade e as megaigrejas —, mas não fazia a menor ideia daquilo que eu era a favor. Depois de ir para uma faculdade cristã, parecia ser quase uma obrigação que, ao me encontrar com amigos da faculdade, servisse álcool (observação: não tenho problemas com isso), falasse sobre quão mente aberta nós éramos e quão opressora nossa escola tinha sido. Chocar as pessoas era o que importava. Era quase como uma corrida para ver quem conseguiria chocar mais. As perguntas eram as novas respostas.

Creio que a rebelião começa de cima para baixo — é muito mais fácil um movimento pegar embalo quando existe uma figura facilmente caluniável no Salão Oval. Durante o governo Clinton, o trem dos direitos religiosos nunca esteve tão cheio; logo alguns cristãos concluíram que precisavam trancar esposas e filhas e proteger seu quintal de um presidente moralmente falido. Que, se não fizéssemos alguma coisa, no final do mandato de Clinton as pessoas estariam fornicando (ou, pior ainda, dançando) nas ruas de Grand Rapids e Wheaton. Era algo completamente delirante.

Agora, é o presidente Bush que está alimentando a fera, à medida que tipos emergentes escrevem em *blogs* sobre justiça social, a visível falta de preocupação de Bush pelos pobres, as artes e o idioma inglês, e seu notório desejo de massacrar qualquer país que não tenha um estado chamado Texas. O trem anti-Bush é um produto muito atraente, habitado por estrelas de Hollywood, professores universitários e o rapaz e a moça mais bacanas do *campus*. Isso também é completamente delirante.

Fazer igreja de um jeito diferente

Durante minha fase "a igreja é superficial", fui abordado por um rapaz fantástico com um plano. E se fizéssemos igreja de um jeito diferente? O que aconteceria se deixássemos que os artistas de nossa igreja fossem artistas? O que aconteceria se acendêssemos as velas e abraçássemos o mistério de nossa fé? Ele esboçou um culto de adoração que incluiria imagens projetadas, sofás, arte performática e ensinamento novo, que estaria mais para um grupo de discussão do que para um cara em um púlpito "pregando". Eu teria dificuldades de encontrar algo que nossa geração odeie mais do que "pregação". Ao falar sobre nossa fé, teríamos o cuidado de não parecer "pregação". A palavra tem um peso enorme. É especialmente importante também nos levar a crer que descobrimos algo sozinhos em vez de alguém nos dizer alguma coisa.

"Ninguém me vai dizer o que fazer" poderia muito bem ser o lema da minha geração. Assim, como é lógico, é difícil sentar em um banco de madeira e ouvir alguém ensinar.

A abordagem era interessante. E, verdade seja dita, eu estava mais interessado em apoiar o rapaz do que suas ideias — porque gosto muito do rapaz, mas não estava exatamente apaixonado por elas. Em essência, sou bastante chato quando o assunto é adoração.

Assim, terminamos fazendo reuniões durante o almoço em uma pizzaria mambembe em East Lansing. Ele, tentando me vender o plano emergente. Eu, analisando se deveria embarcar, ao mesmo tempo que pensava se declinar do convite afetaria nossa amizade. Éramos dois rapazes descolados prontos para deixar para trás um bando de idiotas. Teríamos a igreja em casa e discutiríamos livros e filmes. Gosto de livros e filmes. Ei, eu fiz um filme. Isso começa a fazer sentido. Repintaríamos o cristianismo sob uma luz que o tornaria atraente aos pós-modernos.

Durante algum tempo, éramos apenas nós na pizzaria e, depois, recebemos dois outros rapazes desiludidos com a igreja. Os dois eram mais velhos, quase na casa dos quarenta, e ficaram intrigados com o ideal emergente. Livros foram emprestados de uns para os outros, grifados e amassados. Lemos *A New Kind of Christian* [Um novo tipo de cristão], assim como *Emergent Worship* [Adoração emergente], de Dan Kimball. "Quem somos nós para pensar que sabemos o que a Bíblia está tentando dizer?", insistia um dos rapazes novos. "Ela foi reunida e interpretada por homens com o passar dos anos; como podemos confiar nela plenamente?" Diagramas foram traçados, explicando como era o mundo lá fora. (Os diagramas não parecem terrivelmente "modernos" e, portanto, ruins?) Enquanto isso, estávamos lá dentro, em nossa bolha eclesiástica, com carpete ruim, café ruim e um monte de dogmas. Havia discussões sobre o fato de a igreja não ser o prédio e como a adoração deveria e poderia acontecer na casa das pessoas, em cafeterias e em bares.

Havia uma qualidade do tipo "vamos salvar o mundo" em relação a tudo aquilo. Um senso real de que realmente havíamos entendido e que o restante do mundo evangélico estava atolado no modernismo e em todas as suas armadilhas cruéis e não misteriosas.

Mas então aconteceu uma coisa engraçada. A coisa não pegou. Achei que *A New Kind of Christian* era uma leitura de entretenimento e gostei da história de McLaren sobre o primeiro amigo negro do pastor Dan Poole, mas, por fim, senti-me desconfortável com algumas das liberdades que ele assumiu com as Escrituras. Ainda que eu gostasse muito de assistir a (e fazer) filmes, não podia aceitá-los como parte da adoração.

Assim que entrei na casa dos trinta anos e adotei uma criança, rebeldia e dar início a um movimento que tiraria as pessoas da minha igreja pareciam coisas cada vez menos plausíveis para mim. Eu de fato gostava da minha igreja e das amizades que fizera ali com pessoas que não eram como eu — pessoas mais velhas, que se sentavam em baias apertadas nas empresas para sobreviver, pessoas que não sabiam nada sobre filmes e pessoas com ou sem diploma de nível superior. Senti que havia diversidade real ali — uma diversidade que eu perderia se começasse a me encontrar com outras pessoas brancas, com nível superior e ar de artista em uma igreja-cafeteria. Embora estivéssemos no meio de um processo de sucessão pastoral, confiei que nossa comissão de sucessão tomaria uma decisão sábia que estaria de acordo com aquilo que acreditávamos como igreja.

Também havia razões logísticas, como o que fazer com nosso filho de três anos de idade enquanto estivesse bebericando um *cappuccino* e tentando fazer igreja em uma cafeteria. O fato é que não gosto de fazer pintura com os dedos na frente de outras pessoas. E, por mais terrível que fosse, precisei dizer ao meu amigo que não poderia juntar-me a ele em sua jornada. Foi terrível porque amo e respeito esse rapaz, e sei que seja o que for aquilo em que ele se envolver, será uma coisa pensada, equilibrada e provavelmente bem-sucedida.

O resultado foi que descobri que eu não era tão rebelde como pensava.

* * *

Há uma cena maravilhosa em *Juventude transviada*, na qual Jim Stark (Dean) chega em casa depois de uma briga com facas e encontra seu pai usando um avental e limpando algo que derrubou no andar de cima. "Aposto que você achou que era sua mãe", diz ele, conforme o personagem de Dean se aproxima dele ao cair. Dean fora esfaqueado no torso e está sangrando um pouco, enquanto seu pai, Frank (ainda usando o avental, representado de maneira brilhante por Jim Backus que, mais tarde, interpretou Thurston Howell em *A ilha dos birutas*), está tendo um ataque de fúria por causa da coisa toda.

Jim (o personagem de James Dean) explica por que precisa sair no meio da noite para jogar "Chickie"[2] com um brutamonte local chamado Buzz Gunderson, que desafiou sua masculinidade em um momento anterior do filme. Stark é novo na cidade e enfrenta problemas de adaptação. Fica-se com a impressão de que sua família se muda muitas vezes e, sempre que há algum problema, eles simplesmente fogem para uma nova cidade onde Jim (apesar de ser absurdamente bem-apessoado) tem problemas para fazer amizades. Também temos a impressão de que Jim não é de fato um menino ruim que gosta de bagunça; pelo contrário, ele simplesmente quer que seu pai o entenda e à sua necessidade de afirmação. Mas Jim tem dificuldades para acreditar em um pai que usa avental e que aparenta ser completamente reprimido por sua mãe dominadora.

"Eu não tomaria uma decisão precipitada", diz Frank. "Ninguém pode tomar uma decisão repentina. Precisamos considerar os prós e contras, fazer uma lista, ouvir conselhos... Já o impedi de fazer alguma coisa?"

Como você sabe, se já viu o filme (e, se não viu, recomendo muito que veja), Jim sai de novo e algo terrível acontece. A polícia se envolve, e chega a um ponto sem volta para ele, para sua jaqueta vermelha e o restante da família Stark. Jim quer ir à delegacia para se entregar, enquanto sua mãe quer se mudar outra vez e recomeçar. Ele diz sobre seu pai: "Ele sempre quer ser meu colega [...]. Se ele tivesse coragem de dar uma surra na minha mãe pelo menos uma vez,[3] então talvez ela ficasse feliz e parasse de atormentá-lo. Eles fazem mingau dele! Fazem mingau!".

Em vez de correr, Jim simplesmente quer um pai que vá até a forca com ele — um pai que crucifique sua própria necessidade de aceitação na comunidade e que estime e defenda seu filho. Jim não quer rebelar-se; ele quer alguém a quem seja digno se submeter, que exija dele coisas em nome da verdade.

Embora anos de lancheiras, camisetas e outros suvenires horríveis tenham feito de James Dean a face da rebeldia, quanto mais assisto ao filme, mais me convenço de que ele é um retrato de nós mesmos — cristãos com dificuldades para descobrir a que vale a pena se submeter. Jim não estava procurando um amigo legal, um pai que escondesse cigarros nas mangas arregaçadas da camisa ou que dirigisse rápido; ele procurava alguém com determinação. Alguém que se levantasse em favor de algo correto. Alguém em quem acreditar.

Creio que era isso o que eu procurava em uma igreja. Não procurava as pessoas com as maiores telas de projeção, o "lugar de encontro" mais bacana ou as melhores discussões sobre filmes. Procurava uma teologia e um corpo ao qual pudesse entregar minha vida e confiar meus filhos. A razão de eu amar o cristianismo e a Bíblia é que acho que eles são realmente as únicas coisas neste mundo que não precisam ser periodicamente "repintadas" ou reemolduradas.

* * *

Foram necessários alguns dias de intensa preguiça na cabana, mas agora estou no epílogo de *Velvet Elvis*. Nessa parte, Bell conta a história do início de uma igreja na qual o pastor faz um apelo e mente sobre o fato de que há mãos se levantando por todo o local quando, na verdade, nenhuma se levantou. Bell fala sobre quão subjugado estava e usa isso como uma ilustração das coisas que têm sido feitas em nome de Deus com as quais Deus não gostaria nem um pouco de estar envolvido. Em minha opinião, é a melhor parte do livro. Gostaria de ter chegado aqui antes.

Em essência, ele está dizendo: "Não jogue o bebê fora junto com a água do banho". Não junte Jesus e o evangelho com coisas como os filmes da série *Deixados para trás*, TBN,[4] Joel Osteen, Joyce Meyer ou qualquer outra coisa que você possa estar usando como sua própria razão para estar desiludido com o cristianismo.

Bell me pede para recuperar a inocência com ele, para preservar meus ideais e minha confiança em grandes ideias. Tudo é bastante vago, mas é o tipo de discurso que me faz pensar no "lembrete" de Jerry Maguire no filme homônimo.[5] Esse é o tipo de coisa que você diria no final de uma palestra — a conversa que faz as pessoas aplaudirem e preencherem um cartão dizendo "sim, gostaríamos de receber mais informações". Ele reafirma meu lugar no centro de meu próprio universo. Tem a ver comigo e com minha jornada.

Então Bell faz uma coisa engraçada: ele fica moderno. Suas últimas palavras são: "Precisamos que você se junte a nós. É melhor assim. É o que Jesus tinha em mente". Sou pego de surpresa por isso. Tanto é que coloquei o livro de lado e fui nadar. Depois de 177 páginas de questionamento, ele afirma que sabe o que Deus tinha em mente e nos chama a nos unir ao seu movimento, o qual, em dez anos (quando Bell terá 46 anos), pode muito bem ser o grupo dominante.

Olho em volta de mim, para toda a abundância deste paraíso, e fico pensando se a inocência é realmente possível em um lugar assim. Penso se é possível no meu próprio coração e oro para que seja e continue a ser assim para minha esposa e meu filho também.

Estar aqui faz que eu perca minha igreja — um lugar onde a verdade é falada, onde as pessoas são diligentes em oração e onde a igreja, tanto como indivíduos quanto como coletividade, está envolvida em dar ao pobre e satisfazer as necessidades do oprimido, tanto aqui como lá fora. É uma igreja pequena que escapa do radar na maior parte do tempo, mas coisas boas estão acontecendo ali. Coisas às quais vale a pena se dedicar. Penso que, no sentido mais amplo, minha igreja ajuda pessoas a encontrar o Pai, que é um Pai amoroso e bom, mas também exigente e verdadeiro. A maior versão do pai que Jim Stark, Plato e o restante do elenco de *Juventude transviada* estava procurando.

3

BÍBLIA:

Por que amo a pessoa e as proposições de Jesus

[Kevin]

Além dessas posturas interessantes, nós nos referimos à Bíblia como um membro de nossa comunidade de fé — um membro essencial ao qual se deve ouvir em todos os assuntos sobre os quais ela fala [...]. Cremos na Bíblia porque nossas esperanças, ideias, experiências e nossa comunidade de fé permitem e exigem que creiamos.

Doug Pagitt, *Reimagining Spiritual Formation*

Portanto, que a Escritura inspirada por Deus decida entre nós; e onde quer que sejam encontradas doutrinas que harmonizem com a Palavra de Deus, em favor dessa posição será lançado o voto da verdade.

Basílio de Cesareia (c. 329-379), *Carta a Eustáquio*

JAMAIS ENCONTREI UM CRISTÃO que não gostasse da Bíblia. Não importa quão liberal ou conservador, místico ou literal, crítico do texto ou tradicional — seja qual for a abordagem, todo cristão, de qualquer convicção, com quem me encontrei ou sobre o qual li gosta da Bíblia. O mesmo acontece com os cristãos emergentes.

"Creio que ela [a Bíblia] é um presente de Deus", escreve Brian McLaren, "inspirada por Deus para nos beneficiar naquilo que é o mais importante: equipar-nos para que possamos beneficiar outros, para que possamos desempenhar nosso papel na missão permanente de Deus. *Minha consideração pela Bíblia está mais elevada do que nunca*". Em outro ponto, ele escreve: "A Bíblia é um presente inspirado vindo de Deus — uma coleção singular de artefatos literários que, juntos, apoiam a narração de uma história maravilhosa e essencial".[1] De modo similar, Rob Bell afirma que "a Bíblia é a coleção de textos mais bela, maravilhosa, profunda, inspirada e envolvente que já existiu".[2] Doug Pagitt a chama de "um membro de grande influência [em nossa comunidade] e que participa de todas as nossas conversas".[3] Os cristãos emergentes gostam das Escrituras.

Mas eles também confessam que têm "sentimentos confusos" em relação à Bíblia.[4] Os líderes emergentes querem se afastar da ideia de ver as Escrituras como um campo de batalha. Não querem usar os termos tradicionais — "autoridade", "infalibilidade", "inerrância", "revelação", "objetiva", "absoluta", "literal" — termos que acreditam não serem bíblicos. Preferem usar expressões como "amor profundo" e "respeito".[5] Eles lamentam o fato de os evangélicos, segundo os emergentes, usarem a Bíblia como um livro de respostas, guardando-a como uma lista telefônica, uma enciclopédia ou uma constituição legal de regras, regulamentos e verdades atemporais.

O saldo disso é que a Bíblia assumiu um papel diferente nas comunidades emergentes. A Bíblia não é a voz de Deus vinda do céu e certamente não é o fundamento (sendo o fundacionalismo o saco de pancadas entre os cristãos emergentes de tendência filosófica). Em vez disso, a Bíblia nos estimula a novas maneiras de imaginar e aprender. Ela "não se reduz a um livro do qual cobramos a verdade, mas a Bíblia é um membro pleno, vivo e ativo de nossa comunidade que é escutado em todos os tópicos sobre os quais ela fala".[6] Para muitos cristãos emergentes, a Bíblia foi redescoberta "como um produto humano".[7] "A Bíblia ainda é central para nós", explica Bell, "mas é um tipo diferente de centro. Queremos abraçar o mistério, em vez de conquistá-lo". A esposa de Rob Bell, Kristen, prossegue nessa linha de pensamento. "Cresci achando que havíamos entendido a Bíblia, que sabíamos qual era seu significado. Agora, não tenho ideia do significado de grande parte dela. Ainda assim, sinto que a vida é grandiosa de novo — como se antigamente a vida estivesse em preto e branco e, agora, se apresentasse em cores".[8]

Nesses tempos de se reimaginar a Bíblia, Kristen Bell credita a Brian McLaren o direcionamento de seu modo de pensar sobre a autoridade das Escrituras. "Nosso bote salva-vidas", continua Kristen, "foi *A New Kind of Christian* [Um novo tipo de cristão]". É aqui que McLaren nos apresenta pela primeira vez Neo, seu protagonista, que ajuda o confuso pastor Dan Poole a descobrir um novo tipo de cristianismo e uma nova forma de autoridade bíblica. Neo explica: "Ao deixarmos de vê-la [a Bíblia] como um livro de respostas moderno, precisamos redescobri-la como aquilo que ela realmente é: um livro antigo de incrível valor espiritual para nós, um tipo de história universal e cósmica, um livro que nos diz quem somos e em qual história nos encontramos, de modo que saibamos o que fazer e como viver. Esse abandono será difícil para vocês, evangélicos".[9] Através dos lábios de Neo, McLaren defende uma compreensão pós-moderna do papel da Bíblia em nossas igrejas — um papel que está acima das proposições, além da inerrância e por trás do texto.

Desprezo pelas proposições

Poucas coisas são tão universalmente criticadas pela igreja emergente como as proposições. Os líderes emergentes dizem que, durante muito tempo, os evangélicos abordaram a Bíblia como uma enciclopédia, um livro de regras, um livro de respostas, um texto científico, um simples livro introdutório, em vez de um livro que conta a história de nossa família.[10] Consequentemente, terminamos considerando a Bíblia como uma caçada infantil em busca de proposições. Isso termina matando o próprio livro que tem o propósito de nos dar vida. McLaren argumenta: "Quando nós, teólogos conservadores, procuramos entender a Bíblia, normalmente a analisamos. Nós a dividimos em capítulos, parágrafos, versículos, seções, sentenças, orações, palavras, prefixos, raízes, sufixos, tils e jotas. Agora a entendemos, dizemos a nós mesmos. Agora vencemos o texto, captamos o significado, removemos todo mistério; nós a empalhamos e a preservamos para a posteridade, como um taxidermista que prepara a cabeça de um alce".[11]

Há uma coisa certa e duas erradas nessa declaração. McLaren está certo em criticar o impulso que alguns de nós têm de dissecar a Bíblia, mas não nos deixar ser transformados por ela. Isso realmente acontece. Sem dúvida há uma multidão de pastores recém-treinados no seminário que cansam suas congregações com infindáveis estudos de palavras e os detalhes de absolutos genitivos.

Mas há duas coisas erradas na repreensão de McLaren. A primeira é histórica. Os evangélicos conservadores norte-americanos não inventaram a análise de palavras, a divisão em versículos ou a minúcia da exegese. Leia os apologistas da igreja primitiva, os pais latinos e os pais gregos, os clérigos medievais, os escolásticos, os reformadores, os puritanos ou os pietistas e você encontrará cristãos de todas as épocas e lugares esmiuçando as palavras das Escrituras. Eles harmonizam textos, analisam palavras do grego e do hebraico e expõem os jotas e tils da Palavra de Deus. Se a abordagem evangélica das Escrituras os transforma em taxidermistas bíblicos, então o corredor da história cristã está repleto de cabeças e mais cabeças de animais empalhados, porque, toda vez que os cristãos consideraram as palavras da Bíblia como as palavras de Deus, eles procuraram entender essas palavras usando todas as ferramentas exegéticas a sua disposição.

McLaren considera que nosso caso de amor com a descoberta de formulações doutrinárias nas Escrituras é um infeliz produto do Iluminismo. "Nossos sermões tendiam a fazer a exegese dos textos de tal maneira que histórias, poesias e biografias (entre outras características da Bíblia) — a 'palha' — fossem peneiradas, enquanto o 'trigo' das doutrinas e dos princípios fosse salvo. Os ocidentais modernos adoravam essa abordagem; enquanto isso, porém, pessoas de uma inclinação mais pós-moderna (que, em muitos aspectos, é mais *pré-moderna*) acham as doutrinas e princípios tão interessantes quanto aparas de grama".[12]

O que é muito curioso é que Hughes Oliphant Old, cuja série monumental *Leitura e pregação das Escrituras na adoração da igreja cristã*, já na casa de milhares de páginas, frequentemente chega à conclusão oposta: quem não tolera a doutrina são as pessoas modernas, não as pré-modernas.

Ao comentar, por exemplo, a pregação de Cirilo de Alexandria (c. 375-444), Old escreve:

> Sem dúvida haverá aqueles que vão abominar estes sermões pesadamente doutrinários. O período em que vivemos, ainda sob a sombra do Iluminismo, inocentemente imagina que o sermão doutrinário é enfadonho e que sermões como esse devem ter sido entediantes. Um dia menos nebuloso provavelmente reconhecerá esse preconceito como uma forma bastante peculiar de agnosticismo carola. A história da pregação está cheia de exemplos de grandes pregadores doutrinários que atraíram congregações entusiasmadas, atentas e de fato grandes.[13]

Por qual razão a única maneira de definir a Bíblia como história de família é denegrir a Bíblia como um livro a ser analisado e sobre o qual se fazer teologia? Por que não seguir pela estrada mais responsável em termos históricos e defender a Bíblia como as duas coisas?

O segundo problema presente na crítica de McLaren é que ela revela o desprezo mais amplo dos emergentes pelas proposições. Os sentimentos de Tomlinson são típicos: "Os pós-evangélicos são menos inclinados a procurar a verdade em declarações proposicionais e antigas certezas morais e mais propensos a buscá-la em símbolos, ambiguidades e julgamentos circunstanciais".[14] Mas por que desprezar as proposições?

Proposição é simplesmente uma declaração que pode ser tanto falsa como verdadeira. "As luzes estão acesas." "Meu nome é Kevin." "Deus é amor." Essas são declarações que podem tanto afirmar como negar. É a definição de uma proposição. A Bíblia é certamente mais do que proposições; ela tem mandamentos e perguntas também. Mas a imensa maioria dos textos da Bíblia — sejam leis, cartas, poemas, sejam narrativas — é composta de proposições. Algumas são formulações doutrinárias ("Não há nenhum justo"), e outras são unidades de uma história maior ("em seguida pegou seu cajado, escolheu no riacho cinco pedras lisas"). Em praticamente todas as páginas das Escrituras lemos sentenças proposicionais. Assim, não deve ser a isso que os líderes emergentes se opõem.

A imensa maioria dos textos da Bíblia — sejam leis, cartas, poemas, sejam narrativas — é composta de proposições.

Também tenho confiança de que eles não se opõem absolutamente a qualquer tipo de proposição. Pois uma declaração que rejeita uma proposição é, em si mesma, uma proposição, assim como uma declaração feita contra declarações de fé (de acordo com Tony Jones) é um tipo de declaração de fé.

Receio que a preocupação com as proposições sejam mais profundas. "O cristianismo é um relacionamento com uma pessoa, não a declaração de um conjunto de proposições" é a maneira em que a preocupação geralmente é expressa. Ou "adoramos a Palavra que se fez carne, não as palavras escritas numa página".[15] Essa é a preocupação emergente.

Isso não é novo. Na primeira metade do século XX havia um grupo de teólogos que foram classificados de acordo com o título bem abrangente de "neo-ortodoxos" — homens como Karl Barth, Emil Brunner, Rudolf Bultmann e H. Richard Niebuhr. Eles diziam coisas como "[a revelação] não pode ser expressa através de formas impessoais de credos ou outras proposições" e "fé não é a relação com [...] uma verdade ou uma doutrina [...] mas um relacionamento totalmente pessoal".[16] Os teólogos neo-ortodoxos do século passado, em sua forma pré-emergente, achavam que não era adequado que Deus pudesse ser tema de conhecimento humano e que a crença em revelação doutrinal erodia a fé pessoal em Cristo. Em muitos aspectos relativos a sua compreensão das Escrituras, os líderes emergentes estão na neo-ortodoxia.

Três proposições de Jesus

Mas a Bíblia não impõe tal distinção entre fé no Jesus revelado na Bíblia e confiança nas declarações proposicionais reveladas sobre ele. Considere alguns exemplos do evangelho de João. Os três vêm dos lábios de Jesus.

"Eu lhes disse que vocês morrerão em seus pecados. Se vocês não crerem que Eu Sou, de fato morrerão em seus pecados" (Jo 8:24).

Para que seja genuína e salvadora, a fé pessoal em Cristo deve ter conteúdo proposicional. Devemos crer que Jesus é o "Eu Sou". Devemos crer que ele é do alto (8:23), a luz do mundo (8:12) e que é enviado do Pai (8:16). Podemos achar que temos um relacionamento maravilhoso com Jesus e podemos até mesmo amá-lo, mas, a não ser que creiamos que ele é o Cristo, o Filho de Deus, não teremos vida em seu nome (20:31).

"Se vocês permanecerem em mim, e as minhas palavras permanecerem em vocês, pedirão o que quiserem, e lhes será concedido" (Jo 15:7).

As duas coisas são colocadas lado a lado — Jesus permanecendo em nós, e suas palavras permanecendo em nós. Elas são dois lados da mesma moeda. Não podemos ter um relacionamento de permanência com Jesus, a não ser que suas palavras também permaneçam em nós. E se permitirmos que suas palavras — mandamentos, sentenças e proposições — permaneçam em nós, ele também permanecerá.

"Agora vou para ti, mas digo estas coisas enquanto ainda estou no mundo, para que eles tenham a plenitude da minha alegria" (Jo 17:13).

Nossa plenitude de alegria depende de crer, abraçar e apreciar as frases que Jesus pronunciou. As frases não nos salvam. A vida, a morte e a ressurreição de Jesus é que nos salvam. Mas sem proposições correspondentes à verdade como "esta é a vida eterna: que te conheçam, o único Deus verdadeiro, e a Jesus Cristo, a quem enviaste" (Jo 17:3), "eu revelei teu nome àqueles que do mundo me deste" (v. 6), "eu rogo por eles" (v. 9) e "tudo o que tenho é teu, e tudo o que tens é meu. E eu tenho sido glorificado por meio deles" (v. 10) — sem essas preciosas declarações teológicas, comunicadas e entendidas por meio de expressões verbais, não teríamos a plenitude da alegria de Jesus.

Estou convencido de que um dos principais problemas da igreja emergente é que seus membros se recusam a ter o todo. De modo geral, o movimento parece ser construído sobre categorias reducionistas, modernistas, do tipo "uma coisa ou outra". Eles contrapõem informação *versus* transformação, crer *versus* pertencer e proposições sobre Cristo *versus* a pessoa de Cristo. A igreja emergente será um eficiente corretivo contra abusos reais e às vezes percebidos no evangelicalismo quando descobrir a importância do "e" e parar de nos forçar a aceitar meias verdades. Carl Henry está certo: "A antítese de 'pessoa-revelação' e 'proposição-revelação' só pode resultar num contraste igualmente não escriturístico entre fé pessoal e crença doutrinal. Não é comum dizer-se que a crença em Cristo é algo completamente diferente da crença em verdades ou proposições. Mas desperdiçar revelação inteligível significa a perda inescapável de quaisquer asserções doutrinárias sobrenaturais autorizadas em relação a Deus".[17]

É possível que os cristãos estimem a Bíblia de maneira errada e a igualem a Deus. Mas não é possível aos cristãos possuírem excesso de estima pela Bíblia. Cada palavra em cada sentença da Bíblia é inspirada por Deus, possui autoridade, é digna de confiança, é verdadeira, é útil e contribui para nossa alegria em Deus. Apesar de suas diferentes interpretações sobre alguns assuntos, os cristãos de diferentes classes teológicas de todas as eras acreditaram de todo o coração na sentença anterior. Minha esperança é que os cristãos emergentes não estejam afastando-se dela.

Cada palavra em cada sentença da Bíblia é inspirada por Deus, possui autoridade, é digna de confiança, é verdadeira, é útil e contribui para nossa alegria em Deus.

A irrelevância da inerrância

Inerrância é a convicção de que a Bíblia não comete nenhum erro. A Bíblia contém metáforas, aproximações, comentários com observações sobre o universo, citações livres e vários tipos de literatura que devem ser lidos de acordo com suas próprias "regras", isso sem mencionar perguntas de aplicação, mas não existem erros. A Bíblia é verdadeira em tudo que afirma. Toda vez que acreditamos na Bíblia, acreditamos naquilo que é verdadeiro.

Essa é, em resumo, a doutrina da inerrância — nada de erros. Os cristãos emergentes têm pouca paciência com a inerrância. Isso não significa que eles achem que a Bíblia está repleta de erros (embora fosse possível). Eles não rejeitam a inerrância abertamente. Simplesmente a consideram uma perda de tempo. Alguns preferem o termo "inerência" para descrever a Bíblia, em lugar de "inerrância", porque a Palavra de Deus é inerente na Bíblia (e a implicação disso é que a Bíblia em si não é a Palavra de Deus). O objetivo, portanto, é ir além da inerrância.[18]

Mais uma vez, devemos afirmar que a Bíblia revela Deus a nós e que a peça central dessa revelação está na pessoa de Jesus Cristo — de quem não conhecemos quase nada fora da

Bíblia. Seguimos adiante para afirmar que queremos mais do que informação sobre Deus; queremos conhecer o próprio Deus. Mas por que sair do nosso caminho para abrir caminho para a inerrância? A ideia na qual um dia se acreditou, segundo a qual Charles Hodge e B. B. Warfield foram os inventores da inerrância, foi totalmente derrubada e considerada falsa. Acadêmicos como John Woodbridge e Richard Muller demonstraram de modo convincente que a doutrina da veracidade plena da Bíblia não é uma invenção princetoniana.[19] Clemente de Roma (30-100) descreveu "as Sagradas Escrituras" como "a verdadeira expressão do Espírito Santo". Policarpo (65-155) as chamou de "oráculos do Senhor". Irineu (120-202) afirmou que os autores bíblicos "eram incapazes de uma declaração falsa". Orígenes (185-254) declarou: "Os volumes sagrados são plenamente inspirados pelo Espírito Santo, e não há passagem, na Lei, no Evangelho ou nos escritos de um apóstolo, que não proceda da fonte inspirada da Verdade Divina". Agostinho (354-430) explicou numa carta a Jerônimo: "Aprendi a atribuir àqueles Livros que possuem o predicado de serem canônicos, e apenas a eles, tal reverência e honra que creio firmemente que nem um único erro devido ao autor pode ser encontrado neles".[20] Não foi o modernismo que inventou a inerrância. Foi o modernismo que minou a inerrância.

E o pós-modernismo a está evitando totalmente. Isso é um erro. A igreja emergente deve dar atenção à sabedoria de J. I. Packer.

> Houve uma época em que eu também evitei a palavra "inerrância" o mais que pude, parcialmente porque a palavra tem uma conotação negativa e eu queria parecer positivo. Mas acho que, hoje em dia, preciso da palavra. A moeda verbal, como se sabe, pode se

> desvalorizar. Qualquer palavra pode ter uma parte de seu significado removido, e isso aconteceu com todos os meus termos preferidos para expressar o que creio em relação à Bíblia. Ouço pessoas dizerem que a Escritura é *inspirada* e, no momento seguinte, que ela se engana de vez em quando. Eu as ouço chamando-a de *infalível* e *autorizada* e descubro que elas estão dizendo apenas que seu impacto sobre nós e o compromisso ao qual ela nos leva nos manterão debaixo da graça de Deus, e não que ela seja plenamente verdadeira. Isso não é suficiente para mim. Quero preservar o significado histórico evangélico dessas três palavras [...]. Assim, depois de tudo isso, insisto na inerrância. Penso que isso é algo esclarecedor a fazer, uma vez que mostra o que quero dizer quando chamo a Escritura de inspirada, infalível e autorizada. Numa era de desvalorização linguística e de frases com duplo sentido, devemos esse tipo de honestidade uns aos outros.[21]

Não há nenhum problema em se referir à Bíblia como uma história rica e maravilhosa, como uma impressionante coleção de escritos profundos, um honrado parceiro de conversa ou um livro de cores vivas que está misteriosamente acima de nossa compreensão, mas o que tudo isso de fato significa? A Bíblia é a palavra final em termos de fé e prática? Podemos confiar em tudo o que ela afirma? É inteligível e cognoscível? Ela vem de Deus? Qual é sua autoridade prática na vida do cristão? Ela pode errar? O que podemos dizer sobre a Bíblia que não pode ser dito sobre nenhum outro livro?

O que podemos dizer sobre a Bíblia que não pode ser dito sobre nenhum outro livro?

A igreja emergente é famosa por fugir da definição, seja de si mesma, seja de sua teologia. Mas as formulações doutrinárias existem por uma razão. As pessoas pensam: "O que eles querem dizer com isso?". Então respondemos, com palavras, às vezes até com algumas que não aparecem na Bíblia, com o objetivo de esclarecer o que pensamos que a Bíblia diz. "Era isso o que queríamos dizer, não aquilo."

Não tenho certeza do que a igreja emergente crê em relação à Bíblia. E isso me preocupa. Evangélicos exauridos que se tornam emergentes e falam de jeito meloso sobre a Bíblia ainda podem tratar a Bíblia basicamente como se ela fosse completamente verdadeira e possuidora de autoridade. Essa seria uma inconsistência fortuita. Mas o que acontece com a segunda geração? O que acontece quando um outrora plantador de igrejas, com alguns livros do Neo debaixo do braço, começar a fazer igreja com um ceticismo bem radical sobre a autoridade da Bíblia e atrair pessoas refletindo sobre como sua comunidade aceita a Bíblia (em parte?) e, portanto, recebendo-a de braços abertos em sua conversa? Podemos fazer um belo discurso sobre a beleza da história e como as Escrituras nos leem, mas, a não ser que as pessoas se convençam de que a Bíblia tem autoridade, que é verdadeira, inspirada e as próprias palavras de Deus, com o tempo elas a lerão com cada vez menos frequência, a conhecerão de modo menos pleno e a confiança certamente será menor.

Mensagem de texto

Há setenta anos, Karl Barth disse: "A Bíblia é a Palavra de Deus até o ponto em que Deus faz que ela seja sua Palavra, até o ponto em que ele fala através dela".[22] Naquela época, Barth chamou o liberalismo de volta para a Palavra, o que foi uma coisa boa, mas ele foi o pioneiro no estabelecimento de uma nova abordagem da autoridade bíblica, o que não foi bom. De acordo com Barth, a Bíblia não era em si a Palavra de Deus, mas, como Deus falou na Bíblia e através dela, ela se tornou para nós a Palavra de Deus. A Bíblia é a Palavra de Deus apenas "de maneira derivativa e indireta", escreveu ele.[23] A autoridade da Palavra, portanto, reside não nas Escrituras que contêm as próprias palavras de Deus, mas naquele que fala através das palavras do texto.

Essa visão neo-ortodoxa das Escrituras é, intencionalmente ou não, a visão de muitos na igreja emergente. Tomlinson apoia-se explicitamente em Barth, destacando com apreciação que "Barth falou sobre a Bíblia se *tornar* em vez de *ser* a Palavra de Deus".[24] Juntamente com John Franke, o falecido Stan Grenz, um dos teólogos mais influentes do movimento emergente, escreveu algo similar: "Como destacamos anteriormente, não é a Bíblia como livro que possui autoridade, mas a Bíblia como instrumentalidade do Espírito; a mensagem bíblica falada pelo Espírito através do texto é a regra normativa da teologia".[25] De acordo com Grenz e Franke, o texto tem sua própria intenção, a qual começa no sentido pretendido pelo autor, mas não é esgotada por ele. Devemos começar com o sentido original do texto, mas não estamos presos a ele, pois Deus falou, mas ainda fala. As palavras das Escrituras, portanto, não são a regra normativa, mas o Espírito falando através das Escrituras e se tornando a Palavra de Deus.

Como resultado, para muitos na igreja emergente, a teologia se torna algo diferente de falar a verdade sobre Deus conforme revelada nas Escrituras. No modelo emergente, a tarefa da teologia é expressar crenças e valores comuns, estabelecer a "rede de importância" e a "matriz de significado" particulares daquela comunidade. A teologia cristã, portanto, é a tarefa de falar sobre o Deus conhecido na comunidade cristã. A igreja é de fato o novo fundamento. A teologia cristã é realizada pela e para a comunidade cristã, como uma conversa contínua entre aqueles que foram encontrados por Deus em Cristo e que estão tentando esclarecer um mosaico de crenças que forma o arcabouço interpretativo da comunidade que o encontro anteriormente mencionado evocou.[26]

Confuso, não é? Essa é na verdade uma das falhas da visão neo-ortodoxa/emergente das Escrituras. O que isso significa para as pessoas sentadas no banco? Quando ouvem as Escrituras, estão ouvindo Deus falar?

Será que podem encontrar a Palavra de Deus com igual autoridade em algum outro lugar?

Será que isso faz que a Bíblia seja uma das muitas autoridades da comunidade?

Se a regra normativa é o Espírito falando através do texto, conforme entendido pela comunidade cristã, será que a base para aquilo em que cremos e para o que fazemos como cristãos não é nada mais do que nossa comunidade particular diz que deveríamos fazer ou no que deveríamos crer? E, se for esse o caso, o conhecimento como um todo não passaria a ser simplesmente um constructo social em vez de uma reflexão sobre a realidade?[27]

A doutrina fala sobre aquilo que é objetivamente verdadeiro e corresponde à realidade, ou ela simplesmente estabelece as regras do discurso [...]?

A doutrina fala sobre aquilo que é objetivamente verdadeiro e corresponde à realidade, ou ela simplesmente estabelece as regras do discurso e explica nosso mosaico de crenças?

Grenz e Franke estão tentando responder à pergunta “Como sabemos o que sabemos sobre Deus?”. A velha resposta, que eles consideram desesperadamente moderna, é: “Sabemos porque está na Bíblia, que é a autorrevelação de Deus por meio de palavras divinamente inspiradas”.

Parece-me que a nova resposta pós-moderna é menos exata e menos absoluta. A resposta pós-moderna é: "Sabemos o que sabemos sobre Deus porque é a expressão da compreensão de nossa comunidade sobre a mensagem bíblica que o Espírito está falando através da Bíblia em nossa comunidade chamada para fora". Ficamos com uma autoridade funcional da Bíblia que depende da comunidade em vez de preservar a autoridade intrínseca que é baseada no fato de Deus ter falado.

À primeira vista, parece uma marca de piedade fazer o Espírito transmitir autoridade através da Palavra (da criação, de uns aos outros e talvez outros exemplos) em vez de pelo texto das Escrituras. Sempre se consegue uma vitória retórica ao acusar os evangélicos de bibliolatria, de adorar a Bíblia em vez de o Cristo da Bíblia, mas isso quase sempre é falho. Todo cristão que conheço e que acredita que a Bíblia é a Palavra de Deus adora o Cristo que encontra na Bíblia, crê nesse Cristo e ora a esse Cristo. Esses cristãos também creem que Deus não apenas lhes fala através da Bíblia, mas que as palavras de Deus estão registradas no texto das Escrituras. Não foi isso o que Paulo quis dizer quando chamou as Escrituras de "os oráculos de Deus" (Rm 3:2, RA; cf. 2Tm 3:16)? Não é isso o que a carta aos Hebreus quer dizer quando cita o Antigo Testamento, dizendo "Assim, como diz o Espírito Santo" (Hb 3:7)? Pedro não defendeu uma visão verbal e plena da inspiração segundo a qual nenhuma profecia das Escrituras veio da vontade do homem, mas que os homens falaram sobre Deus conforme foram conduzidos pelo Espírito Santo (2Pe 1:20-21)? Jesus não presume autoridade intrínseca dos próprios textos das Escrituras quando citou Deuteronômio ao diabo no deserto usando as palavras "está escrito" (M 4:1-11)? Jesus não confiava que as palavras das Escrituras eram as próprias palavras de Deus quando citou Gênesis 2:24 e presumiu que as palavras do texto eram as palavras do Criador (Mt 19:4-5)?

Aposto que, para cada fundamentalista que ama a Bíblia mais do que a Cristo, existem vários cristãos emergentes que honram a Bíblia menos do que Cristo o fez. Temo que aquilo que começa como uma maneira elegante de unir jargão pós-moderno com autoridade bíblica rapidamente leve à perda da confiança na Palavra de Deus — uma confiança perdida que impede que pregadores e evangelistas estabeleçam doutrina, ética e a verdade do evangelho com as palavras “está escrito”.

Além do fundacionalismo

Deixando toda discussão filosófica de lado, isto é o que quero dizer — e o que a maioria dos não filósofos quer dizer — quando falo que a Bíblia é nosso fundamento.[28] Queremos dizer que a Bíblia resolve nossas disputas. A Bíblia nos diz o que é verdadeiro. Aquilo que pensamos sobre Deus, sobre nós mesmos e sobre a Palavra deve começar na Bíblia e nunca contradizer a Bíblia. Nesse sentido, qual é o problema de chamar a Bíblia de nosso fundamento?

McLaren afirma (através de Neo) que o errado é que a Bíblia nunca fala de si mesma como fundamento. Em um caso, a igreja o é, num segundo caso Jesus o é e, num terceiro, Pedro o é, “mas, a não ser que eu esteja errado, a Bíblia nunca chama a si mesma de fundamento”.[29] Além de denunciar o tipo de biblicismo que McLaren condena em outro ponto — não podemos chamar a Bíblia de fundamento se não encontramos a palavra nas Escrituras? —, o fato é que a Bíblia é chamada de fundamento. Ou pelo menos é assim que os protestantes desde a Reforma têm entendido Efésios 2:20. A “família de Deus” está edificada “sobre o fundamento dos apóstolos e dos profetas”, escreve Paulo. Os reformadores entendiam que, num sentido, apenas Cristo é o fundamento (1Co 3:11), mas eles também acreditavam que a igreja está construída sobre o fundamento definitivo e não repetível do ensino dos apóstolos e profetas, que vemos preservado nas Sagradas Escrituras.[30] Portanto, sim, a Bíblia é o fundamento da verdade para a igreja.

Um fundamento firme?

Diversos líderes emergentes não apenas rejeitam a Bíblia como fundamento da teologia e da reflexão cristãs, como também são céticos em relação a nossa capacidade de entender a intenção original dos autores bíblicos. Uma vez que as palavras são apenas símbolos, a verdade na Bíblia deve ser vista como ambígua e carente de constante reinterpretação.[31] A Bíblia está aberta a revisões. Tudo o que podemos dizer às pessoas é o que nós pensamos que a Bíblia significa — podemos apenas dar-lhes a nossa versão.[32] Alguém precisa decidir quais versículos da Bíblia se aplicam e quais não.[33] “A verdadeira autoridade não reside no texto em si, na tinta sobre o papel, que está sempre aberto a erros de interpretação — como a história nos diz, às vezes a erros de interpretação horríveis e perigosos. Em vez disso, a verdadeira autoridade reside em Deus, que está ali, por trás do texto ou além dele ou acima dele, certo? Em outras palavras, a autoridade não está naquilo que eu digo que o texto diz, mas naquilo que Deus diz que o texto diz.”[34] Tudo o que temos são interpretações.[35]

É claro que, em certo sentido, isso é verdadeiro — é, de fato, um truísmo. É como a velha piada sobre o pregador: “Perdoem-me por usar tantas histórias pessoais sobre mim mesmo, mas elas são o único tipo de histórias que tenho sobre mim mesmo”. Assim que abrimos a boca ou martelamos nosso teclado com um pensamento original, estamos apresentando nossa versão das coisas. Todo sermão, todo comentário e todo *blog* que já foi escrito sobre a Bíblia são apenas interpretações de pouco valor. E às vezes essas interpretações estão erradas ou são temporárias. Ocasionalmente, chego a admitir enquanto prego: "Não estou plenamente seguro quanto ao que isso significa, mas creio que esta é a melhor opção". Ainda que alguns considerem que o pós-modernismo não fez nada de bom (e ele fez), ele nos lembrou de nossa finitude. Mas será que isso significa que fomos largados com uma Bíblia que está completamente em aberto, que é praticamente incognoscível e sujeita a mudanças constantes?[36]

Obviamente, minha resposta é não. Em sua obra clássica em defesa da intenção autoral do texto, E. D. Hirsh destaca: "Certamente não é o mesmo que validade, e conhecimento da ambiguidade não é necessariamente conhecimento ambíguo".[37] Em outras palavras, o fato de você ter certeza de algo não faz que você esteja certo, e o simples fato de você saber que pode estar errado não significa que você esteja. Na há dúvida de que palavras, sentenças e parágrafos às vezes são ambíguos e abertos a diferentes entendimentos, sendo essa a razão de humanos discordarem de tantas coisas (embora as palavras ainda sejam o meio mais preciso de comunicar as ideias que temos). Mas isso não significa que uma compreensão não seja certa ou no mínimo melhor que outras. Também não significa que não possamos determinar plausivelmente qual é a compreensão correta, ainda que não possamos determinar o significado de um texto com onisciência completa.

Encontrando os significados corretos e errados

Desse modo, o fato de os líderes emergentes continuarem mencionando a escravidão e todas as coisas que os cristãos fizeram de errado tomando a Bíblia como base é algo que leva ao próprio fracasso. Eles estão demonstrando sua crença de que textos possuem significado e que eles determinaram qual é esse significado correto (a saber, que a escravidão é errada). A não ser que sejamos Deus, devemos sempre contemplar a possibilidade de que tenhamos entendido algo incorretamente. Os cristãos já interpretaram a Bíblia de maneira errada antes, e receio que nós faremos isso de novo. Mas isso não significa que não possamos nos apegar com firmeza à verdade bíblica, nem mesmo que não possamos considerar que algumas questões de interpretação estejam definidas. Os autores bíblicos eram humanos que cresceram, mudaram e aprenderam, mas, ainda assim, não hesitaram em escrever sobre o que eles *sabiam* e do que estavam *convencidos*.

Os autores emergentes não são de modo nenhum diferentes. Eles ainda escrevem livros. Eles ainda usam a linguagem para comunicar ideias e confiam implicitamente que as pessoas que leem seus livros e *blogs* entenderão o que querem dizer. McLaren revelou "a mensagem secreta de Jesus", e Chalke encontrou "a mensagem perdida de Jesus", de modo que esses rapazes devem estar descobrindo alguma coisa na Bíblia. Quando McLaren quer declarar algo sobre a criação, ele argumenta que precisamos ler a história como um judeu, não como um grego — essa é a maneira correta de ler o texto.[38] Quando Bell lê "eu sou o caminho, a verdade e a vida", ele sabe que Jesus não estava fazendo declarações sobre uma religião ser melhor que as outras; Jesus estava simplesmente mostrando a melhor maneira possível de uma pessoa viver.[39] Portanto, ainda existem significados certos e errados do texto. Parece que quando os autores emergentes querem contestar as crenças tradicionais (sobre, digamos, inferno, exclusivismo e propiciação) eles gritam "temos apenas interpretações", mas quando querem afirmar suas ideias (sobre, digamos, inferno como metáfora, inclusivismo e vida no reino) eles argumentam que "você está interpretando a Bíblia de maneira errada, não percebe?". Finalmente, parece haver um significado no texto.

A verdade em palavras significativas

O cerne da questão é: Será que Deus, que nos criou, também sabe como falar conosco? É ele capaz de nos comunicar verdade através de palavras de uma maneira que seja significativa e compreensível? A resposta presumida em cada página das Escrituras é "sim". Deus falou aos patriarcas, aos profetas e aos sacerdotes, e, quando as palavras que Deus falou foram escritas, as pessoas trataram essas palavras como os oráculos sagrados de Deus. Quando foi ensinado às pessoas o significado daqueles textos inspirados (e elas obedeceram), houve alegria (Ne 8:1-12). Quando não houve instrução de acordo com aquelas palavras, o povo sofreu (2Cr 15:3). Em determinada época, essa revelação escrita foi chamada de Lei, depois de Lei e os Profetas. Mais tarde, foram adicionados os Evangelhos, depois as Epístolas até que, finalmente, tivéssemos aquilo que chamamos de Bíblia.

Em cada um desses estágios, aquilo que foi escrito foi considerado pelo povo de Deus como possuidor de autoridade e algo que exigia nossa obediência, porque as palavras escritas vieram da própria boca de Deus.

Não é estranho, ponderou C. S. Lewis, que a Lei fosse a satisfação do salmista (Sl 1:2)? Poderíamos entender respeito e reverência, mas satisfação? Quem tem prazer na lei? E por quê? Lewis explica: "Seu prazer na Lei é o prazer de ter tocado aquilo que é firme; como o prazer do pedestre que sente o solo duro debaixo de seus pés depois de um atalho falso tê-lo confundido por entre campos lamacentos".[40]

Em nosso mundo de terrenos lamacentos, por que oferecer às pessoas mais daquilo que elas já possuem — espiritualidade vaga, incerteza e relativismo interpretativo limítrofe? Por que não oferecer-lhes algo firme e antigo, como a Lei na qual nos deleitamos, e ousarmos dizer e crer "assim diz o Senhor"?

4

OBRIGADO POR FUMAR:

Sobre diálogo, futurismo e inferno

[Ted]

Essa é a beleza do argumento — se argumentar corretamente, você nunca estará errado.

NICK NAYLOR, protagonista de *Obrigado por fumar.*[1]

Será que me faz menos inteligente admitir que as figuras são minha parte favorita? Estou lendo outro livro emergente, *The Church in Emerging Culture: Five Perspectives* [A igreja na cultura emergente: cinco pontos de vista], editado por Leonard Sweet, que é colocado como uma discussão entre um punhado de cristãos pesos pesados, supostamente cobrindo todo o espectro emergente. Vejo-me estranhamente distraído pela aparência das pessoas. O livro é entremeado por fotos em preto e branco do grupo sentado em uma sala de estar, gesticulando vigorosamente com páginas manuscritas à mão e copos de café descartáveis espalhados sobre a mesa. São instantâneos que parecem dizer "essa é uma vibrante discussão entre as mentes intelectuais de ponta de nossos dias. Você não gostaria de estar aqui?".

Quase larguei mão do livro para sempre, depois de ler as apresentações que Len Sweet faz de cada um dos participantes, uma vez que ele fez que todos se parecessem com semideuses intelectuais. Senti que, caso Cristo tenha falhado, de algum maneira, na redenção da cultura, o mundo estaria seguro nas mãos de (sem nenhuma ordem em particular) Frederica Matthewes-Green, Erwin Raphael McManus, Brian McLaren, Michael Horton e Andy Crouch.

Não sei o que esperar, mas, por alguma razão, me parece que eles não levam jeito. Acho que esperava modernosos de meia-idade[2] com cavanhaque e rabo de cavalo grisalho, mas todos — com exceção de Len Sweet, com seu *blazer* de *tweed* e seu jeitão de professor universitário —, apesar de suas próprias descrições, parecem bastante comuns. Estou descobrindo que, para um movimento que supostamente odeia ser colocado em uma "caixa" e ser associado a descritivos modernos, todos os seus *sites* fornecem muito do mesmo. Sweet descreve a si mesmo como "teólogo, autor e futurista". McManus se descreve como "marido, pai, autor, futurista, ativista, artista, consultor e líder espiritual e cultural". Muito bom. Brian McLaren, de acordo com seu *site*, é "autor, orador, *networker* e ativista cristão".

Matthewes-Green, felizmente, não tem um *site* (pelo menos não encontrei um) e parece notavelmente discreta — como alguém que poderia viver em minha cidade natal, o que me predispôs imediatamente a gostar dela (também gostei do capítulo que ela escreveu, mas falarei sobre isso mais tarde). Michael Horton, creio, é o típico conservador e, suponho, tem a aparência que se pode imaginar como a de um conservador típico.

McManus escreveu recentemente um livro chamado *The Barbarian Way* [O jeito bárbaro] no qual um dos pontos principais é que "o maior inimigo do movimento de Jesus Cristo é o cristianismo",[3] um sentimento que também já vi atribuído a Bono, antes de se tornar território exclusivo de *outdoors*, adesivos de carro (visto frequentemente ao lado de outros que dizem "Deus não é republicano") e a outros líderes do movimento emergente. De acordo com a contracapa do livro, McManus faz parceria com "uma equipe de sonhadores e inovadores especializados no campo de desenvolvimento e liberação de criatividade pessoal e organiza cional". Ainda que McManus não se considere emergente e se defina como tal em um de seus livros.

O que é um futurista?

Embora já tenha ouvido o termo "futurista", confesso que não sabia muito sobre ele.[4] Depois de três minutos de pesquisa nesta grande massa de informação pós-moderna chamada Wikipédia, "*Futurismo* foi um movimento artístico do século XX", que não deve ser confundido com análise de tendências futuristas [...]. O pintor e escultor italiano Umberto

Boccioni (1882-1916) escreveu o *Manifesto dos pintores futuristas* em 1910, no qual prometeu:

> Lutaremos com toda a força contra a religião fanática, sem sentido e esnobe do passado, uma religião incentivada pela perniciosa existência dos museus. Nós nos rebelamos contra a adoração sem personalidade das velhas telas, do velho *status* e dos velhos bricabraques, contra tudo o que é imundo, infestado de vermes e corroído pelo tempo. Consideramos a crítica habitual a tudo o que é jovem, novo e cheio de vida como algo injusto e até mesmo criminoso.[5]

Os futuristas apelidaram o amor ao passado de "passadismo", e seus proponentes, de "passadistas" (cf. *stuckism*, um movimento de arte recente, também catálogado na Wikipédia). Algumas vezes até mesmo atacaram fisicamente alguns supostos passadistas, em outras palavras, aqueles que aparentemente não gostavam das exposições e apresentações futuristas. Não estou dizendo que Len Sweet vai nos atacar com um bolinho de limão a qualquer momento.

Sobre os futuristas (também tirada da Wikipédia em inglês):

> "Futuristas" é um termo comumente usado para descrever consultores empresariais que aconselham empresas sobre uma vasta gama de tendências globais, gerenciamento de riscos e oportunidades de mercado em potencial. Em alguns países, a palavra equivalente é "futurologista".
>
> Um elemento-chave de todo aspecto gerencial é ser capaz de antecipar o que os concorrentes, funcionários e clientes provavelmente farão no contexto de um mundo mais amplo em constante mutação. Desse modo, é

> verdade que, até certo ponto, todos os líderes eficientes são futuristas.[6]

Um busca rápida do termo "futurista" no Google trouxe um cara chamado David Zach, o qual está disponível para falar a sua empresa sobre o futuro; outro cara, Glen Hiemstra, que escreveu um livro chamado *Transforme o futuro em renda*; e uma tal Sociedade Futurista Libertária, promotora da Ficção Científica Libertária (onde, aparentemente, todos os extraterrestres ganham muito dinheiro em jogadas empresariais, não pagam impostos e aumentam seu próprio patrimônio). Não havia nenhuma menção sequer a religião.

Conduzindo Mister D. A. Isy[7]

Estou sentado em meu Toyota Echo com D. A. Carson, autor de mais de 45 livros e professor de teologia na Trinity Evangelical Divinity School. Carson está na cidade para participar de um final de semana de palestras sobre "pós-modernismo", e o estou ouvindo me dizer, com um sotaque levemente britânico, o que o faz parecer ainda mais inteligente, que já está cansado de falar sobre pós-modernismo e o movimento emergente.

Carson tem todo o jeito do intelectual cristão da velha escola. Quando fala nomes como "Derrida" e "Foucault", ele os pronuncia da maneira correta. Às vezes detecto o jeito escocês de falar, um sotaque francês e traços de "noite de hóquei no Canadá". Perguntei se é comum ele interagir com líderes do movimento emergente.[8]

"Não gosto de *blogs*", diz ele. Fica claro para mim que "*blog*" é uma palavra desagradável para ele. É o mesmo que acontece quando seu pai tenta cantar a letra de uma das músicas de que você mais gosta. "Do que eu precisaria abrir mão por duas horas diárias para começar a postar respostas para esses rapazes em seus *sites*?", pergunta ele.

Imagino brevemente como seria o *site* de D. A. Carson caso ele tivesse um. Será que incluiria as fotos em preto e branco obrigatórias daqueles caras com aparência de artista, antenados, pensadores e acadêmicos? Talvez uma de Carson, sem os óculos, ponderando sobre algo. Será que ele se descreveria como "pensador, rebelde, revolucionário, orador, escritor, acadêmico" como alguns de seus contemporâneos emergentes?

"É fácil conversar comigo", continua ele. "Depois da publicação de meu livro sobre a igreja emergente, recebi uma resposta furiosa de um líder emergente, um *e-mail* de vinte páginas [...]. Ele estava muito irritado. Falava como se eu estivesse tentando arruiná-lo ou a seu ministério. Assim, respondi ponto por ponto, com meu próprio *e-mail* de vinte páginas, e, no final, disse que teria o maior prazer de me encontrar com ele para resolvermos algumas dessas diferenças pessoalmente."

E então?

"Ele me escreveu de volta, com um *e-mail* bem curto, dizendo que não tinha nada mais a discutir."

Seguimos em silêncio, ambos ponderando por um instante sobre a tristeza dessa piada. Não me considero fã nem admirador de Carson, como muitos no movimento ortodoxo jovem. Gostaria de achar que tento manter-me longe dos agrupamentos de ambos os lados. Mas aprecio sua sinceridade aqui no meu carro.

Sou lembrado de uma história que meu pastor me contou no início desta semana. Um líder emergente chamado Tony Jones chamou os comentários do ícone reformado John Piper de "[palavrão] esperto" em seu *blog* no início da semana, em resposta ao convite de Piper para uma conferência recente. Em um gesto louvável, Jones convidou Piper e vários outros pesos pesados reformados para um café completo, com café com leite e biscoitos, aparentemente para um tipo de acordo de paz evangélico. Piper foi, mas, primeiramente, perguntou a Jones: "Você sempre chama alguém de [palavrão] esperto antes de convidá-lo para um café?".[9]

"A reação nos *blogs* é imediata", continua Carson. "Você tem uma ideia e, três minutos depois, ela está publicada para que o mundo inteiro a consuma. Então, depois de outros três minutos, você tem anônimos postando mensagens sobre quão maravilhoso você é. Isso tende a inflar a sensação de importância que a pessoa tem."

Concordamos que há algo de bom no processo de edição de livro, a ideia de que seu trabalho descansa por um tempo e é avaliado antes de ser entregue ao mundo.

— Um desses caras emergentes, alguém realmente bom, que já escreveu bastante sobre o Antigo Testamento, recentemente postou piadas sobre a frequência com que ele precisa ir à latrina [é o jeito britânico de se referir à toalete, ao banheiro] agora que está ficando mais velho.

— O que você pensou sobre isso? — perguntei a D. A. Carson, com a maior cara lavada. — Quero dizer, isso é autêntico.

— Informação desnecessária.

Sobre tolerância

Infelizmente, minha experiência com Voltaire está limitada à cena do filme *Swingers — curtindo a noite*, na qual o personagem de John Favreau, depois de ver um anúncio que dizia "café da manhã a qualquer hora", pede "panquecas à era do Iluminismo". Ele se entristece enquanto a garçonete sai, sentindo que, de algum modo, ele a esnobou em termos intelectuais. Afinal de contas, o que uma garçonete em um restaurante de rua de Las Vegas saberia sobre filósofos franceses? Ele a chama um pouco depois, ao que ela responde: "Espere aí, Voltaire".

Voltaire, diz Carson durante a palestra, também nos deu uma definição funcional de tolerância quando disse "posso discordar de tudo o que você diz, mas defenderei até a morte o seu direito de se pronunciar".

Contudo, de acordo com a avaliação de Carson, a tolerância hoje está mais para uma recusa em dizer que qualquer outra pessoa esteja errada. Esse é um valor fundamental do não movimento emergente.

"Leonard Sweet escreveu recentemente em seu *site* que preferia estar errado ao lado de Brian McLaren a estar certo com D. A. Carson", diz Carson. Fico esperando uma palavra ferina em seguida, mas ela não vem. Carson simplesmente deixa o comentário pendurado no ar para que fale por si.

"O pós-modernismo volta-se para o 'eu'", diz ele, "enquanto o pré-modernismo normalmente começava com Deus".

Ele destaca que o movimento emergente vê a si mesmo como a forma das coisas futuras, no que se refere à cultura em mutação, e que a maioria das pessoas do movimento o vê como uma reação tanto à igreja tradicional, com suas proposições e ensinamento, como à megaigreja, excessivamente preocupada com os não cristãos e tão caracterizada por sua superficialidade voltada ao entretenimento.[10] Mas ele acrescenta que o movimento — com sua crescente biblioteca de livros, suas próprias conferências, seus próprios jornais e, infelizmente, suas próprias celebridades — tornou-se ele mesmo um símile muito fiel do movimento em favor do crescimento da igreja, ao qual ele tão veementemente se opõe.

"A igreja emergente diz que 'você primeiro pertence para então crer'", explica Carson. "Por que excluir alguém da ceia do Senhor? As pessoas podem encontrá-lo ali."

Naturalmente, a Bíblia em si limita quem pode participar da ceia do Senhor, mas Carson também revela que ler a Bíblia "literalmente" tornou-se uma espécie de conceito impuro.

"Sob o impacto do Iluminismo", continua ele, "emergentes argumentam que as pessoas estão preocupadas demais com questões de fé".

* * *

Uma das coisas potencialmente legais sobre escrever livros é a ideia de que, algum dia, as pessoas virão entrevistar você e perguntarão o que você pensa sobre certas coisas. Algumas semanas depois de ser entrevistado sobre meu livro de boxe pela *Infuze Magazine*, uma das diversas revistas *on-line* sobre cristianismo e cultura que surgiram nos últimos tempos, fiquei intrigado com uma entrevista publicada ali, feita com Erwin McManus, mencionado anteriormente, ou Erwin Raphael McManus, como ele às vezes se chama.

Depois de ler o artigo de McManus, escrevi rapidamente um *e-mail* para um amigo:

> Mudando totalmente de assunto, leia essa entrevista[11] que circulou na *Infuze Mag* hoje [...]. É sobre um pastor chamado Erwin McManus [...]. Não acredito que as pessoas estejam caindo nessa.
> Veja algumas coisas que ele disse:
> [...] foco em liberar o potencial presente em todo ser humano [...].

> Há mais coisas dentro de você do que você pode imaginar [...].
>
> Desejo da Alma, para mim, está mais para uma história humana. É a história sobre encontrar Deus dentro de si mesmo.
>
> O que acontece é que essas pessoas não sentem que precisam pedir permissão para conseguir o futuro que querem, mas os cristãos se sentam e esperam que Deus crie o futuro.
>
> Mas tudo isso porque há um senso de urgência em Mosaic. As pessoas sabem que estou disposto a me sacrificar e fazer o que for necessário para ser uma voz significativa e uma influência em Los Angeles e permitir que isso se espalhe pelo mundo. E preciso dizer que isso é instigante. Quando houve a crise do Katrina, estávamos lá. Na crise em Banda Aceh, chegamos lá poucos dias depois. Nós nos mobilizamos poucos dias depois de uma crise. Levamos esse negócio a sério. Redirecionamos, nos movemos muito rapidamente e atraímos pessoas que querem fazer diferença no mundo [...].
>
> "Este é o assunto de hoje", porque recebi vinte perguntas do tipo "há algo de errado em ser *gay*?". Eu simplesmente digo: "Olha, já vou dizer que não vou lhe dar a melhor resposta. Não estou nem sequer dizendo que minha resposta seja adequada. Mas vou envolver você em uma conversa que sei que você vai querer continuar...".

Em vez de despertar o interesse do pequeno cristão revolucionário/bárbaro que existe dentro de mim, isso só fez que meu esqueleto trabalhador do Meio-Oeste começasse a fazer perguntas. Minha fé tem a ver com "o que quero da vida", como diz McManus, ou com "encontrar Deus dentro de mim"? E o que há de errado com "esperar que Deus crie o futuro"? Talvez a pessoa precise ser "futurista" para realmente saber o que significa criar o futuro.

A resposta de meu amigo foi tocante:

> Ted,
> Isso é coisa profunda (no mau sentido) [...]. Ouço teologia melhor de Tommie Harris (jogador da defesa do Chicago Bears) nas entrevistas que ele dá depois dos jogos.
> Harris, o moderno — linear, lógico, coerente. Que chatice.
> Fala Tommie Harris, o jogador da defesa: "Quando um *quarterback* joga uma bola longa, ou quando deixa a bola seguir rapidamente, os atacantes não podem penetrar correndo [...]. Você não consegue entrar lá com todos aqueles caras em bloco, o que dificultou muito a nossa penetração. A tática deles foi muito boa, conseguiram nos bloquear em um primeiro momento, mas encontramos uma maneira de vencer.

* * *

Nick Naylor, o protagonista do romance e do filme *Obrigado por fumar*, está convencido de que argumentar bem (ou, para nossos propósitos aqui, "dialogar", que é a versão cristã/acadêmica da argumentação) supera a verdadeira mensagem. Ele acredita tanto nisso que trabalha como porta-voz do grupo provavelmente mais odiado de Washington: a Big Tobacco.[12]

Naylor realiza sua mágica durante todo o filme em escritórios, tribunais, restaurantes e na casa de um ex-"homem de Marlboro", que agora está morrendo de câncer no pulmão. "Charles Manson mata pessoas. Michael Jordan joga basquete. Eu converso", diz ele. "Sabe aquele cara que entra em uma sala e consegue qualquer garota? Eu sou esse cara, em pessoa."

Ao assistir ao filme, fico surpreso ao ver a similaridade entre o argumento do tabaco e a "discussão" emergente. De modo geral, penso eu agora, pelo menos o movimento emergente tem os melhores porta-vozes. Pergunte a um universitário se ele prefere ler um livro de Donald Miller ou de Chuck Colson, de Rob Bell ou de John Piper, de Doug Pagitt ou de J. I. Packer. Os escritores mais jovens, de melhor aparência, e os mais ágeis entre nós estão agora produzindo sua mercadoria debaixo do guarda-chuva emergente, fato que não passou despercebido pela indústria de publicação de livros e seu pessoal de vendas.

Depois de ler McLaren, Bell, Sweet e outros líderes emergentes em seus *sites*, começo a desenvolver um esquema bem grosseiro de minhas observações sobre o movimento e seu relacionamento com o cristianismo evangélico. Penso que é seguro dizer que alguns emergentes acham que...

... os evangélicos não se importam com os pobres. E acham que os evangélicos nem sequer começaram a analisar a diversidade, algo com o que claramente não querem se envolver.

... a igreja evangélica está preocupada em promover a direita política. Com exceção de Jim Wallis, uma boa quantidade de literatura emergente bate na conexão Bush/igreja, e em quão desastrosa é essa conexão particular.

... os evangélicos promovem uma experiência de salvação do tipo "dentro ou fora".

... a igreja evangélica participou de uma série de males pelos quais não pediu perdão adequadamente.

... os evangélicos são "falsos" e, para muitos, a experiência de adoração é de certo modo "artificial".

... os evangélicos são avessos ao artístico e não são criativos. Eles assistem a filmes ruins, ouvem música ruim.

Estou quase no fim de *A Generous Orthodoxy*, de McLaren. Ele fez algumas coisas boas no livro, e gosto particularmente de um diagrama presente nas páginas 72 e 73, que resume de maneira rápida e abreviada os sete "tipos" de cristão,[13] juntamente com breves descrições do que as "boas-novas" são para cada grupo. Não gosto tanto de outro diagrama, presente na página 315, no qual McLaren compara o *pensamento emergente* a um galho que sai do tronco de uma árvore, em um capítulo intitulado "Por que sou emergente". Depois de mais de trezentas páginas de McLaren, algumas das quais realmente envolventes, sendo muitas outras acima da minha compreensão, fico pensando em qual é o público-alvo desse livro. Veja um parágrafo da parte final de *A Generous Orthodoxy*:

> Na teologia cristã, esse pensamento antiemergente é expresso em teologias sistemáticas que afirmam (de maneira aberta, velada ou inconsciente) ter definido a ortodoxia final, conservando-a seca e congelada, embalada hermeticamente para sempre. Os cristãos emergentes (pós-liberais, pós-conservadores) veem o relativismo pluralista como um tratamento perigoso para a modernidade absolutista/colonial/totalitária em estágio terminal (para usar uma linguagem ligada ao diagnóstico de câncer), algo que salva uma vida por meio de algo que quase a mata. É medicina perigosa — mas estagnação, ficar preso muito tempo no casulo, também é perigoso.

Vivo em uma cidade de estudantes, mas ainda conheço poucas pessoas, até mesmo pastores, que considerariam sua vida, ou a vida de outros, em termos de "modernidade absolutista/colonial/totalitária em estágio terminal".

* * *

Estou sentado em uma cafeteria em East Lansing, na esperança de entender ideias de um estudante de filosofia amigo meu, quando uma conhecida — uma mulher que saiu de nossa igreja para se juntar a um grupo emergente local — senta-se à mesa ao lado da nossa. Trocamos cumprimentos acanhados e posso dizer com certeza que ela está ouvindo todas as palavras que meu amigo diz, pois ele fala um pouco alto — e estou sendo gentil. De todas as cafeterias de Lansing, escolhi justo esta. Que bom.

Isso me lembra como tudo isso é triste — essa mentalidade nós e eles — e como escrever um livro com o subtítulo *E outras razões para não aderir à igreja emergente* provavelmente não ajudará em nada no departamento de "afastar ainda mais os amigos e conhecidos". Também me lembro de que ainda sou jovem e suficientemente impressionável para ficar realmente triste quando alguém sai da igreja. Na verdade, espero que isso sempre seja importante.

De qualquer modo, meu amigo David está mais do que interessado em conversar sobre pós-modernismo, movimento emergente, teologia e similares. Creio que toda igreja provavelmente tem um David ou dois — ele é um dos raros universitários apaixonados por teologia e, por isso, sente-se um pouco esquisito. Não chegaria a ponto de colocá-lo no departamento de "fã jovem e radical de John Piper", mas se ele encontrasse uma linda jovem de óculos, sem maquiagem e usando uma camiseta de *indie-rock*, lendo *As institutas* de Calvino, ele provavelmente não hesitaria em "cortejá-la".

Sendo aluno do terceiro ano de filosofia, ele é versado nos nomes e nas teorias que cercam o pós-modernismo, mas não está pronto para ungir sua/nossa geração como abertamente pós-moderna, como alguns no movimento gostam de acreditar.

"Donald Miller, Brian McLaren e Rob Bell em especial têm sido grandes influências, particularmente no grupo da Cruzada Estudantil para Cristo", diz ele. "Acho que muito disso tem a ver com a mentalidade 'queremos apenas Jesus'. Para os universitários, pessoas que pensam mais teologicamente parecem ser pessoas de mente fechada e julgadoras. Elas veem 'quero apenas Jesus' como um tipo de visão oposicionista ao campo teológico. Mas conhecer ao Senhor é conhecê-lo através de proposições", continua. "Para ter um relacionamento — e as pessoas favoráveis ao movimento emergente gostam de se concentrar no aspecto relacional de Jesus — ou estar em um relacionamento com alguém, é imperativo que você conheça coisas específicas e coisas verdadeiras sobre a pessoa com quem você tem esse relacionamento."

"Vejo-me como alguém que realmente ama teologia, mas não se deve separar as pessoas, chamando umas de 'mentais' e outras de 'manuais'", diz ele. "Mas, ainda que estude filosofia, sou levado a pensar na passagem de Mateus que diz 'estive enfermo e preso, e vocês não me visitaram [...] vocês não me vestiram' [cf. Mt 25:34-43]. Mas é preciso que, de alguma maneira, a teologia seja o combustível ou a crença que nos leva a agir. Mas essa não é uma ideia muito popular entre universitários."

Perguntei a David se existe uma dicotomia na mente dos jovens em relação a experiência e crença. Ou entre experiência e dar frutos.

"Parece haver uma obsessão pelo aspecto da experiência", diz ele, "mas onde está o foco nos frutos do Espírito?"

Nesse momento, a conhecida se aproxima de nossa mesa enquanto sai, diz que não pôde deixar de ouvir nossa conversa e que tudo pareceu muito interessante. *Gulp!* Será que estou escrevendo um artigo ou coisa parecida? Engulo em seco de novo!

Ela vai embora, e mais uma vez voltamos a discutir pós-modernismo. Digo que, embora o movimento presuma que há certo nível de pós-moderno entre as pessoas mais jovens, teorizo que talvez seja menos prevalente do que algumas pessoas do movimento poderiam imaginar. A ideia de que "jovens não querem respostas" e "jovens não gostam de pensar de modo linear" é uma pintura com pinceladas um tanto largas.

"Minha experiência com outros alunos de filosofia me leva a crer que as pessoas ainda estão em busca de evidências", diz David. "Entre os ministérios com estudantes ou com meus amigos cristãos, tenho a impressão de que as pessoas têm a mentalidade de querer ouvir o que as outras pensam, mas não apenas pelo propósito de aprovar como 'diferente, mas bom'. A verdade ainda é importante."

Ele comunica que ainda há "pequenos surtos ocultos" de interesse pelo movimento entre seu grupo de cristãos jovens e reformados. Menciona a proximidade de Mars Hill[14] e Rob Bell como influência importante.

"Nunca tinha ouvido falar de Mars Hill até um ano atrás e hoje conheço um monte de gente que costuma ir lá", diz ele, quando pergunto qual é o nível de sucesso do movimento. "Assim, pessoas que se consideram pós-modernas, que não são cristãs, estão sendo expostas a algumas ideias a partir disso. Mas é preciso ter mais do que a Bíblia como narrativa, ou 'hoje eu conheço Jesus e tenho uma vida melhor'. Eu estava morto antes de ter Jesus [...]. Amar as pessoas e ministrar a elas sempre deve ser prioridade, mas não creio que seja preciso mudar a igreja para que ela se encaixe na cultura."

As Boas-novas em oposição a nenhuma notícia.

"Tolerância é algo sobre o que talvez tenhamos de pensar, pois é algo com que fico muito... *grrr...*", diz ele.

Tudo bem, vamos falar sobre isso.

"Digamos que alguém esteja falando sobre suas crenças religiosas e eu me levante para dizer respeitosamente 'discordo de você'", diz ele. "A maioria das pessoas diria que a discordância respeitosa é um ato intolerante. Agora, tolerância significa simplesmente concordar com alguém. Contudo, por definição, tolerância implica alguma discordância. Existe uma concepção tremendamente errada por aí."

Pergunto se ele acha que talvez o movimento emergente seja simplesmente liberalismo teológico vestido com as roupas da MTV, na falta de um termo melhor (e realmente estou em falta de algum termo melhor) — especificamente, seria um liberalismo em relação a uma postura flexível sobre inferno e a inerrância das Escrituras?

"Pessoalmente, quando estava no final do ensino médio, eu me considerava cristão, mas se você me perguntasse se eu acreditava em inferno, eu diria que não", diz ele. "Cresci em uma igreja teologicamente liberal. Nunca recebi ensinamento sobre o inferno [...] era um assunto considerado fora dos limites."

Rob Bell fala sobre o inferno na página 147 de *Velvet Elvis*:

> Ora, se existe uma vida do céu, e podemos escolhê-la, então também existe outro caminho. Um caminho que

> vive fora de sincronismo com a maneira pela qual Deus nos criou para que vivêssemos. A palavra para isso é inferno: um caminho, um lugar, um reino afastado daquilo que Deus deseja que as coisas sejam. Podemos trazer o céu à terra; podemos trazer o inferno para a terra.

Bell repinta o inferno como algo que experimentamos nesta vida:

> O que as pessoas querem dizer quando usam a palavra "inferno"? Querem dizer um lugar, um evento, uma situação de afastamento daquilo que Deus deseja que as coisas sejam. Fome, faltas, opressão, solidão, desespero, morte, massacre — tudo isso é inferno na terra. O mais perturbador é perceber que as pessoas conversam mais sobre o inferno após esta vida do que sobre o inferno aqui e agora. Como cristão, quero fazer o que puder para resistir à vinda do inferno à terra. Pobreza, injustiça, sofrimento — cada um desses é inferno na terra, e, como cristãos, nós nos opomos a eles com toda a nossa energia. Jesus nos disse para fazer isso.[15]

"Do lado emergente, penso que as pessoas temem que os cristãos estejam usando o inferno como ferramenta de vendas para fazer que as pessoas comprem o cristianismo e acho que isso deve ser evitado", continua David. "Mas essa não é a única razão pela qual pregamos sobre o inferno. Jesus não evitou falar sobre choro e ranger de dentes."

5

DOUTRINA:

O drama está no dogma

[Kevin]

[A Comunidade] Ikon não tem um centro doutrinário substancial.

PETER ROLLINS

Indiferentismo em relação à doutrina não cria heróis da fé.

J. GRESHAM MACHEN

Não é difícil encontrar líderes emergentes que questionem a importância da doutrina. A doutrina é ridicularizada por ser lógica, infértil e exclusiva. Em vez de dizer "aqui está a verdade; é pegar ou largar", a multidão emergente chama os cristãos a declarar "venha e experimente a história de Deus na vida de sua comunidade".[1] Há um número enorme de cristãos querendo lançar sua âncora na verdade doutrinária em vez de ficarem livres para explorar outros portos, de acordo com os líderes emergentes.[2] Como Tomlinson escreve: "No final de tudo, nosso *pedigree* eclesiástico, nossas experiências espirituais ou nossas afirmações de credos não impressionarão a Deus. São Pedro não nos perguntará, junto aos portais de pérola, a qual igreja pertencemos ou se acreditamos no nascimento virginal".[3]

Brian McLaren pelo menos admite que as pessoas podem ser sinceras e ainda acreditar em coisas falsas.[4] Ele também reconhece que "doutrina sadia é muito, muito, *muito* importante". E, embora desconfie do destaque de distintivos doutrinários, ele de fato aceita os credos apostólico e niceno.[5] Em contrapartida, porém, McLaren é crítico em relação àqueles que afirmam ter a ortodoxia final, "conservando-a seca e congelada, embalada hermeticamente para sempre".[6] Ele resiste a "argumentos nauseantes sobre a razão de essa ou aquela forma de teologia (dispensacional, do pacto, carismática, qualquer coisa) ou de metodologia (igreja em células, megaigreja, igreja litúrgica, igreja voltada aos não cristãos, blá, blá, blá) serem certas (ou seja, se abordam ou alcançam perfeição técnica atemporal)".[7] Ele caricatura a ortodoxia típica como "o difícil trabalho mental de guardar na mente, antes do café da manhã, um banco de dados cada vez maior de opiniões complexas sobre um monte de coisas".[8]

Carla, que participa da igreja de Doug Pagitt, chamada Solomon's Porch [em português, Pórtico de Salomão], provavelmente fala por muitos do movimento emergente quando diz "acho que o dogma nunca funciona; as pessoas querem ver uma vida melhor".[9]

Seria injusto dizer que todos os líderes emergentes jogaram a doutrina pela janela. Mas acho que é justo dizer que até mesmo para aqueles que apoiam crenças doutrinárias fundamentais — e isso não inclui todos os participantes do movimento — a ortodoxia, como um conjunto de asserções teológicas imutáveis, é algo amplamente minimizado, senão completamente rejeitado. O que anima os líderes emergentes e os mantém unidos não é um conjunto de doutrinas definidas e defendidas. O que fortifica a igreja emergente é um modo de vida, ou inclusão, ou algo completamente diferente. Invertendo o famoso ditado de Dorothy Sayers, o drama não está mais no dogma.

Quero apenas Jesus

Nos círculos emergentes, a espiritualidade está por cima, e a religião não. Barry Taylor chega a ponto de dizer que "talvez não haja futuro para o 'cristianismo', a religião da fé cristã". Taylor chama de "religião" a "forma institucional e organizacional em torno da fé", que talvez não seja mais "necessária para o futuro da fé".[10] Religião tem a ver com certeza e santidade, enquanto espiritualidade, ou fé, vive da investigação e da fluidez. "A razão pela qual a fé tradicional enfrenta momentos difíceis", sugere Taylor, "é que, na situação atual, a certeza é suspeita, e a santidade está sendo redefinida". A alternativa de Taylor é uma dedicação à "especificidade não dogmática".[11]

Mas será que é a fé tradicional que de fato está tendo dificuldades em nosso mundo pós-moderno? Naturalmente é preciso ser cuidadoso ao "avaliar" a teologia de uma igreja usando tamanho e crescimento como parâmetros, mas vale a pena destacar o que hoje já é do conhecimento de todos, a saber, que as igrejas conservadoras estão crescendo nos Estados Unidos, enquanto as liberais — aquelas dedicadas à especificidade não dogmática — não estão. Na última década, o declínio da frequência de membros entre as igrejas liberais variou de 5,3% a até 14,8%. Em comparação, as denominações conservadoras têm crescido nos últimos dez anos, variando de 5% (Convenção Batista do Sul) a mais de 50% (57,2% na Igreja Evangélica Livre).[12]

As principais denominações se inclinaram para trás para acomodar o modernismo, e, como resultado, suas igrejas têm dificuldades financeiras e congregações cada vez menores. Será que a igreja emergente seguirá pelo mesmo caminho não doutrinário, tomado pelas principais denominações, só que em relação ao pós-modernismo? Se for realmente verdade que em todo lugar onde você encontra "paixão, amor e alegria" ali "você encontra Deus",[13] então o cristianismo não tem uma mensagem singular para dar ao mundo.

Não tenho dúvida de que os não cristãos acham a literatura emergente bastante atraente. A literatura normalmente descreve quem eles já são — pós-modernos não dogmáticos e de espiritualidade ambígua, interessados em fazer que o mundo seja um lugar melhor. Mas onde está a menção aos espinhos da fé cristã — a santidade de Deus, o julgamento divino, a singularidade de Jesus Cristo, a depravação humana, a necessidade de um novo nascimento?

Onde está a ofensa do evangelho? J. Gresham Machen observou, há mais de 75 anos, "este fato curioso: quando os homens falam dessa forma sobre propagar o cristianismo sem defendê-lo, aquilo que estamos propagando certamente não é de modo algum cristianismo. Eles estão propagando um modernismo anti-intelectualístico e não doutrinário; a razão de ele não exigir nenhuma defesa é simplesmente o fato de estar completamente de acordo com a corrente desta era".[14] Ninguém se opõe a um cristianismo não doutrinário porque não há nada a que se opor.

"A única coisa de que precisamos é Jesus", clamam muitos cristãos emergentes, "não dessas formulações doutrinárias". Diante disso, Erwin McManus escreve: "O poder do evangelho é o resultado de uma pessoa — Jesus Cristo — não de uma mensagem. O evangelho é um evento a ser proclamado, não uma doutrina a ser preservada".[15] É claro que isso parece bom, e McManus pode ter boas intenções ao dizer tal coisa. Mas o argumento é exagerado. Em que aspectos o evento do evangelho que proclamamos é diferente de uma mensagem? E como uma mensagem sobre Jesus — digamos, quem ele é e o que ele fez na terra — pode ser diferente de uma doutrina? Podemos falar sobre Jesus às pessoas todos os dias até que ele volte, mas, sem nenhum conteúdo doutrinário que preencha o que pensamos sobre Jesus e por que ele é importante, estaremos apenas pronunciando *slogans*, não proclamando um tipo de evangelho inteligível.

"A única coisa de que precisamos é Jesus", clamam muitos cristãos emergentes, "não dessas formulações doutrinárias".

Jonathan Campbell, líder emergente em Seattle, fala sobre seguir a Jesus:

> Passamos a entender que tudo gira em torno de Jesus, e não apenas de uma metodologia. Não tem a ver com missão, com igreja, mas sim com Jesus, sua glória e sua vida. Conhecer a Jesus não é um evento, um ritual, um credo ou uma religião. É uma jornada de confiança e aventura. Não acreditamos mais em nenhuma religião

> — inclusive no cristianismo —, mas de fato acreditamos em seguir a Jesus. Não precisamos mais da religião, com seus prédios especiais, dogmas, programas, clero ou qualquer outra invenção humana que assuma o lugar da espiritualidade genuína. Por que precisamos de um nome e de um endereço para ser igreja? Saímos da religião e voltamos para Deus.[16]

"Tudo gira em torno de Jesus" é certamente verdadeiro. Mas nós giramos em torno de quais aspectos relacionados a Jesus? Se não tivermos eventos, credos ou rituais, então o que temos? Sua glória e sua vida, sugere Campbell. Mas assim que dizemos algo sobre a razão de Jesus ser glorioso, como foi sua vida e o que ela alcançou, não estaríamos retornando ao dogma e à religião outra vez? O mantra "Jesus *versus* religião" existe há séculos e não faz mais sentido nem gera mais convertidos hoje do que fazia séculos atrás.

Os líderes emergentes gostam de destacar a estratégia missionária de acomodação usada por Paulo entre os atenienses na colina de Marte. "Paulo começou com o que eles tinham e construiu a partir disso", escreve Taylor. Ele adiciona:

> Sua declaração de que Deus não está longe de cada um de nós (cf. At 17:27) é uma lição missiológica profunda para todos nós; não precisamos levar Deus a lugar nenhum; precisamos simplesmente descobrir onde ele já está trabalhando.
>
> *Deus está em todo lugar. Deus não está em lugar nenhum.* Deus está presente; Deus está ausente. O futuro da fé está na tensão entre essas duas palavras, e é desse ponto de desconforto e complexidade que surge uma nova vida.[17]

Esse é o tipo de parágrafo que deixa os cristãos "normais" simplesmente loucos. Parece bacana dizer que Deus está presente e ausente, em lugar nenhum e em todo lugar, mas, assim que a "tensão" e a "complexidade" dessa epigrama se desfazem, você fica pensando: "Ahn, como é que é?". Talvez esse seja o objetivo. Será que uma nova vida surgirá do "Ahn"? Mas isso é muito diferente do sermão verdadeiro de Paulo na colina de Marte. Depois de ter promovido seu envolvimento cultural, Paulo proclamou o evangelho em termos muito claros. "No passado Deus não levou em conta essa ignorância, mas agora ordena que todos, em todo lugar, se arrependam. Pois estabeleceu um dia em que há de julgar o mundo com justiça, por meio do homem que designou. E deu provas disso a todos, ressuscitando-o dentre os mortos" (At 17:30-31).

Os apóstolos nunca pregaram usando palavras com o duplo sentido ou a ambiguidade que se pode encontrar em tantos livros emergentes. Dorothy Sayers criticou a ideia de um Cristo sem conteúdo em sua repulsa devastadora dos modernistas (ou seriam eles pós-modernistas?) que cresciam vertiginosamente nas décadas de 1930 e 1940:

> Cristo, em sua divina inocência, disse à mulher de Samaria: "Vós adorais o que não conheceis" — o que aparentemente deixa a impressão de que poderia ser desejável, no geral, saber o que alguém adorava. Dessa forma, ele se mostrou tristemente desligado da mente do século XX, pois o clamor de hoje é "livrem-se das complexidades tendenciosas do dogma — que tenhamos o espírito simples da adoração; simplesmente adorar, não importa o quê!". O único defeito dessa exigência por uma adoração generalizada e não dirigida é a dificuldade prática de despertar qualquer tipo de entusiasmo pela adoração de nada em particular.[18]

Ortodoxia como modo de vida

Historicamente, os cristãos têm defendido a importância da ortodoxia, a crença correta, e da ortopraxia, a vida correta. A igreja emergente costuma redefinir as duas coisas de modo que se tornem uma só. Ou, para dizer de maneira mais precisa, funde as duas coisas de modo que ortodoxia seja equivalente a vida correta, e a crença correta — se é que isso é importante — flui de uma vida correta, em vez de acontecer o oposto (Rm 12:1). Quando perguntado sobre o que é ortodoxia e quem a define, McLaren respondeu: "É virtude, é semelhança a Cristo [...]. Ortodoxia em si é uma prática [...]. Assim, a ética vem em primeiro lugar, depois a doutrina, e o testemunho flui disso".[19] Peter Rollins vai ainda mais longe:

> Em vez de seguir a ideia de influência grega segundo a qual ortodoxia é a crença correta, estes capítulos mostram que a comunidade emergente está nos ajudando a redescobrir uma noção mais hebraica e mística do cristão ortodoxo como alguém que crê da maneira correta — ou seja, crer de uma maneira amorosa, sacrificial e semelhante a Cristo [...]. Assim, a ortodoxia não é (mal) entendida como o oposto da heresia, mas, pelo contrário, é vista como um termo que sinaliza uma maneira de ser no mundo em vez de uma forma de crer nas coisas do mundo.[20]

Os credos, portanto, não definem as fronteiras da fé. Os credos são apenas "guias de conversação"[21] — mas não diga isso a Atanásio, que aparentemente desperdiçou a vida inteira lutando contra os arianos por causa de um ditongo. A função da igreja não é resolver as grandes questões da vida, mas ajudar as pessoas a entender quem são, em que momento estão e onde estão, ao mesmo tempo que imaginam um futuro glorioso juntamente com o Pai, o Filho e o Espírito Santo.[22] Não está claro para mim de que maneira podemos ajudar as pessoas a entender quem elas são e como será um futuro glorioso com a Trindade sem responder a qualquer questão importante, mas essa é a nossa tarefa.

Rob Bell também desconfia da ortodoxia, colocando-a vários níveis abaixo da ortopraxia. Bell admite, por exemplo, que crê no nascimento virginal, mas que isso não é tão importante quanto viver como Jesus.

> O que acontecerá se, amanhã, alguém fizer uma escavação e encontrar uma prova definitiva de que Jesus teve um pai real, terreno e biológico chamado Larry, se os arqueólogos encontrarem a tumba de Larry, fizerem testes de DNA e provarem sem sombra de dúvida que o nascimento virginal foi na verdade apenas um pouco de mitologização que os autores dos evangelhos inseriram como apelo para os seguidores de Mitra e dos cultos religiosos de Dionísio que eram muito populares nos tempos de Jesus, cujos deuses tiveram nascimento virginal? O que acontecerá se você estudar a origem da palavra "virgem" e descobrir que a palavra "virgem" presente no evangelho de Mateus de fato vem do livro de Isaías e, então, descobrir que, no hebraico daquela época, a palavra "virgem" podia significar muitas coisas? E se você descobrir que, no século I, nascer de uma virgem também podia ser uma referência a uma criança cuja mãe engravidou na primeira relação sexual que teve? O que aconteceria se essa cama elástica fosse seriamente questionada? Alguém conseguiria continuar saltando nela? Uma pessoa ainda conseguiria amar a Deus? Você ainda seria cristão? O caminho de Jesus ainda é a melhor maneira de se viver?[23]

Essa ênfase na maneira correta de viver em oposição à crença correta não é nova. Ela é, de fato, essencialmente moderna. Adolf Harnack, o brilhante e moderno patrocinador do liberalismo protestante, disse a mesma coisa na virada do século passado: "A verdadeira fé em Jesus não é uma questão de ortodoxia de credo, mas de fazer o que ele fez".[24] Existem apenas dois problemas nessa visão liberal/emergente da ortodoxia. Um deles é que ela não é verdadeira. O outro é que ela não ajuda em nada.

Simplesmente não é verdade que ortodoxia como crença correta nada mais é que uma ideia grega pervertida. João escreveu seu evangelho não para que as pessoas pudessem seguir a maneira exemplar de viver de Jesus, mas para que cressem que Jesus era o Cristo e que, ao crer, tivessem vida em seu nome (Jo 20:31). Como João escreveu em outro ponto, qualquer espírito que não confessar que Jesus Cristo veio em carne não é de Deus, mas é o espírito do anticristo (1Jo 4:2-3).

Existem certas verdades que devem ser afirmadas com o objetivo de se ser cristão. Todo aquele que não crer que Jesus é Filho de Deus, por exemplo, já está condenado (Jo 3:18). Veja a seguir mais três verdades fundamentais sobre a crença correta:

- *As pessoas vão para o inferno por crer nas coisas erradas.* "Mas ainda que nós ou um anjo dos céus pregue um evangelho diferente daquele que lhes pregamos, que seja amaldiçoado!" (Gl 1:8).
- *As pessoas que estão na igreja devem ser corrigidas quando crerem em coisas erradas.* "[O bispo deve apegar-se] firmemente à mensagem fiel, da maneira como foi ensinada, para que seja capaz de encorajar outros pela sã doutrina e de refutar os que se opõem a ela" (Tt 1:9).

- *Às vezes algumas pessoas precisam ser mantidas fora de sua casa por crerem em coisas erradas.* "Todo aquele que não permanece no ensino de Cristo, mas vai além dele, não tem Deus; quem permanece no ensino tem o Pai e também o Filho. Se alguém chegar a vocês e não trouxer esse ensino, não o recebam em casa nem o saúdem" (2Jo 9-10).

Não há dúvida de que Paulo acreditava na ortodoxia. "Retenha, com fé e amor em Cristo Jesus, o modelo da sã doutrina que você ouviu de mim", disse ele a Timóteo. "Quanto ao que lhe foi confiado, guarde-o por meio do Espírito Santo que habita em nós" (2Tm 1:13-14). Não há como não perceber a existência de um centro doutrinário na mensagem de Paulo. Havia certas proposições de fato em relação a temas como eleição, encarnação, ressurreição e expiação que Paulo transmitira a Timóteo e que precisavam ser preservadas e protegidas a qualquer custo, ainda que isso significasse sofrimento e morte (1:8-11).

Valia a pena morrer pela doutrina porque ela era o coração da mensagem salvadora pregada por Paulo em relação a fatos históricos ligados à salvação.[25] Machen escreve: "Mas se há um fato que é claro, com base nessa evidência, é que o movimento cristão, em seu início, não era simplesmente um modo de vida no sentido moderno, mas um modo de vida fundado em uma mensagem. Era baseado não em um mero sentimento, não em um mero programa de trabalho, mas em um relato de fatos. Em outras palavras, ele se baseava em doutrina".[26] Assim que você diz que Jesus morreu e ressuscitou por seus pecados de acordo com as Escrituras, você tem doutrina. Você tem uma mensagem sobre o que aconteceu na História e o que isso significa. Isso é teologia. Não há evangelho sem ela.

Além de não ser verdadeira, a equiparação de ortodoxia e ortopraxia é imensamente inútil. Soa como algo maravilhoso em um primeiro momento. Jesus é a melhor maneira de viver. Assim, onde está o perigo? Afinal de contas, é verdade que Jesus ensinou uma boa ética e estabeleceu um bom exemplo moral. Mas se ortodoxia significa viver da maneira correta, a maneira de Jesus, então não tenho esperanças. A quem me volto depois de deixar de seguir as bem-aventuranças pela quinquagésima vez? Onde encontro paz quando percebo que não consigo cumprir o Sermão do Monte no meu dia a dia? O que digo ao diabo quando ele me lembra de que não pratico a justiça, não amo a fidelidade e não ando humildemente com o meu Deus (cf. Mq 6:8) como deveria?

E o que dizer de minha família e meus amigos? Que conforto dou a um ente querido que está morrendo de câncer e não tem certeza da salvação porque não amou a Deus e a seu próximo o suficiente? Espero poder ler Efésios 2 e lhe dizer que, embora estivesse morto em suas transgressões e pecados, por natureza merecedor da ira, agora ele recebeu vida com Cristo e que, pela graça, seus pecados foram perdoados, não por causa de obras, para que ninguém se glorie.

Ora, tenho certeza de que muitos da igreja emergente também falam sobre graça, mas não leio muita coisa sobre graça em seus livros. Certamente há graça na inclusão geral, mas não graça como a única esperança para pecadores que merecem o julgamento de Deus. Fico desesperado quando ouço Pagitt dizer "a boa-nova não é informativa [...]. Pelo contrário, temos um convite a seguir um novo modo de vida — vida que percebemos constantemente não ser apenas nossa".[27] Se as boas-novas são um convite ao modo de vida de Jesus, e não informação sobre alguém que realizou algo em meu favor, então estou arruinado. Isso é lei, não evangelho.

Aquilo que Machen escreveu sobre o liberalismo poderia ser dito em relação a muitos da igreja emergente. "Aqui se encontra a mais fundamental diferença entre liberalismo e cristianismo: o liberalismo está totalmente no imperativo, enquanto o cristianismo começa com um indicativo triunfante; o liberalismo apela para a vontade do homem, enquanto o cristianismo anuncia, em primeiro lugar, um ato gracioso de Deus".[28] Não é isso o que nos resta quando temos uma ortodoxia destituída de conteúdo doutrinário e boas-novas meramente informativas? Não temos mais indicativos gloriosos; apenas imperativos condenatórios.

Repintando nossa teologia

De acordo com liberais da escola antiga como Friedrich Schleiermacher, a religião teve uma piedade interior em seu cerne que sempre tomou forma por meio de uma tradição religiosa específica. Em outras palavras, havia um núcleo de espiritualidade atemporal (dependência absoluta, na linguagem de Schleiermacher) e uma casca de doutrinas temporais e mutáveis que cercavam esse núcleo. Nossas fórmulas religiosas, tão presas à cultura, brotam de nossas experiências religiosas. Isso permite que doutrinas venham e vão à medida que cavamos mais fundo na mesma experiência religiosa e, então, reemergem com diferentes formulações apropriadas aos nossos tempos. Harry Emerson Fosdick, o popular pregador liberal do início de 1900, disse que "o primeiro passo [do liberalismo] é passar de fórmulas antigas para experiências, das quais todas as fórmulas religiosas devem surgir".[29] Portanto, para citar a explicação de Machen sobre o liberalismo, o cristianismo "é uma vida ou uma experiência que tem doutrina simplesmente como sua expressão intelectual simbólica, de modo que, enquanto houver vida, a doutrina deve necessariamente mudar de uma época para outra".[30]

Duvido que muitos líderes emergentes estejam lendo Schleiermacher ou Fosdick, mas a maneira de abordarem a teologia é impressionantemente similar. [31] "A possibilidade de o 'cristianismo' ter algum futuro como expressão vibrante de fé no Homem da Galileia é, para mim, questão de debate", escreve Taylor. "Talvez os tempos nos chamem a algo mais, a algo diferente, não simplesmente uma nova embalagem para antigas metáforas (brincando do jogo do 'relevante'), mas uma nova encarnação do que significa seguir a Jesus".[32] Uma vez que toda a nossa teologia é construída em termos sociais e é herética — como tenho lido com frequência em livros emergentes —, é adequado que ela de fato mude com o tempo. Maleabilidade de doutrina é bom porque mostra que não absolutizamos nossa teologia. Ou, para usar uma metáfora de Rob Bell, doutrinas são como molas de um trampolim. O importante não são as molas, pois elas apenas nos ajudam a continuar pulando. Em uma frase que poderia ter sido tirada de um sermão de Fosdick, Bell sugere: "As molas nos ajudam a entender essas realidades mais profundas que orientam nossa maneira de viver a cada dia. As molas não são Deus. As molas não são Jesus. As molas são declarações e crenças sobre a fé que ajudam a expressar em palavras a profundeza que experimentamos em nosso salto".[33]

Essa maneira liberal (no estrito sentido teológico da palavra) de pensar foi rotulada por Robert Sanders de "heresia extática". O termo "extático" vem de Paul Tillich. Essa visão afirma que Deus só pode ser conhecido em sentimento, por meio de formas que transcendem a linguagem humana, de modo que Deus nunca pode ser objeto de observação nem ser descrito como você descreveria um elétron, uma árvore ou um gato. Fazer isso seria profanar Deus.[34] Sanders é um episcopal que vê a heresia extática por trás de muitas divisões das igrejas protestantes principais. Sua análise é digna de ser lida e pode se aplicar também à igreja emergente.

Extática: Deus, em si mesmo ou em sua revelação como Palavra ou por palavras, nunca é de fato verbal. Ele sempre transcende a linguagem.

Ortodoxa: Deus é transcendente em sua essência, mas pode falar com seres humanos, que de fato podem entendê-lo. Acima de tudo, Deus é conhecido nas palavras e nos feitos de Jesus Cristo, a Palavra que se fez carne...

Extática: A tarefa da teologia é reinterpretar a fé como relevante para novos contextos culturais. O contexto da fé evolui, uma vez que as culturas evoluem.

Ortodoxa: A tarefa da teologia é, antes de qualquer coisa, esclarecer e preservar a fé uma vez entregue aos santos e transferi-la intacta às gerações subsequentes. Certos aspectos da revelação nunca evoluem...

Extática: Doutrinas não se referem literalmente a Deus, mas ao sentimento, à profundeza da realidade ou ao horizonte do ser. Portanto, doutrinas podem ser radicalmente reinterpretadas em termos de categorias extáticas, e a experiência pastoral pode ter mais peso do que a doutrina.

Ortodoxa: Doutrinas devem ensinar verdades acerca de Deus — sua vontade moral e seus atos salvadores. Podem ser entendidas de diversas maneiras. Lidam com mistérios, mas não podem ser reinterpretadas em categorias que não tenham referência literal a um Deus que fala.[35]

A visão extática da doutrina e da revelação que tem molestado a linha principal das igrejas parece assustadoramente similar à visão de muitos livros emergentes que li. Isso é preocupante. O que começa como uma experiência libertadora na exploração doutrinária termina como uma expressão de nada particularmente especial. Sei que algumas pessoas da minha geração têm dificuldades com declarações da verdade. Mas estou convencido de que há simplesmente pessoas demais entre nós — cristãos ou não — em nosso mundo pós-moderno que estão cansadas das incertezas infindáveis e das repinturas doutrinárias. Estamos cansados da indecisão e da inconsistência requentada e servida a nós como paradoxo e mistério. Alguns de nós ansiamos por ensinamento que tenha autoridade, ética baseada em dogma e algo singular neste mundo de diversidade banal. Ansiamos por Jesus — não um mestre Jesus sem forma, vazio, ético e de bom coração, mas o Jesus do Novo Testamento, o Jesus da Igreja, o Jesus da fé, o Jesus dos dois milênios de testemunho cristão, com todas as suas proposições imutáveis e doutrinariamente instigantes.

O que começa como uma experiência libertadora na exploração doutrinária termina como uma expressão de nada particularmente especial.

O problema das fronteiras

Se a igreja emergente enfrenta dificuldades para encontrar um centro teológico, ela luta ainda mais para definir fronteiras teológicas — não apenas quais são elas, mas até mesmo se existem. Em uma entrevista para a revista *Relevant*, Tony Jones, coordenador nacional dos emergentes, explicou "que a própria natureza da teologia é de conversa e de diálogo, não de estabelecimento de fronteiras e salvaguardas como na fugidia ortodoxia histórica". Isso significa que Jones considera as declarações de fé seriamente alarmantes.

> Declarações de fé têm a ver com o estabelecimento de fronteiras, o que significa que você precisa carregar suas armas e colocar soldados nessas fronteiras. Você precisa verificar o passaporte das pessoas quando elas cruzam essas fronteiras. Guardar as fronteiras se torna uma obsessão. Isso simplesmente não é o ministério de Jesus. Não foi o ministério de Paulo nem de Pedro. Começou a se tornar o ministério da igreja primitiva, acalmou um pouco na Idade Média e voltou à vida no tempo da modernidade. Durante o curto espaço de tempo que tenho neste planeta para ser parceiro de Deus e construir seu reino, não quero desperdiçar tempo guardando fronteiras. Gostaria de passar meu tempo convidando pessoas para o reino. Declarações de fé não fazem isso. São um esforço modernista pelo qual não tenho o mínimo interesse.

Mais adiante, quando o repórter da revista perguntou se tanto pastoras lésbicas como absolutistas conservadores podem fazer parte da igreja emergente, Jones respondeu: "Ainda não encontramos algo que justifique a quebra de comunhão com uma pessoa que ame e esteja tentando seguir a Jesus".[36] Será possível? Não existem crenças doutrinárias (salvo crer nas declarações de fé) ou comportamento ético (exceto amabilidade indefinida) que deixe alguém de fora? A pergunta, então, se torna esta: existe alguém que diga "eu amo Jesus e estou tentando segui-lo" a quem não possamos chamar de irmão?

Ao que parece, Jones diria que não. Mas o que dizer dos mórmons? Dos arianos? Dos pelagianistas linhas-duras? Aqueles que não creem na ressurreição? Aqueles que amam Jesus ao mesmo tempo que também adoram Krishna, Xiva e Vixnu? Aqueles que negam que Deus é uma pessoa?

O cristianismo não pode e não existe sem fronteiras. Ser cristão, em qualquer sentido bíblico, exige que não apenas digamos sim a muitas coisas, mas que também estejamos dispostos a dizer não a um grande número de crenças e comportamentos.[37]

A questão é se a igreja emergente tem a capacidade de corrigir seus próprios abusos e desafiar a enorme quantidade de erros teológicos que vêm de colegas de conversa. A pergunta ainda mais importante é se a igreja emergente até mesmo possui a categoria de erro teológico. Algumas têm, mas receio que muitas não tenham. Contanto que tentemos viver em justiça como Jesus nos mostrou e amar a todos como Jesus ensinou, isso é tudo o que de fato importa — se a igreja emergente se recusar a apoiar mais coisas do que isso, ela rapidamente perderá qualquer aparência de ser evangélica, de ser historicamente ortodoxa e, por fim, de ser assertivamente cristã.

O problema emergente com as fronteiras é ilustrado em dois livros recentes: *A Heretic's Guide to Eternity* [Guia herético para a eternidade], de Spencer Burke e Barry Taylor, e *How (Not) to Speak of God* [Como (não) falar sobre Deus], de Peter Rollins. Optei por tratar desses dois livros separadamente porque eles estão de tal maneira distanciados do "cristianismo puro e simples" que não achei justo presumir que suas ideias falam pela igreja emergente como um todo. Oro a Deus para que realmente não seja assim. Se esses dois livros sinalizam o futuro da igreja emergente, o futuro é tenebroso, pois eles se desviam amplamente da fé apresentada nas Escrituras.

Fronteira e *Heretic's Guide*

Spencer Burke tem sido uma das vozes mais importantes da conversa emergente. Ele é o criador do *site theooze.com* e orador da *Soularize*, que ele chama de conferência anual pós-moderna/emergente original. Não está claro qual é o nível de influência das ideias de Burke,[38] mas elas parecem ser uma parte bem-vinda do movimento emergente, ainda que não componham seu centro. Longe de se distanciar de *A Heretic's Guide to Eternity*, Brian McLaren na verdade escreveu o prefácio do livro. É fato que você pode escrever o prefácio e não concordar com tudo o que está no livro, mas o ato de apresentar um livro, a não ser que esteja claramente definido de outra maneira, é um sinal implícito de que você tem pelo menos uma simpatia geral pelas ideias presentes ali. McLaren agradece a "Spencer e Barry" por sua "coragem e misericórdia" em levantar as questões que estão "afastando milhões de pessoas". Em *Heretic's Guide* McLaren acredita que "qualquer leitor honesto pode encontrar muita verdade digna de ser buscada". [39]

O problema não é ver os cristãos emergentes buscando a verdade, mas constatar sua recusa em encontrar e questionar a falsidade. Burke, que nega a importância da igreja visível e se afastou dela,[40] vai além do limite ortodoxo quando defende um semiuniversalismo no qual todos estão, a menos que se queira sair:

> Seria possível — além da religião, da razão e da sabedoria convencional — que a graça fosse uma coisa da qual se opte por não fazer parte em vez de optar por receber? Não seria ela algo que você obtém, mas algo que você já possui?

> Quando digo que sou universalista, o que de fato quero dizer é que não creio que você precise se converter a uma religião em particular para encontrar Deus. Entendo que Deus nos encontra, e isso não tem nada a ver com nossa adesão a qualquer visão religiosa em particular.
>
> O Deus com o qual me conecto não destina humanos para o inferno.[41]

Ele rejeita a cruz de Cristo como sacrifício expiatório pelo pecado, citando de maneira afirmativa a jornalista Polly Toynbee: "De todos os elementos do cristianismo, o mais repugnante é a ideia do Cristo que levou nossos pecados sobre si e sacrificou seu corpo em agonia para salvar nossa alma. Por acaso pedimos a ele que fizesse isso?". Burke prossegue, reapresentando a velha ideia liberal de Jesus como o grande exemplo moral. "Embora o elo entre graça e pecado tenha conduzido o cristianismo por séculos, ele simplesmente não repercute mais em nossa cultura. Ele repele em vez de atrair. As pessoas estão se tornando cada vez menos inclinadas a se reconhecerem como 'pecadores necessitados de um salvador'." Uma abordagem melhor é ver Jesus como "o modelo de vida sem pecado, o derradeiro exemplo ao qual toda a humanidade deveria aspirar".[42]

Burke tem pouco (ou será nenhum?) espaço para a crença doutrinária. O que você acredita sobre Jesus ou sobre a obra que ele realizou é irrelevante. A visão de Jesus sobre Deus é "para toda e qualquer pessoa — judeu, cristão, budista, qualquer coisa... O que importa não é o sistema de crenças, mas uma abordagem holística de seguir aquilo que você sente, experimenta, descobre e crê; é uma disposição de se unir a Jesus em sua visão em favor de uma humanidade transformada".[43]

No livro de Burke, a fé em si é irrelevante. "Fé significa muitas coisas, mas não é um requisito. É fidelidade, o dar de si mesmo, confiar em Deus e crer que, para todos nós, existe algo maior que o mundo material [...]. Na verdade, nada se coloca entre nós e a graça de Deus".[44]

Essa pode ser a maior diferença entre o cristianismo emergente e o cristianismo histórico evangélico. Ser cristão — para Burke, McLaren, Bell, Jones e muitos outros participantes da conversa emergente — tem menos a ver com fé na pessoa e na obra de Jesus Cristo como o único acesso a Deus Pai e a única expiação pelos pecados diante de um Deus irado do que com viver a vida que Jesus viveu e seguir seus caminhos.

Burke também rejeita as doutrinas mais básicas relacionadas ao Deus cristão.

> Além do mais, também não estou certo de que creio em Deus exclusivamente como uma pessoa [...]. Hoje incorporo uma visão panenteísta, o que significa basicamente que Deus está "em tudo", juntamente com minha visão em forma de credo em Deus como Pai, Filho e Espírito [...]. Entendo que estamos em Deus, aqui na terra. É desse modo que nosso relacionamento é definido. Simplesmente não é preciso buscar Deus; ele está aqui como o Espírito envolvente.[45]

Por fim, a concepção de Burke sobre a vida cristã (não tenho certeza de que Burke a chamaria até mesmo de cristã) é completamente distante do evangelho da vida, morte, ressurreição, ascensão, exaltação e segunda vinda de Cristo.

Sua ideia de discipulado não é diferente da que tem aquele guru de autoajuda encontrado em qualquer esquina.

> O desafio da vida espiritual é viver plenamente conectado aqui e agora. Um compromisso com a responsabilidade mística é um compromisso com uma jornada evolucionária rumo a uma transformação pessoal, social e comunal, onde damos atenção à vida, damos ouvidos às suas mensagens e descobrimos suas oportunidades.[46]

É claro que outras pessoas na conversa emergente serão rápidas em dizer "não concordamos com tudo o que nosso amigo Spencer Burke escreve". Tudo bem, mas precisamos ouvir quais são exatamente as coisas com as quais eles não concordam; precisamos saber se algum dos desacordos é sério o suficiente para colocar Burke fora das fronteiras do cristianismo. Ou a conversa emergente não é sobre igreja e cristianismo? Scot McKnight, que é simpático à igreja emergente, apresenta um resumo sábio do livro e um bom exemplo do estabelecimento de fronteiras que precisamos ter em maior escala na conversa emergente.

> Spencer é "herege"? Ele diz que é e, ao ler seu livro, não encontro nenhuma razão para pensar que ele acredita na Trindade. Isso é o que significa heresia para mim. A negação da pessoalidade de Deus é um tapa na cara de tudo o que é ortodoxo. Dizer que você acredita como credo em Deus Pai, Filho e Espírito Santo e negar a "pessoa" é negar o conceito trinitariano de Deus.
>
> Spencer é "cristão"? Ele diz que é. O que é um cristão? Não é aquele que encontra redenção por meio da fé

em Cristo, o qual morreu e ressuscitou? Se é, não vejo nada em seu livro que me faça pensar que a graça de Deus vem a nós através da morte e da ressurreição de Cristo. A graça parece ser aquilo no que todo mundo "nasce", de acordo com a tese de Spencer nesse livro. Isso significa que não vejo razão nesse livro para pensar que Spencer crê no evangelho da maneira que o NT define evangelho (graça como dom de Deus através de Cristo pela fé).[47]

Fronteiras em *Speak of God*

Dos dois livros, *How (Not) to Speak of God* é provavelmente o mais importante. Peter Rollins é uma voz jovem e em alta na conversa emergente. Inteligente, criativo e iconoclasta, Rollins possui diversos diplomas e é o fundador da Comunidade Ikon em Belfast. Seu primeiro livro certamente tocou um ponto sensível em vários líderes emergentes de destaque. Brian McLaren, que escreve o prefácio do livro, faz elogios rasgados a Rollins. Seu livro "é uma das mais importantes contribuições feitas até hoje para a conversa emergente. Sou um grande fã do livro que você tem em mãos", escreve McLaren, que considera *Speak of God* "um dos dois ou três livros de teologia mais gratificantes que já li nos últimos dez anos". Ele acrescenta: "Adorei lê-lo. Já comecei a recomendá-lo amplamente [...]. Ele me ajudou a entender minha própria jornada espiritual mais claramente e me deu um senso de contexto para o trabalho no qual estou envolvido".

Tony Jones fornece um endosso igualmente retumbante. Ele chama o livro de Rollins de "o melhor [palavrão] livro sobre a igreja emergente!". Chega a ponto de fazer a proclamação: "*Não responderei mais a nenhum crítico dos emergentes que não tenha lido* How (Not) to Speak of God. *Se você quer entender a igreja emergente, leia este livro*".[48]

Foi isso o que fiz. E fiquei impressionado e profundamente perturbado. Fiquei impressionado porque o livro de Rollins é mais do que entradas de *blog* incrementadas. É uma tentativa inteligente — parte teoria e parte exemplos litúrgicos da Comunidade Ikon — de se entender Deus de uma perspectiva mística-emergente-desconstrucionista. Fiquei perturbado porque aquilo que Rollins (não) diz sobre Deus de sua perspectiva mística-emergente-desconstrucionista se mostra profundamente não bíblico, não evangélico e até mesmo — não sei que outra palavra usar — não cristão. Espero sinceramente que o livro de Rollins não seja indicativo da direção da igreja emergente.

Permita-me mencionar apenas algumas preocupações que tenho em relação a *How (Not) to Speak of God*.[49] Primeiramente, Rollins postula um ceticismo radical quanto a conhecer qualquer coisa sobre Deus. Isso não significa que não temos nada a dizer sobre Deus, pois "aquilo de que não podemos falar é exatamente a coisa sobre a qual ou à qual nunca devemos parar de falar".[50] Assim, falamos sobre Deus, mas não o fazemos conhecido. Fazemos Deus conhecido como o desconhecido,[51] recusando-nos a "entulhar o nome 'Deus' de conceitos".[52] Cremos em Deus, mas continuamos incertos quanto àquilo que cremos sobre Deus, até o ponto em que descremos do Deus no qual também cremos, "mantendo o ateísmo e o teísmo juntos no berço da fé".[53] Portanto, idolatria não é adorar o Deus errado, mas crer "que nossas ideias de fato representem a maneira em que Deus e o mundo de fato funcionam".[54] "Em resumo, um discurso emergente reconhece que *falar de Deus nunca é falar de Deus, mas apenas falar sempre sobre nossa compreensão de Deus*".[55]

Essa é uma forma de entender nosso relacionamento com Deus e sua revelação, mas isso não é cristão. Afinal de contas, os salmos "entulham" Deus com todo tipo de conceitos — bondade, poder, força, soberania e onisciência, para mencionar apenas alguns. Os profetas declararam saber exatamente como o povo de Israel deveria viver e como era o Deus deles. Pedro, Paulo, Tiago e João, sem mencionar Jesus, conheciam a Deus mil vezes mais — e queriam que outros entendessem o que eles conheciam — do que o tipo de cristianismo de Rollins.

Os 1.189 capítulos da Bíblia não nos dizem uma quantidade suficiente de coisas sobre Deus a ponto de nos levar a fazer algo além de duvidar?

Fico pensando: será que não entendi alguma coisa? Sim, sim, mil vezes sim. De fato vemos apenas um reflexo obscuro; não entendemos a Deus plenamente; não conhecemos a Deus como Deus conhece a si mesmo; nossas palavras não conseguem captar a essência de Deus. Deus *é* maior do que podemos conceber — mas o que dizer dos 1.189 capítulos da Bíblia? Eles não nos dizem uma quantidade suficiente de coisas sobre Deus a ponto de nos levar a fazer algo além de duvidar e não entender? As Escrituras não foram escritas para que pudéssemos crer e ter certeza daquilo que esperamos e a prova das coisas que não vemos e, ainda assim, proclamar essa fé a outros?

Para mim, é difícil crer que os apóstolos saíram pelo mundo falando às pessoas sobre o Deus do qual eles não podiam falar e convidando-as a fazerem com eles uma jornada à medida que cresciam em seu (des)conhecimento mútuo sobre o Deus no qual eles desacreditavam. O livro de Atos pinta um retrato completamente diferente. Pedro pregou um sermão exegético no Pentecoste. Pedro e João enfatizaram "que seja conhecido" enquanto proclamavam a mensagem do evangelho. Estêvão repreende o povo usando termos de sua própria história. Filipe explica o significado de um texto a um eunuco etíope. Paulo argumenta nas sinagogas. Ensina diariamente na escola de Tirano. Tenta persuadir Félix. Faz conhecido o verdadeiro Deus na face de Cristo que os atenienses apenas adoravam como desconhecido.

Uma segunda preocupação: Rollins parece reduzir o cristianismo a pouco mais do que amor. "Amar é conhecer a Deus precisamente, pois Deus é amor".[56] Portanto, ortodoxo é aquele que se envolve com o mundo da maneira correta, o caminho do amor.[57] Depois de citar 1João 4:7-16, Rollins argumenta: "Aqui, João iguala a existência de conhecimento religioso ao ato de amar. O conhecimento de Deus (a Verdade) como um conjunto de proposições está absolutamente ausente; em vez disso, ele afirma que aqueles que demonstram amor genuíno conhecem a Deus, independentemente de seu sistema religioso, enquanto aqueles que não amam não podem conhecer a Deus, mais uma vez independentemente de qual seja seu sistema religioso".[58] Contudo, uma leitura completa do capítulo 4 de 1João demonstrará que essa conclusão está profundamente errada.

Nos primeiros seis versículos do capítulo 4, João indica que há crenças erradas sobre Cristo, falsos profetas, anticristos e vozes mundanas que nos afastam de Deus. Devemos testar os espíritos e discernir a verdade do erro. O amor não é a única ortodoxia.

Eu também argumentaria que o amor não é uma conduta hermenêutica ou ética suficiente, a não ser que seja recheado de 1.189 capítulos de grande significância. "O importante sobre a revelação", argumenta Rollins, "não é o fato de procurarmos interpretá-la da mesma maneira, mas, pelo contrário, que todos a amemos e sejamos transformados por ela".[59] Mas essa transformação desejada não é em si um produto do modo pelo qual interpretamos a revelação? A transformação, por exemplo, se apresenta de modo bastante diferente para uma pessoa que entende que a Bíblia apoia o comportamento homossexual do que para aquela que entende que a Bíblia apoia a ideia de que o casamento é definido como a união entre um homem e uma mulher.

Rollins permite a existência de interpretações concorrentes, mas nem todas as interpretações são igualmente boas. Quando precisamos de uma boa leitura do texto, devemos fazê-la com um pré-julgamento de amor, tendo em mente, durante a leitura, o pobre, o fraco e o marginalizado, defende Rollins.[60] Isso parece interessante, mas será realmente funcional como uma chave interpretativa? A trama hermenêutica de Rollins é um alvo móvel. Ao lermos o texto, temos em mente o pobre da área rural do Alabama ou o pobre do Sudão, o fraco de poder ou o fraco de resolução moral, o marginalizado na Irlanda de Rollins ou os fundamentalistas marginalizados em uma universidade secular?

A trama hermenêutica de Rollins é um alvo móvel.

Rollins quer se beneficiar dos dois modos. Ele quer que o texto seja aberto a uma enormidade de significados, mas ainda quer que o texto diga certas coisas sobre compaixão, pobreza e justiça. Quando a questão é "Deus é amor", Rollins quer afirmar que isso obviamente não significa que somos chamados a odiar. Mas e se o amor de Deus significar que ele odeia o pecado? Será que "santo, santo, santo" e "nosso Deus é fogo consumidor" também não poderiam significar outra coisa, como "Deus é indiferente à impureza"?

Parece-me que Rollins conseguiu declarar um novo fundacionalismo. Deus é amor — isso é tudo o que sabemos, e tudo o mais é desconhecido e, portanto, só pode ser (des)conhecido pelo fato de que Deus é amor. Mas o significado do amor não é de modo algum claro sem o conhecimento de como Deus é; contudo, é exatamente esse tipo de conhecimento que Rollins não tolera.

Terceiro, em sua valorização da dúvida, Rollins criou um cristianismo destituído de boas-novas. Ele sugere que o filme *A paixão de Cristo* teria sido mais tocante se não tivesse incluído a breve cena do túmulo vazio, porque o sábado antes da Páscoa é o dia em que a fé de fato acontece. Não devemos amar a Cristo em função do ganho que recebemos. Em uma de suas liturgias, Rollins imagina um grupo de seguidores de Jesus que saiu de Jerusalém depois da crucificação, mas que se propôs a "proteger a memória de Jesus e viver de acordo com seu ensinamento".[61] Séculos depois, missionários chegaram até eles para contar o resto da história. Mas, quando ouvem as "boas-novas", um dos anciãos lamenta, pois teme que agora seu povo siga a Jesus porque ele tem valor para eles, e não simplesmente porque Jesus tem valor em si mesmo. Rollins chega a ponto de dizer que não é "amor se ajo com o propósito de obter uma recompensa".[62]

Rollins deveria ler Jonathan Edwards ou John Piper, pois ambos demonstram com base nas Escrituras que Deus se agrada mais quando o valorizamos ao considerá-lo nosso bem mais valioso.[63] Como diz Piper: "Deus é mais glorificado em nós quando estamos mais satisfeitos nele". Não é errado buscar ganho ou recompensa em Deus, contanto que esteja claro que a recompensa que buscamos seja, em última análise, o próprio Deus. Se os interesses pessoais (corretamente concebidos) não têm lugar na vida cristã, por que Jesus teria dito a seus discípulos que acumulassem tesouros no céu (Mt 6:19-20) e que fossem os últimos para que pudessem ser os primeiros (Mc 9:35)? Por que Hebreus nos diz que "sem fé é impossível agradar a Deus, pois quem dele se aproxima precisa crer que ele existe e que recompensa aqueles que o buscam" (11:6)? Esse é um clamor distante de uma abordagem (a)teísta da fé que (des)crê em Deus independentemente de ele ter ressuscitado dos mortos, ter recompensado seu povo ou de até mesmo existir.

Tenho certeza de que algumas pessoas que leem este livro dirão "jamais ouvi falar de Peter Rollins. Para mim, ele parece um maluco. Ele certamente não representa a igreja emergente da qual faço parte". Espero que não. Mais uma vez, porém, isso ilustra o problema das fronteiras. Quando a capa de um livro tem uma citação de Brian McLaren dizendo "sou um grande fã [deste] livro [...] uma das mais importantes contribuições feitas até hoje para a conversa emergente", não me parece que tenha sido banido do centro do movimento. De fato, os endossos de McLaren e Jones sugerem que Rollins é uma voz respeitada na conversa.

Construçao de pontes e construção de muros

Quando descobrem que estou escrevendo sobre a igreja emergente, as pessoas costumam me perguntar: "Para onde vai esse grupo?". Não sou profeta nem filho de profeta, de modo que não posso dizer. Duvido que saia da tela do radar, embora eu possa estar errado. Espero que o movimento se corrija, porque há vozes dentro dele que são teologicamente ortodoxas e que de fato querem reformar a igreja evangélica de alguns de seus erros reducionistas, voltadas fortemente ao não cristão, aos arrogantes e avessas à tradição. Meu temor, porém, é que o movimento ganhe força e faça estardalhaço em uma direção cada vez mais biblicamente desinformada e menos doutrinária. Existe grande quantidade de boa intenção e paradoxos declarados de maneira esquisita, mas será que existe uma mensagem com conteúdo doutrinário que forme o núcleo do movimento? Como Lionel Trilling corretamente adverte, "quando o princípio dogmático na religião é desprezado, a religião prossegue por um tempo, embalada por emoção generalizada e intenção ética [...] e, depois, perde a força de seu impulso, até mesmo a essência de seu ser".[64]

Jovens darão a vida por um ponto de exclamação, mas não darão a vida por um ponto de interrogação, e, mesmo assim, não por muito tempo. Assim que os protestos acabarem e a igreja emergente tiver seu próprio reino de *blogs*, conferências, rede de igrejas e acordos editoriais, não haverá ponto de exclamação, e só restarão as intenções éticas e os apelos apaixonados para se viver a vida do reino. Isso não sustentará um movimento — o protesto o fará por um tempo, mas, assim que ele se for, não haverá grande visão de Deus, nenhuma proclamação urgente de salvação, nenhum julgamento eterno ou recompensa em jogo, apenas um chamado para viver corretamente e amar uns aos outros. Uma mensagem assim pode se encaixar bem em Oprah, Larry King e na cerimônia de entrega do Oscar, mas não sustentará nem impelirá uma igreja movida pelo evangelho, porque isso não é o evangelho. Arte, comunhão, criatividade, o meio ambiente e o salário mínimo são coisas legais para se posicionar "a favor", assim como valores familiares, patriotismo, programas de financiamento educacional, iniciativas baseadas na fé e forças armadas fortes, mas a igreja de Jesus Cristo não deveria girar em torno especialmente do Pai, do Filho e do Espírito Santo, da morte e da ressurreição de Jesus, de sua expiação por nossos pecados, da promessa de vida eterna e da ameaça do julgamento vindouro? No afã de dar boas-vindas às pessoas, não nos devemos esquecer do que significa "vinda".

Construir pontes pode ser bom, mas o mesmo acontece com a construção de muros. De vez em quando, realmente precisamos de um "tijolismo", para usar o substantivo pejorativo de Bell. Como Chesterton observou, a doutrina pode criar muros, mas são os muros de um *playground*.

> Podemos imaginar algumas crianças brincando no topo gramado e plano de alguma ilha elevada no meio do oceano. Contanto que houvesse um muro em torno da beira do abismo, elas poderiam se lançar a todo tipo de jogo frenético e transformar o local na mais barulhenta das creches. Mas os muros foram derrubados, deixando exposto o perigo do precipício. Elas não caíram; mas, quando seus amigos voltaram a vê-las, estavam todas agachadas juntas, com medo, no centro da ilha; e seu canto havia cessado.[65]

Em outras palavras, os muros são bons se nos mantêm seguros e livres.

Nunca nos devemos esquecer de que a história que devemos proclamar e na qual devemos crer e viver é uma história de asserções doutrinárias gloriosas. "O dogma é o drama", escreveu Sayers, "não belas frases, não sentimentos de conforto, não aspirações vagas à amabilidade e à elevação, não a promessa de algo agradável após a morte — mas a aterrorizante asserção de que o mesmo Deus que fez o mundo viveu no mundo e passou pela sepultura e pelo portal da morte. Mostre isso a um ímpio, e talvez ele não creia; mas pelo menos ele poderá perceber que aqui está uma coisa na qual um homem deve ter alegria de crer".[66]

6

FUNERAL PARA UM AMIGO:

Sobre igrejas, história e linguagem proposicional

[Ted]

Tenham cuidado para que ninguém os escravize a filosofias vãs e enganosas, que se fundamentam nas tradições humanas e nos princípios elementares deste mundo, e não em Cristo.

Colossenses 2:8

Diz a história que um jovem professor, novo na cidade, visitava o banco constantemente para fazer depósitos em uma conta poupança. Ele ia ao mesmo guichê todas as vezes, onde costumava trabalhar uma jovem de cabelo escuro e sorriso atraente. O homem estava sempre sorrindo. Sempre tinha uma palavra bondosa para dizer a ela. Certo dia, quebrando o protocolo, ela perguntou:

— O que você vai fazer com todo o dinheiro que está poupando?

— Vou dar tudo a você — respondeu o homem. Três anos depois, eles se casaram. Permaneceram casados e felizes por quarenta anos, até que o homem morreu.

Hoje estou mostrando a minha esposa a igreja e a pré-escola que frequentei, uma vez que estamos mais de trinta minutos adiantados para uma cerimônia fúnebre que acontecerá às onze horas — o funeral do professor que se casou com a moça atraente do caixa. A igreja, a Grace United Methodist Church, em Hartford City, Indiana, está, como sempre esteve, imaculadamente limpa. Há vitrais em toda parte, e, embora modas e movimentos tenham vindo e ido, a igreja — vizinha de uma loja de carros usados, de uma funerária e do corpo de bombeiros da cidade — permaneceu a mesma. O mesmo carpete vermelho. A mesma beleza discreta. Provavelmente faz mais de vinte anos que não entro neste prédio — e vinte e cinco anos desde que estudei na Escola Infantil Helen Lieber, no subsolo da igreja. Quase nada mudou na escola também.

Andar pela igreja é como voltar no tempo. Abraço pessoas que não vejo há duas décadas. Visito um salão social no andar de baixo que faria Dan Kimball ter um infarto — repleto de mesas dobráveis, forro de madeira, carpete ruim e um almoço em que cada pessoa trouxe um prato. À medida que falo com as pessoas, minha mãe, que foi animadora de torcida, diz a todos que estou escrevendo um livro sobre a igreja emergente. Eles acenam educadamente com a cabeça e desejam que eu tenha sucesso. Tenho quase certeza de que não fazem a mínima ideia do que seja igreja emergente — muito menos de quem seja Dan Kimball. Estimo que o número de pessoas naquela sala que tenha lido *A Generous Orthodoxy*, de Brian McLaren, seja zero. Idem para *Becoming Conversant with the Emergent Church*, de D. A. Carson. Isso me dá um prazer imensurável.

Esta igreja, como muitas nos Estados Unidos, sobreviveu a muitas coisas. Acidentes de carro, câncer, casos extraconjugais, um pouco de teologia barata e coisas similares. Contudo, assim como a pequena cidade onde fica, a igreja cuidou de quem pertencia a ela. Chorou com os que choravam. Distribuiu refeições. Fez incontáveis visitas a hospitais. Na maioria das vezes, falou a verdade e pregou o evangelho do Cristo crucificado. Colocou-se ao lado de mães solteiras, que existem em grande número em Hartford City. Nesta manha, senti muito orgulho da igreja e de seus membros.

Os que estão presentes aqui hoje vieram para honrar a vida de um homem que viveu em grande parte por causa de uma proposição — a crença às vezes considerada antiquada de que Cristo pagou o preço por nossos pecados e que, por isso, somos compelidos a viver para ele e como ele. Brian McLaren diria que essa visão de Cristo é, de certo modo, incompleta, afirmando que deve haver mais coisas.

Em todas as fotos colocadas diante do santuário, o professor está sorrindo. Sorri com Janie, sua esposa (a caixa do banco), e com seus filhos, que foram meus amigos na escola.

Os frutos da vida de Joe

Conforme percorro com os olhos a igreja, situada naquela que é considerada uma cidade pequena e insignificante em uma parte insignificante do país — a área rural do estado de Indiana —, vejo os frutos da vida de Joe. Ele reuniu populações bem distintas: administradores da universidade em que trabalhou, todos com salários de seis dígitos, estão sentados ao lado de trabalhadores horistas da Hartford Concrete, que ganham seis dólares por hora, os quais talvez ele tenha visitado no hospital. Ele defendeu os oprimidos — o jogador de basquete do centro da cidade que provavelmente foi expulso da Universidade Taylor, mas que agora é diretor de uma grande e próspera escola de ensino médio.

Sou lembrado de que ainda existem igrejas e lugares neste país onde não é preciso se esforçar para ser "autêntico". Autêntico não é uma aparência que você arruma pela manhã, nem uma maneira nova e esperta de banhar o santuário de "mistério" por meio do arranjo estratégico de velas e imagens projetadas. Autêntico é suportar os fardos uns dos outros. Autêntica é a pessoa que vem a um funeral vestindo as roupas de trabalho — macacão de mecânico, jaleco de hospital etc. — em uma manhã de sexta-feira.

Perto do final da vida, Joe lecionou no curso de pedagogia da Universidade Taylor. Ensinou as pessoas a serem professoras — e, no meu caso, incentivou alguns de nós a seguir em direções distintas quando viu talentos serem subutilizados. Falava constantemente de sua "namorada" — sua esposa, a caixa do banco. Mostrava de modo inconsciente como ser casado. Como amar a esposa assim como Cristo amou sua igreja.

"Em tudo ele deve ter a primazia", dizia ele, da frente da sala de aula. Era de estatura baixa e tinha cabelos grisalhos. De certo modo, era o homem mais humilde que eu conhecera, pois nunca o ouvi dizer uma palavra dura sobre ninguém. Ele não se sairia bem em uma briga, pensava eu então. Nunca o vi bater o punho na mesa. Sabia em que acreditava em razão da maneira em que vivia, não por causa do que disse em um debate de quadro de avisos, em um artigo de jornal ou em uma série de livros.

Naquela época, eu era um jogador universitário de futebol americano que pesava 110 quilos e usava muletas. Ele foi me ver no hospital e, mais tarde, em casa, enquanto esperava a recuperação de uma perna reparada cirurgicamente que nunca mais prestaria para o futebol. "Você já pensou em fazer alguma coisa ligada a textos?", perguntou ele, em pé ao lado da minha cama. Ele tinha dado boas notas a todos os meus trabalhos e achava que eu levava jeito para a coisa. "Danem-se os textos", pensei. "Sou jogador de futebol." Agora, dez anos depois, sou escritor. Foi a única coisa que aconteceu tranquilamente.

Três pastores estão em pé à frente no santuário, falando sobre Joe. Surgem as histórias engraçadas de praxe, bem como algumas tocantes. O reverendo Lloyd Hall fala sobre o momento em que pediu a Joe que fizesse parte da equipe de cuidado congregacional, e Joe, tão tocado, chorou porque, disse ele, havia muito esperava que alguém lhe pedisse para trabalhar naquela área. Hall fala do ministério que Joe tinha com as igrejas pequenas — frequentemente servindo como pastor interino de pequenas congregações no interior. Servindo às igrejas que a indústria eclesiástica considera "mortas" ou "morrendo" porque não são inovadoras, não abraçam mudanças, não se envolvem com a cultura, não constroem novas alas etc.

Cantamos "Amazing Grace" e depois uma música chamada "Hino da promessa", que eu nunca ouvira. Hall então faz a leitura de Filipenses 1:22-23 e Hebreus 4:16, sobre viver para Cristo e aproximar-se do trono da graça. Por fim, lê alguns pensamentos que Joe preparara, nas semanas que antecederam sua morte:

> Ao morrer, Cristo destruiu nossa morte e, ao ressuscitar, Cristo restaurou nossa vida. Cristo virá outra vez em glória. Assim como, pela fé, Joe se revestiu de Cristo, assim em Cristo Joe é vestido de glória. Aqui e agora somos filhos de Deus. O que seremos ainda não foi revelado; mas sabemos que, quando ele se revelar, seremos como ele, pois o veremos como ele é. Aqueles que têm essa esperança purificam a si mesmos, como Cristo é puro.
> Jesus disse: "Eu sou a ressurreição e a vida. Aquele que crê em mim, ainda que morra, viverá; e quem vive e crê em mim, não morrerá eternamente [...]. Eu sou o Alfa e o Ômega, o Princípio e o Fim, o Primeiro e o Último, tenho as chaves da morte e do Hades [...]. Porque eu vivo, vocês também viverão".

A oração de Joe

Por fim, pedem que façamos algo que parece um pouco estranho, provavelmente porque estou na cidade há muito tempo, onde não é comum que as pessoas de fato digam o que pensam.

"Joe não queria que ninguém saísse daqui sem fazer esta oração", diz Hall. "No boletim ela é chamada de *Oração pessoal de crença e aceitação*". Para qualquer emergente ali que conhecesse Joe, alarmes e apitos poderiam estar soando pelo temor de mais proposições iminentes. Mas essa é a proposição que estava no coração e no centro da vida de Joe — todas as verdades sentidas no fundo de sua alma que faziam que Joe fosse Joe.

Assim, todos nós nos levantamos — minha mãe perto de mim de um lado, todos os administradores da universidade atrás de nós, os policiais, as senhoras de idade e todos os demais — e fizemos esta oração, escrita por Joe antes de sua morte. Pude vê-lo e ouvi-lo naquelas palavras, tanto que fiquei um pouco engasgado.

"Pai querido, creio que Jesus Cristo é o teu Filho unigênito, que se tornou ser humano, derramou seu sangue e morreu na cruz para me purificar dos pecados que me separavam de ti. Creio que ele ressuscitou dos mortos, fisicamente, para dar-me uma nova vida. Senhor Jesus, convido que entres em meu coração. Eu te aceito como meu Salvador e Senhor. Confesso-te meus pecados e peço-te que os removas do meu coração. Creio que já entraste em meu coração e que vives em mim neste momento. Obrigado, Jesus! Amém."

* * *

"Eles não gostam de linguagem proposicional", diz Neil, um estudante de filosofia da Universidade Estadual de Michigan, ao referir-se ao verão que passou dialogando no *The Ooze*, *site* emergente bastante popular e comunidade *on-line* (conduzido por Spencer Burke). Digo-lhe que lhe dou muito crédito por se envolver nas guerras de recadinhos que inevitavelmente acontecem nesses *sites*.

"Não sou nem um pouco fã desses quadros de mensagens", diz ele. "Não creio que seja uma boa maneira de participar de uma 'discussão', mas queria realmente me envolver no movimento e ver o que as pessoas estavam pensando." Mais uma vez, um pouco mais de elogios. Porque Neil fez mais do que este autor estava disposto a fazer. Prefiro levar uma surra a argumentar (dialogar) em quadros de mensagens o dia inteiro, nos quais as pessoas são normalmente corajosas e cheias de convicção, sem de fato serem corajosas e cheias de convicção.

"Levantei uma série de coisas só para ver qual era a posição das pessoas", diz ele. "Especialmente para ver se há valor na teologia."

Neil descreve um encontro no qual manteve uma discussão com outro membro do *The Ooze* que o acusou de usar linguagem proposicional ao falar sobre Jesus.

“Pedi que ele descrevesse seu relacionamento com Jesus sem usar proposições”, diz ele. “O cara respondeu e simplesmente disse ‘relacionamento, relacionamento, relacionamento — tudo gira em torno de relacionamentos’. O que, por um lado, é verdadeiro, mas, por outro, você não pode ter um relacionamento com alguém sem conhecer — e querer conhecer mais — aquela pessoa. Quero dizer, adoramos em espírito e em verdade e acho que eles estão dispostos a aceitar a parte do espírito, mas não estão muito interessados na verdade.”

“Há algo surpreendente em minha geração. Penso que parece haver uma tendência a voltar a ser mais conservador de novo, quando se trata de coisas assim”, diz ele. “Pelo menos nos círculos dos quais tenho participado com cristãos jovens, eles querem algo sólido em que se segurar. Mas diria que existe um grupo — muitos dos membros da Cruzada Estudantil para Cristo no *campus* — que está se apegando a essas novas ideias. Acho que, até certo nível, eles gostam do estilo de adoração e do clima, mas conversei com um amigo que disse: ‘Se quero levar alguém para a igreja, levo a pessoa à Mars Hill, mas, se eu quiser ir e ser alimentado com teologia sólida, irei a algum outro lugar’. Portanto, eles acham que é um lugar que pode ser mais chamativo para crentes novos ou pessoas jovens.”

Nossa conversa retorna às suas experiências no *The Ooze*.

“Foi isso o que concluí. Há membros da igreja emergente que possuem teologia sólida. A maioria daqueles com quem conversei parece não ter. Uma coisa na qual eles parecem se prender é a semântica — muitas pessoas veem a linguagem como um impedimento. Tem a ver com conversa, mas ironicamente eles têm problemas para se envolver em qualquer conversa por se traírem pelas palavras.

"A maioria das pessoas do *The Ooze* me parece ser de pessoas que têm tido experiências ruins na igreja. De algum modo elas não se sentiram bem-vindas ou suas ideias foram rejeitadas. Creio que estão em busca de aceitação e afirmação. Existe muita amargura [...] e isso se traduz em igualar dogmatismo e disciplina espiritual a coisas ruins. Desse modo, todas as coisas boas que são declaradas em credos dogmáticos são imediatamente rotuladas como 'ruins'.

"Acabei parando, porque estava ficando irritado, mais do que qualquer outra coisa."

* * *

Este projeto me fez perceber como é fácil escrever livros sobre esportes. As pessoas amam esportes. As pessoas acham que sou maneiro por ter passado tempo com pessoas que praticam esportes e por contar a história delas de uma maneira tocante. Este livro, porém, é um jogo completamente diferente. Tem tido um efeito interessante sobre meus amigos e minha família, cujas reações variam de "por que você é tão maldoso?" a "este livro realmente precisa ser escrito, e fico feliz por você fazer isso".

Tenho trocado *e-mails* com Ben, um amigo por quem tenho muito respeito. Ben é professor de ciências em escolas públicas e tem se sentido menos do que bem-vindo em sua igreja por seu posicionamento em relação à Criação. Isso o levou a reparar na igreja emergente. Veja a seguir alguns de nossos *e-mails*, impressos aqui com a permissão dele (e incluindo os termos informais e o estilo que adoramos usar em nossas mensagens eletrônicas):

De: Ben
Para: Ted

Assunto: RE: Olá!

Data: Qua, 20 dez 2006 04:26:46 -0800 (PST)

Oi, estava pensando, você leu alguma coisa de Brian McLaren (*A New Kind of Christian*, ou outros)? Acho que você notou que nos últimos anos tenho sido um pouco rebelde em relação a minha teologia. Nossa igreja aqui é ótima, mas acho que minha tendência rebelde tem a ver com nossa associação de igrejas. Bom, por causa disso, tenho lido bastante, pensado muito e procurado outros que leram algumas coisas parecidas para ver o que eles pensam. Nossa igreja é bastante homogênea, e nenhuma dessas coisas é realmente pregada ali, parece mais que há uma cultura presumida de que os republicanos são bons, os democratas são o diabo, lecione para seus filhos em casa para evitar aquelas escolas pecaminosas e professores ensinando evolução (opa, esse sou eu) e a lista prossegue.
Respeito essas visões e pensamentos, mas não é uma igreja de diálogo, está mais tendente a ridicularizar os que estão do outro lado, porque eles realmente não conhecem ninguém do outro lado. Sempre achei que a URC[1] era conservadora em muitos aspectos, mas que havia respeito ou cautela quanto a fazer declarações abrangentes que acho vêm do fato de estar localizada em uma cidade universitária. Nossa igreja é uma comunidade ótima e não quero atacá-la, embora isso me faça pensar.
Ben

Oi, Ben,

Cara, que loucura você levantar isso — fico feliz por você ter falado! Ando lendo uma tonelada de coisas sobre o movimento da igreja emergente [...]. Comecei alguns anos atrás, quando a URC estava no processo de sucessão pastoral. Naquela época fomos recrutados (sem sucesso) para nos juntar a um grupo emergente aqui de Lansing.
Uau, por onde começo nesse assunto? Acho que sua avaliação sobre um monte de igrejas afluentes e suburbanas está terrivelmente certa. Sempre odiei essa ideia de "prosperidade é sinal de espiritualidade", ética de "partido republicano/ensinar os filhos em casa". Tem muito orgulho envolvido nessa coisa toda. Fico doente com isso.
Tendo dito isso, com base no monte de leituras que tenho feito sobre os emergentes — coisas como os livros de McLaren, Erwin McManus, Pete Rollins, Rob Bell etc., não acho que o Emergente seja a resposta. O que sinto cada vez mais é que o Emergente é simplesmente um novo conjunto de conceitos — um amor pela filosofia, ética esquerdista e uma teologia que está centrada mais no homem do que em Deus. Para o Emergente, o cristianismo é uma história da qual se extrai a ética em vez de uma proposição que salva a vida. Pelo menos esse é o meu sentimento em relação a isso [...] embora eu ainda esteja lendo muita coisa. Dê uma olhada em "Becoming Conversant with the Emergent Church", de D. A. Carson.
Ted

- - -

Oi, Ted,

Foi muito bom falar com você no outro dia, e seria muito legal se a gente se encontrasse algum dia depois das festas [...].

Quando reflito sobre o movimento emergente, concordo com você. É uma reação totalmente instintiva à igreja conservadora guiada pela cultura. Realmente não gosto da ideia de sair e abrir novas igrejas "emergentes", mas acho que a ideia de a igreja ter alguns pensadores "emergentes" é mais benéfica. Iniciar igrejas completamente novas é como jogar o bebê fora junto com a água do banho. Mas entendo por que isso é feito, uma vez que tantas igrejas não querem se comprometer com quaisquer questões por medo do caminho perigoso. E você está certo na questão de que realmente precisamos nos firmar nas Escrituras e de fato precisamos perceber que às vezes as Escrituras dizem coisas que não parecem certas e não parecem boas, mas Deus as disse.

Mencionei anteriormente que tivemos uma reunião com nosso pastor sobre toda essa coisa de evolução e que realmente foi muito boa. Mas durante nossa conversa mencionei um encontro que tive umas semanas antes com um casal que tinha visitado nossa igreja.

O marido era um dos líderes do Partido Democrata de nossa região e ele foi até o pastor para perguntar se havia problema de ele se envolver com a igreja!!! É claro que ele disse que não, e isso o frustrou. Mas será que isso não deveria disparar enormes sirenes de advertência que sinalizariam que a igreja está indo na direção errada? E, mais uma vez, não se trata de haver alguma coisa pregada ali que seja pró-republicana. Mas sim que a atmosfera geral e a cultura das pessoas na igreja de hoje levam a isso. Isso é triste. Assim penso eu quando essas pessoas se veem diante de uma escolha, Igreja A — eles citam "Deus é o mesmo ontem, hoje..." e então dizem que não vão mudar (sem perceber que a maneira de sua igreja funcionar é totalmente diferente de qualquer outra coisa do passado) — ou Igreja B — "Tudo é bom! Divirta-se, pegue um copo de café com leite a caminho da sala de diversões" — então acho que eles optam pela Igreja B.

Quero o meio-termo. Não me importo de ter uma igreja da qual eu discorde em certas questões, sei da minha posição e as igrejas podem até mesmo mudar de um oposto para outro nos próximos cinquenta anos. Fico feliz quando a igreja assume uma posição sobre questões, mas, mais uma vez, quero uma situação na qual me possa sentir livre para ser o que eu sou e não ser desprezado por causa dessas ideias. Quero ser capaz de trazer visitantes e vê-los sendo amados, não preocupados em como serão julgados. Mal posso esperar para ler o livro que vocês estão fazendo.
Ben

* * *

Quase todo mundo aqui se parece com Sufjan Stevens — que é o mesmo que dizer que quase todos são magricelos,[2] descolados e mal compreendidos. É bem provável que todos esses adjetivos também sejam considerados um enorme elogio por aqui. *Aqui* significa Grand Rapids, Michigan, Estados Unidos, a cidade que inventou o termo "conservador", no *campus* da Calvin College, a escola cristã que está dando duro para se livrar do rótulo de conservadora.

Se você não sabe quem é Sufjan Stevens, é bem provável que viva debaixo de uma pedra ou coisa assim. Brincadeiras à parte, ele é o rapaz *pomo*[3] do qual os jovens cristãos *pomo*s, se tornaram fãs, algo muito parecido com o que aconteceu com meus colegas de faculdade em relação ao U2, que, naquela época, era interessante sem ser muito travesso. Música cristã para pessoas que não admitiriam gostar de música cristã. A propósito, ele também é um músico realmente bom e criativo.

Sufjan está aqui para uma apresentação neste final de semana, assim como para "envolver-se em uma discussão contínua sobre cristianismo e arte" — uma discussão que está acontecendo há pelo menos dez anos, desde que saí de uma escola cristã muito parecida com esta, cheia de prósperos e pretensos jovens artistas cristãos tentando zoar uns aos outros em reuniões como estas. A conferência é chamada FFM, a sigla para Festival de Fé e Música. Disseram-me que o propósito oficial é "explorar o que vale a pena no cenário da música popular de hoje".

O mestre de cerimônias é um dos professores da Calvin, que explica que a conferência é, essencialmente, "um profundo pedido de desculpas da comunidade cristã por fazer um trabalho tão ruim ao envolver arte e cultura em praça pública". Ele acrescenta: "Não temos respostas para tudo".

Essa é uma desculpa que já ouvi muitas vezes, e ainda não estou bem certo quanto à razão disso. Seria porque as igrejas não exibem arte em suas paredes? As companhias de seguro também não exibem, mas ninguém pegou em armas por isso. Meu palpite é que existe um sentimento de que as igrejas não estão "apoiando" adequadamente os artistas (músicos, escritores, pessoas envolvidas em artes visuais) em seu meio. Contudo, também não vejo as igrejas "apoiando" engenheiros de *software*, vendedores ou fazendeiros. Esse não é o propósito da igreja. E me parece que os artistas que estão fazendo mais barulho quanto ao "não apoio" são aqueles que talvez não tenham o talento que atinge o nível de qualidade exigido pelo mercado. Não conheço nenhum artista em atividade (músico, ator, escritor, pintor) que reclame que sua igreja não "apoia" seus esforços. Arte é uma área difícil. Viver de arte é difícil. É difícil na família e no casamento. Isso simplesmente faz parte da natureza do jogo.

O mestre de cerimônias continua, pedindo à multidão que evite "o culto à personalidade, o culto à celebridade". Embora todos tenham pago uma inscrição para estar ali, ele pede aos participantes que "não peçam autógrafos, não tirem fotografias nem fiquem encarando" as celebridades em seu meio. "Tratem-nos como colegas", diz ele, antes de apresentar a oradora principal, Lauren Winner. Há uma tensão aqui, pois é a fama que vende os discos de Sufjan Stevens, os livros de Lauren Winner... e os meus livros, a propósito. É por isso que músicos e escritores fazem viagens de promoção. É por isso que pessoas pagam um bom dinheiro para participar de uma coisa chamada "Festival de Fé e Música".

Não sei se Lauren Winner se considera emergente. Provavelmente não, mas acho que ela, Anne Lamott e Donald Miller, a versão masculina de Anne Lamott,[4] podem ter se tornado sem querer os primeiros emergentes. A igreja emergente é chegada a histórias, e nenhuma história causou maior agitação no mundo editorial cristão do que as deles. Com pouco menos de trinta anos, ela escreveu um texto biográfico chamado *Girl Meets God* [A menina encontra Deus]. Creio que causou muito alvoroço no mercado de livros cristãos em parte porque não tem cara de livro cristão. Isso é um elogio.

Estou plenamente preparado para não gostar de Lauren Winner, mas acabei gostando da conversa dela. Ela evita os clichês comuns nesse tipo de evento — piadas à custa de pessoas como Thomas Kinkade, desvarios sobre o modo de a igreja não apoiar qualquer coisa que vale a pena ser apoiada e coisas similares. Como oradora, ela é quase confortavelmente entediante, e não digo isso em um sentido ruim. Ela é direta e evita a ironia e o cinismo que impregnam praticamente qualquer interação com praticamente qualquer pessoa com menos de 45 anos de idade.

O período de perguntas e respostas no final de sua fala é especialmente agradável, principalmente devido às perguntas dos participantes, que tentam superar uns aos outros em "profundidade", bem na linha do filme *Uma escola de arte muito louca*, que você provavelmente não precisa ver. Ela avança admiravelmente por entre a fala ininteligível e de fato encontra coisas às quais responder.

No final, descreve uma pintura que está pendurada em uma parede de sua casa. A pintura retrata uma mulher bem vestida, com pouco mais de quarenta anos de idade, usando um vestido do estilo Talbot e segurando diante de seu torso uma bola de futebol. A obra se chama "Eva nos subúrbios" e, conforme a descreve, faz uma declaração sobre a cultura dos subúrbios norte-americanos. O que ela é capaz de (felizmente) admitir é que somos Eva. A sala está cheia de Evas que, daqui a poucos anos, estarão trocando seus *jeans* meticulosamente rasgados por uma saia bem cortada e uma blusa em tom pastel. Em essência, ela está dizendo que ter tempo e recursos para promover uma discussão tão frívola quanto "cristianismo dialogando com as artes" é, em si, um enorme privilégio.

7

MODERNISMO:

Chegou o bicho-papão

[Kevin]

Se Neo estiver certo, tudo o que consideramos atualmente como um futuro cristão está condicionado a sermos modernos.

DAN POOLE, o pastor fictício de *A New Kind of Christian*

Sabe de quem é a culpa disso tudo? Do colapso da sociedade!

MOE SZYSLAK, o atendente de bar de *Os Simpsons*

A famosa revelação. Embora não assista mais (por diversas razões), confesso que costumava assistir ao *Os Simpsons*. Muito. Provavelmente cheguei à média de dois episódios por dia durante a faculdade. O programa às vezes é irreverente, normalmente é engraçado e costuma estar plenamente certo em suas sátiras — como a declaração de Moe no início deste capítulo. Este é o cenário: a casa de Homer foi invadida na véspera de Natal, e todos os presentes e a decoração foram roubados. Assim, Homer vai até a Moe's Tavern (o bar do Moe) para contar sua triste história. Moe então responde indignado com a explicação: "Sabe de quem é a culpa disso tudo? Do colapso da sociedade!".

A piada (que estou estragando ao explicar) obviamente é que, sem qualquer propósito, o colapso geral da sociedade termina levando a culpa por todos os nossos problemas particulares. Crime, falta de moradia, gravidez na adolescência, presentes roubados — tudo isso é culpa do colapso da sociedade.

De certo modo, essa é a maneira pela qual a igreja emergente vê o modernismo. Em uma época muito, muito distante, a igreja era um lugar mais resplandecente e belo. Então, aconteceu o Iluminismo, e o flagelo do modernismo — teologias sistemáticas, proposições, fundacionalismo, certeza, credos, pregação monológica, individualismo, inerrância, lógica, doutrinação, raciocínio dedutivo — começou a minar a igreja. Os líderes da igreja emergente reconhecem que estão defendendo "um novo tipo de cristão", alguém que parecerá estranho para a maioria dos frequentadores de igreja. Mas os líderes argumentam que a estranheza se deve apenas ao fato de os cristãos estarem cegos pelo modernismo. O cristianismo que defendemos tão rapidamente é apenas uma versão moderna do cristianismo (se é que ele pode ser chamado de cristianismo autêntico). O cristianismo ocidental casou-se com uma cultura, a cultura moderna, que agora está em declínio.[1] Diante disso, o melhor curso a seguir é trocar a versão moderna do cristianismo pelo modelo pós-moderno atualizado.

Até que ponto o modernismo é ruim e quão abrangente é a sua influência? Quatro críticos apresentam seus argumentos. Primeiramente, McLaren:

> A objetividade possui grande valor. Contudo, tal como a análise, no mundo moderno ela se tornou uma espécie de narcótico para nós [...]. Tal qual o sr. Spock, da série *Jornada nas estrelas*, acreditávamos que a lógica fria, objetiva e sem emoções seria a nossa salvação.[2]

> Qual era o objetivo da teologia na era moderna, senão descrever Deus como um cientista descreve um objeto — objetivo, imparcial, limpo de toda subjetividade, distante da variável do relacionamento pessoal?[3]

> Compare a busca do cristianismo moderno pelo sistema de crenças perfeito com a arquitetura das igrejas medievais. Os cristãos da cultura emergente podem olhar para trás na direção de nossas estruturas doutrinárias (declarações de fé, teologias sistemáticas) como olhamos para as catedrais medievais: elas possuem uma beleza real que deve ser preservada, mas agora estão praticamente vazias, não são habitadas nem usadas, sendo mais atração turística do que um lugar sagrado.[4]

Vejamos o que diz Pagitt:

> Nos últimos séculos, a visão de mundo ocidental assumiu que a crença que leva à formação espiritual acontece exatamente da mesma maneira. As pessoas começam como vasos vazios — prega o modelo — que

> devem ser cheios de informação, o que leva ao conhecimento, que leva à crença correta. Assim, conhecimento é poder: se dermos informação para que as pessoas façam alguma coisa, elas farão; se dermos informação, elas crerão [...] o conceito segundo o qual o conhecimento vem através da informação é o fundacionalismo — resumidamente, aprendizado como projeto de construção.[5]

Carl Raschke:

> A igreja moderna é um "corpo de fé" montado [...]. A igreja pós-moderna manifesta a atividade vital das células individuais e sua "bioquímica" mútua. É o tipo de "horizontalidade assimétrica" que desconstrói a maioria dos paradigmas da eclesiologia.[6]

Leonard Sweet:

> A espiritualidade pós-moderna é diferente da espiritualidade moderna. Um desvio monumental da alma tem acontecido, segundo o qual a espiritualidade é menos ligada a credos, menos proposicional, mais relacional e mais sensória. A lógica não converte mais ninguém — somente a experiência transformadora de se viver Cristo.[7]

> Os pós-modernos são primeiramente aqueles que buscam a verdade e, em segundo lugar, aqueles que fazem a verdade. Enquanto os investigadores modernos procuravam o conhecimento da verdade, os investigadores pós-modernos querem *conhecer* a verdade no sentido bíblico da palavra "conhecer" — ou seja, *experimentar* a verdade.[8]

David Tomlinson cataloga certas mudanças (algumas das quais são citadas a seguir) da igreja moderna para a igreja pós-moderna. Ele as vê como coisas que concedem vantagens à igreja pós-moderna. Entre outras mudanças dentro da igreja, temos as seguintes:

- De expressões proposicionais de fé para histórias relacionais sobre jornadas de fé;
- De autoridade apenas das Escrituras para uma harmonia entre a autoridade das Escrituras e outras maneiras pessoais por meio das quais Deus fala de modo misterioso e gracioso com os cristãos;
- De uma teologia que prepara as pessoas para a morte e a vida após a morte para uma teologia de vida;
- De uma fé pessoal, individual e particular para a harmonia entre fé pessoal e comunitária;
- Da igreja que é um lugar onde as pessoas ocupam espaço para uma igreja como posto missionário avançado que envia pessoas para fora;
- De fé argumentativa para a "dança da fé";
- De salvação como evento para jornada de salvação;
- De motivação pelo medo para motivação pela compaixão, comunhão e esperança; e
- Da busca pela verdade dogmática para uma busca de experiência espiritual.[9]

O monstro do modernismo

O que pode ser dito em relação a essas declarações tão impetuosas sobre modernismo e cristianismo? Primeiramente, que o mundo mudou. Ele sempre muda. Houve alguns momentos nos quais os cristãos do passado tiveram confiança demais em suas próprias habilidades interpretativas. Por mais que me doa admitir, a comparação feita por Charles

Hodge, segundo a qual a teologia é uma ciência na qual colecionamos e organizamos fatos, de fato parece antiquada (embora sua abordagem pareça ser pior do que na verdade é). E é verdade que a cultura de hoje é menos apta a dizer "como Jesus poderia realizar milagres?" e tende mais a dizer "como Jesus pode ser o único caminho?". Diante disso, os cristãos emergentes estão certos: o mundo mudou.

Segundo, tendo dito isso, a visão que a igreja emergente tem da História ainda é ingênua. Declarações em forma de credo seriam de fato produto de uma espiritualidade moderna? As declarações de fé são anteriores ao modernismo, tenha essa nova espiritualidade começado nos séculos XVII, XVIII, XIX ou XX. O que dizer de Niceia, Constantinopla, Calcedônia e Éfeso, sem mencionar Trento, Augsburg e Dort — não são todos esses concílios anteriores a 1620? Será que alguém realmente acredita que formulações de credos começaram com o modernismo, como se os cristãos repentinamente ficassem obcecados pela doutrina no despertar do Iluminismo?

Talvez agora seja um momento apropriado para defender a teologia sistemática. As teologias sistemáticas são de fato um produto da busca do cristianismo moderno por um sistema de crenças perfeito? Agostinho, Tomás de Aquino e Calvino podem não ter sido tão sistemáticos quanto Louis Berkhof ou Wayne Grudem, mas não foram eles profundamente apaixonados pelo "sistema de crenças" correto? Não estavam eles escrevendo sobre teologia de uma maneira organizada e sistemática centenas de anos antes do modernismo? Será que nenhum pastor, emergente ou não, já não pregou um sermão temático ou dirigiu um estudo bíblico sobre uma área de investigação em particular? Como, por exemplo, quem é Deus? Ou o que dizer sobre o mal? Ou o que Jesus realizou? Isso é teologia sistemática: escolher uma questão e tentar ouvir o que as Escrituras têm a dizer sobre aquilo. Não foi isso o que McLaren fez em relação ao reino ou Dan Kimball sobre a adoração?

Entendo que a igreja emergente esteja abordando apenas as áreas de investigação que considera mais cruciais. Essa é sua prerrogativa. Contudo, em algum ponto da conversa, seria simpático se eles expusessem suas convicções sobre alguma outra coisa que não fosse comunidade, vida do reino ou mistério. A igreja emergente se tornará irrelevante para a própria cultura que está tentando alcançar se não puder responder, com alguma medida de clareza e ainda que temporariamente, as perguntas mais básicas que se colocam diante de qualquer ser humano.

Terceiro, a crítica emergente à igreja moderna sofre de uma superpopulação de espantalhos. Repetidas vezes os autores emergentes reclamam que a igreja evangélica tradicional tem sido tão abertamente objetificadora que Deus transformou se simplesmente em uma entidade a ser dissecada e analisada, sem nenhuma preocupação com um relacionamento pessoal. Eles reclamam que os crentes são vistos como vasos vazios à espera de serem enchidos de informação. Reclamam que os líderes evangélicos tratam a igreja como corpos de fé compostos, sem nenhuma preocupação com a atividade vital de células individuais.[10] Talvez os autores emergentes tenham tido a enorme infelicidade de pertencer a igrejas tão ruins como essas — o tipo de igreja que só motivava pelo medo, que nunca mandava as pessoas em missão, que nunca apresentou uma teologia para a vida, que nunca tocou na questão da comunhão. Se foi assim, eles têm a minha compaixão, pois, apesar de toda a fraqueza da igreja nos Estados Unidos, sinceramente duvido que haja muitas igrejas assim tão horríveis.

Quarto, a igreja emergente exagera demais as diferenças entre modernismo e pós-modernismo. Uma das coisas mais comuns da literatura emergente são as listas "de/para". Além da lista de Tomlinson, com treze mudanças do moderno para o pós-moderno, Webber tem sua própria lista de catorze mudanças, Burke a sua, com sete, McLaren tem uma com dez itens e Sweet mais uma, essa com 25. (E eu achava que *modernismo* era linear demais, arrumado demais, limpo demais e reducionista demais!) McLaren pelo menos é suficientemente franco para admitir que pessoas como ele "costumam se entregar facilmente a dualismos superficiais". [11] O modernismo não foi sempre tão ruim assim. O pós-modernismo não é sempre assim tão bom. A linha que separa os dois às vezes é imaginária ou pelo menos não importante em termos relativos. No final das contas, Dan Kimball escreve:

> Antigo, medieval, moderno, pós-moderno — emergido ou emergente — em todos esses períodos, o resumo é sempre o mesmo: temos as mesmas necessidades humanas básicas. Todos nós queremos ser aceitos. Queremos saber que somos amados. Desejamos ter um propósito. Também ansiamos por satisfação espiritual e por sermos considerados importantes. Queremos conhecer nosso Criador e nascemos com um buraco em nosso coração que só ele pode preencher. Essas coisas nunca mudarão deste lado do céu. Isso significa que Jesus será a única resposta a satisfazer esse desejo eterno criado em nós, quer gostemos de ir a *raves*, quer sejamos góticos ou pratiquemos Wicca, quer tenhamos vinte anos ou noventa [...]. Não estamos encarando nada novo. Não estamos encarando nada que o Espírito Santo de Deus, movendo-se na igreja emergente, não possa superar.[12]

Assim, se as coisas abaixo da superfície não são tão diferentes e se a necessidade humana ainda é a mesma (e se a verdade ainda é a mesma, devo acrescentar), por que o cristianismo precisa estar em uma situação de "mudar ou morrer"? Não sou um velho rabugento dizendo que as coisas velhas é que são boas. Não me oponho aos novos estilos nem às novas abordagens, mas, se não estamos de fato encarando nada novo no nível espiritual mais fundamental, talvez uma reimaginação fundamental de nossa fé cristã[13] não seja necessária.

O que existe em um nome?

A suposta diferença radical entre espiritualidade moderna e espiritualidade pós-moderna normalmente não é nada mais que semântica. Muitos dos gráficos comparativos de Kimball, por exemplo, são especialmente culpados de exagerar as diferenças entre a igreja moderna e a pós-moderna. Kimball diz que a pregação da igreja emergente "ensina como a sabedoria ancestral das Escrituras se aplica à vida no reino do discípulo de Cristo", enquanto o pregador moderno "serve como distribuidor de verdades bíblicas para ajudar a resolver alguns problemas pessoais da vida moderna".[14] Essas duas frases diriam a mesma coisa se não fosse pela escolha de palavras de Kimball, empregando termos pouco inspiradores como "distribuidor" e "resolver" no lado da igreja moderna em vez de usar palavras bacanas como "sabedoria ancestral" e "vida no reino". De modo similar, na igreja moderna, "a Bíblia é um livro para ajudar a resolver problemas e um meio de se conhecer a Deus", e o "discipulado se baseia em metodologia e auxílios modernos". Em contrapartida, na igreja emergente "a Bíblia é uma bússola que aponta a direção e um meio de se experimentar Deus", e o "discipulado se baseia em disciplinas ancestrais".[15] Bem, quem quer resolução de problemas e metodologia quando se pode experimentar Deus e usar disciplinas ancestrais?

Seu uso exagerado da linguagem praticamente impossibilita que se veja qualquer coisa boa na igreja moderna. Quem deseja um pastor empresário quando se pode ter um guia espiritual e um colega de jornada?[16] Quem deseja uma igreja institucional da religião organizada com liderança hierárquica?[17] Os gráficos comparativos e as listas de mudanças de/para são igualmente injustos — a igreja emergente é orgânica em vez de linear, voltada à experiência em vez de ao espectador. Eles têm encontros de adoração em vez de cultos. Em vez de teologia sistemática proposicional, eles preferem recontar uma história de modo teotópico.[18] Qual é a verdadeira diferença?

Nomes — simples e de qualidade — são fundamentais para a igreja emergente. "Como podemos criar sistemas de discipulado", pergunta Kimball, "que não tenham cheiro de negócios do período moderno ou de estruturas acadêmicas e não pareçam programados, mas, pelo contrário, aceitem o mistério, o temor e a maravilha da obra transformadora de Deus?". A resposta? Novos nomes. "A Mosaic Church,[19] em Los Angeles, usa nomes como Rio para descrever o retiro de formação espiritual que 'é uma imersão de seus sentidos, emoções, corpo e intelecto enquanto buscamos explorar nossa conexão com Deus'. Eles promovem outro retiro chamado Neve, que é uma 'busca por perdão'. A Cedar Ridge Community Church, em Maryland, tem classes de formação espiritual chamadas Descobertas da Alma, Jornada e Despertar".[20]

É claro que não existe nada de errado com nomes novos, mas será que a cultura pós-moderna é tão radicalmente distinta da igreja moderna simplesmente porque tem *Descobertas da Alma, Jornada* e *Despertar* em vez de

Descobrindo o que é Membresia, Descobrindo a Maturidade Espiritual, Descobrindo o meu Ministério e *Descobrindo qual é a Missão da minha Vida*? [21]

Ao mesmo tempo, Pagitt diz que devemos fazer distinção entre contar história e o momento de testemunho. "Contar nossas histórias não é a mesma coisa que dar nosso testemunho [...]. Embora não se pareçam com 'testemunhos' no sentido tradicional, essas histórias de como Deus aparece na vida de outros servem como testamentos sobre quem Deus é e como age em nossa vida. Contar e ouvir essas histórias nos molda e nos forma".[22] Assim, é preciso deixar as coisas claras. Elas não são testemunhos, mas apenas histórias que servem como testamentos daquilo que Deus está fazendo em nossa vida. Para mim, isso tem cara de testemunho.

Talvez eu já esteja totalmente fora de contato com a cultura da minha juventude, mas será que alguns dos novos nomes não serão mais obstáculos à fé do que convites? Além de ser confuso, será que muitos interessados não descobrirão que estamos indo um pouco além da conta quando dizemos que temos "cultos *fusion*" em vez de adoração, quando contratamos projetistas de experiências em vez de pastores e chamamos a nós mesmos de "incubadores de construção de comunidades, de criatividade e de ação social inspirados no reino" [23] em vez de uma igreja? Até que ponto podemos dizer que "sentar-se descalço no chão" e comentar sobre Efésios em um "bate-papo particular improvisado, mas estendido entre membros da igreja e a liderança", que se concentra na "intensidade da comunicação interpessoal"[24], soa mais profundo do que realmente é? Não há nada de ofensivo nesse bate-papo particular, mas isso não é simplesmente sentar no chão e conversar sobre a Bíblia?

"Discuta a Palavra, Timóteo!"

Em suas cartas a Timóteo e a Tito, Paulo ordena de modo incansável que seus jovens discípulos ensinem e preguem, que repreendam e incentivem, que se guardem contra doutrinas falsas e que treinem outros homens para que façam a mesma coisa (2Tm 2:1-2; cf. 1Tm 4:6,11,13; 5:17; Tt 1:9). Sua incumbência lhes é passada nos termos mais solenes: "Na presença de Deus e de Cristo Jesus, que há de julgar os vivos e os mortos por sua manifestação e por seu Reino, eu o exorto solenemente: Pregue a palavra" (2Tm 4:1-2). Jesus veio para pregar (Lc 4:43); Paulo saiu para pregar; a igreja foi edificada sobre o fundamento da pregação apostólica (Ef 2:20); assim Timóteo deveria pregar também.

Apesar de textos como esses, muitos da igreja emergente lamentam o lugar de destaque que a pregação recebeu nos cultos protestantes. Pagitt, por exemplo, condena o fato de a pregação ter-se tornado "discurso". "Houve uma época em que senti que minha habilidade de pregar sermões era um chamado especial que eu procurava refinar, mas que não precisava redefinir. Aqueles dias se foram. Hoje, vejo-me redefinindo regularmente meu papel e o papel da pregação [...]. Pregar não funciona — pelo menos não da maneira que esperamos".[25] O problema, de acordo com os líderes emergentes, não está nas pessoas ou nos pregadores, mas no método de comunicação em um único sentido, no qual uma mensagem clara é falada aos ouvintes passivos.[26]

O problema da pregação de hoje, em outras palavras, é que pregar é moderno. Ou pelo menos é o que se diz. Robert Webber, por exemplo, fala sobre dois métodos diferentes de comunicação: discursivo e comunal. Ele argumenta que "a comunicação discursiva é informacional. Você a encontra em palestras, em livros e na mídia. A preocupação fundamental é passar informação de uma pessoa para outra. Esse é o tipo de culto que se encontra em igrejas influenciadas pelo Iluminismo".

A comunicação comunal, a nova pregação, na verdade é mais antiga do que sua contraparte discursiva e "tem como preocupação a formação da pessoa e da comunidade, não apenas o compartilhamento de informação".[27]

Devemos rejeitar falsas dicotomias que criam separação entre [...] racionalidade e fé, verdade e experiência.

De acordo com Webber, os primeiros cristãos não se envolviam em comunicação discursiva, que é a abordagem pedagógica do culto moldada por uma mentalidade iluminista, mas sim na comunicação comunal. "A nova abordagem comemorativa do culto, que é a celebração da vitória de Cristo sobre os poderes do mal, é mais típica da adoração da igreja primitiva".[28]

Muitas pessoas, de dentro e de fora da igreja emergente, compartilham da análise de Webber. Mas infelizmente essa análise reforça uma infinidade de falsas dicotomias — a de que a comunicação discursiva só está interessada em informação, e não em formação, que é um simples discurso isolado da família e da comunidade e que é puramente pedagógica em vez de comemorativa. Isso não ajuda. Devemos rejeitar falsas dicotomias que criam separação entre mente e coração, racionalidade e fé, verdade e experiência.

Além dessas falsas dicotomias, Webber oferece uma reconstrução defeituosa da História. Também não sou muito fã do Iluminismo, mas é simplesmente errado atribuir toda e qualquer indicação de pensamento linear, de pregação proposicional ou de comunicação discursiva a algum tipo de corrupção iluminista moderna. Calvino pregava sermões longos, teologicamente densos, discursivos e sem histórias. Se esse é um jeito ruim de pregar, tudo bem, mas não é produto do Iluminismo, e não é correto sugerir que Calvino, e outros como ele, desejassem que seus sermões fossem apenas informativos. De fato, nada o irritava mais do que os teólogos bem vestidos de Sorbonne que eram só especulação, sem interesse na transformação.

Muitos dos que se interessam pelo culto pós-moderno denigrem, de maneira sutil ou não, o sermão típico, com sua exposição e subitens, rotulando-o de criação do modernismo. Mas isso simplesmente não é verdade. Ao analisar a monumental obra *The Reading and Preaching of the Scriptures in the Worship of the Christian Church*, de Hughes Oliphant Old, escolhi aleatoriamente um pregador da igreja medieval — achando que talvez encontrasse menos pregação discursiva na Idade Média. Veja o que li sobre um dos sermões de Páscoa de Boaventura (c. 1217-1274):

> O sermão extrai três pontos do texto. Primeiro, o texto é uma exclamação ou proclamação da ressurreição; "Levanta-te, Senhor" refere-se à ressurreição dos mortos [...]. O segundo ponto do sermão, extraído da segunda frase do texto, "Salva-me", desenvolvido através de uma riqueza de citações bíblicas e patrísticas, afirma que na ressurreição de Cristo encontramos nossa perfeita libertação. Três subitens são criados. 1) Somos libertos da ofensa do pecado pela infusão da graça justificadora. 2) Somos libertos do dever da punição ao carregar a satisfação da morte. 3) Somos libertos da miséria carnal na ressurreição geral por meio do restabelecimento da glória reformadora. Por fim, o terceiro ponto de seu sermão é apresentado. "Pois feres nos queixos a todos os meus inimigos e aos ímpios quebras os dentes". Essa frase final do texto nos fala sobre a justa exterminação do poder do diabo.[29]

Poderíamos encontrar esse mesmo tipo de pregação na igreja primitiva — o tipo de pregação que alguns ridicularizam chamando-a de claramente linear e simplesmente de "resolução de problemas". Justino Mártir pinta o quadro de um culto de adoração comum no século II com tonalidades claramente discursivas: "No dia chamado domingo, há uma reunião de todos os crentes que vivem na cidade ou no interior, e as memórias dos apóstolos, ou os escritos dos profetas, são lidos pelo tempo que for permitido. Quando o leitor termina, o presidente, por meio de um sermão, incentiva e convida as pessoas a basearem sua vida nessas coisas nobres".[30]

A pregação sempre desempenhou um papel central, senão *o* papel central, no culto cristão. Isso se deve ao fato de a importância da exposição e da instrução discursiva cuidadosa não ter sido herdada do Iluminismo, mas do judaísmo. Os judeus estudavam e memorizavam as Escrituras hebraicas não como um exercício vazio para obtenção de informação, mas como culto. Os rabis eram incumbidos da tarefa de instruir as pessoas nos caminhos da fé, ensinando-lhes as leis, confortando, admoestando e incentivando seus ouvintes. Eles eram pregadores. Nos séculos anteriores a Cristo, os judeus dedicaram-se grandemente a cultivar a arte e a ciência de ler e pregar as Escrituras. Eles entendiam o crescimento no conhecimento das Escrituras não apenas como essencial para a verdadeira piedade, mas como glorificação a Deus. Old explica como essa tradição de aprendizado e pregação também se tornou parte do culto cristão:

> Essa piedade sapiencial teve seu efeito no estilo de pregação que se tornou popular nos séculos imediatamente anteriores à era cristã, a época em que o sermão expositivo alcançou seu auge. Pregar não era apenas

> uma questão de ensinamento moral ou teológico, não era uma questão de simplesmente inculcar princípios morais comunitários ou de recontar as velhas tradições da comunidade — como ela veio a existir e de que modo se manteve nos momentos de provação. Certamente tudo isso era feito, mas a pregação expositiva acontecia em maior intensidade. A pregação era a apresentação dos textos bíblicos nos quais essas tradições e princípios receberam sua forma canônica. Portanto, os sermões concentravam sua atenção principalmente naquilo que a Escritura de fato diz. Todo tipo de investigação filológica era feito na tentativa de ouvir as Escrituras. Os pregadores estudavam as Escrituras nas línguas originais e cultivavam o conhecimento do hebraico clássico. Os resultados de todos esses estudos forneciam material para o sermão.[31]

Enfatizo esse ponto sobre a pregação discursiva porque creio que muitos cristãos emergentes, além de muitos evangélicos, estão rejeitando um tipo de pregação e culto que acreditam ser modernos, mas que, na verdade, não o são. Ao fazê-lo, estão contrapondo informação e transformação, culto experiencial e "renovação da mente", quando a Bíblia nunca desejou separar essas coisas. O livro de Provérbios inteiro trata do crescer em conhecimento e sabedoria para que se possa viver uma vida piedosa. Os profetas usam constantemente o discurso, até mesmo o monólogo, para afetar o desejo de seus ouvintes. Esdras e os levitas instruíram os exilados retornados a ler a Lei e fazer que "o povo entendesse o que estava sendo lido" (Ne 8:6-8). Israel sofreu durante o período em que não teve um sacerdote que ensinasse a Lei (2Cr 15:3). Desde os primeiros tempos, os levitas foram incumbidos de ensinar "as tuas ordenanças a Jacó e a tua lei a Israel" (Dt 33:10). O povo de Deus sempre foi edificado pelos ensinamentos das Escrituras, e o bom culto cristão sempre se concentrou em uma pregação da Palavra de Deus que fosse clara, expositiva e de autoridade.[32]

Muito do desprezo emergente pela pregação é de fato um desconforto em relação à autoridade e ao controle. Discussão, sim. Diálogo, sim. Discernimento do grupo, sim. Declaração? Proclamação? Não neste lado do modernismo. Mas será que é realmente o modernismo aquilo que estamos rejeitando ou será algo de maior peso? O declínio na pregação anda de mãos dadas com a perda de confiança no valor das declarações da verdade. O ato de pregar pressupõe que há uma mensagem que deve ser proclamada e que deve ser crida. O próprio fato da proclamação verbal feita por um homem ao povo de Deus pressupõe que há uma palavra de Deus que pode ser certificada, entendida e comunicada de forma significativa. É a isso que se colocam objeções na pregação, não simplesmente ao fantasma do modernismo.

Considero simplesmente perturbador que Dorothy, da obra *O mágico de Oz*, seja considerada o novo modelo de liderança. "Em vez de ser uma pessoa com todas as respostas, que está constantemente informada sobre tudo o que acontece, o que é o que e para onde ir, ela é autêntica, perdida, alguém que procura algo, vulnerável, frequentemente confusa", escreve McLaren. "Essas características a desqualificariam para a liderança moderna. Mas servem como suas melhores credenciais para a liderança na cultura emergente".[33] Na igreja emergente, pastores devem deixar de ser locutores para serem ouvintes. Devem passar de vendedor guerreiro para dançarino. De uma pessoa que resolve problemas para uma que inspira buscas. De conhecedor para alguém que está à procura.[34]

Não há dúvidas de que há momentos em que o pastor é facilitador e parceiro nas buscas. Mas também há momentos — na verdade, todos os domingos — quando ele deve ser um arauto. E, enquanto ministra entre o povo de Deus, ele deve ser capaz de dizer, pela graça de Deus, "tornem-se meus imitadores, como eu o sou de Cristo" (1Co 11:1). Parece humilde quando Pagitt diz que não quer ser o carro-madrinha de seu povo.[35] Mas o presbítero não deve ser irrepreensível (Tt 1:6), capaz de encorajar outros pela sã doutrina e de refutar os que se opõem a ela (1:9) e, em todos os aspectos, ser um modelo de boas obras (2:7)?

Será que a melhor alternativa para pastores presidentes dominadores é termos líderes do tipo Dorothy confusa? O que dizer de pastor de ovelhas, de mestre, de presbítero, de arauto? Os pastores precisam ser mais do que viajantes perdidos com mais perguntas do que respostas. Eles devem manter viva a chama do dom da pregação (2Tm 1:6), ser cheios de poder em vez de covardia (1:7) e repreender, corrigir e exortar com toda a paciência e doutrina (4:2).

> Os pastores precisam ser mais do que viajantes perdidos com mais perguntas do que respostas.

O emergente é o novo moderno?

A maior ironia em relação à igreja emergente pode ser exatamente esta: ao punirem severamente tudo o que é moderno, eles são, em muitos aspectos, totalmente modernos. Muitos dos principais livros mostram uma combinação familiar de liberalismo do evangelho social, uma visão neoortodoxa das Escrituras e um desprezo pós-iluminista por coisas como inferno, ira de Deus, revelação proposicional, propiciação e tudo aquilo que vá além de um cristianismo vagamente moralista, afetuoso e sem doutrina.

Se os líderes emergentes desejam fazer uma contribuição duradoura ao cristianismo evangélico, então precisam ter uma melhor compreensão da História em geral. Deixe-me apresentar alguns exemplos.

Muito do apelo de Rob Bell está no uso que faz da História para explicar o significado de textos bíblicos. Bell apoia-se fortemente em mestres populares como Dwight Pryor e Ray VanderLaan para obter seus *insights* culturais. Não conheço Dwight Pryor, mas já ouvi algumas palestras de VanderLaan. Ele é um professor muito talentoso e um evangélico dedicado. Realmente gostei de ouvi-lo. Mas sua sabedoria às vezes é fraca e especulativa. Ele simplifica exageradamente as diferenças entre os pensamentos grego e hebraico, um hábito que Bell copiou. VanderLaan investiga profundamente as tradições judaicas por trás da Bíblia. Muitos de seus *insights* são iluminados, enquanto outros são enganadores. Bell e VanderLaan confiam excessivamente na Mixná e no Talmude como fonte de informação sobre o judaísmo nos dias de Jesus. O problema é que a Mixná surgiu por volta do ano 200 d.C., e o Talmude, alguns séculos depois. Primeiramente, o conteúdo da Mixná e do Talmude nem sempre é historicamente confiável, e eles certamente não são documentos confiáveis para se entender o judaísmo do século I, quanto mais do Antigo Testamento. Scot McKnight, que tem enorme consideração pelos livros de Bell em geral, explica:

> *Uso dos rabis.* [...] Rob tem um hábito irritante em seus livros e sermões. Ele iguala os textos rabínicos, que são fontes dos séculos III ao IX, com o judaísmo tanto do século I (mundo de Jesus e de Paulo) e o judaísmo dos dias de Moisés. Ele reinterpreta coisas na Bíblia com base nessas fontes rabínicas. Às vezes, no uso que faz dos rabis, por acaso a informação rabínica é encontrada também em relação ao século I ou ao Israel antigo (mas

> raramente). Ele nos diz coisas engraçadas, brilhantes e cintilantes que as pessoas comuns desconhecem, e elas concluem "Ahá, então é isso o que está acontecendo: a aliança na verdade tem a ver com sentar-se debaixo daquela cobertura de pano que fica em cima do noivo e da noiva judaicos. Que bacana saber disso" [...]. Esta é a regra geral: assim como não usamos condições contemporâneas (globalização etc.) para explicar o que os elaboradores da Constituição tinham em mente naquela época, também não usamos os rabis para explicar Jesus e a Bíblia. Para usar os rabis na elucidação do Novo Testamento, precisamos de evidências do século I que confirmem o que encontramos nos rabis.[36]

Bell também faz um uso perigoso de paralelos entre o Novo Testamento e o Império Romano.

> Os césares afirmavam terem sido enviados pelos deuses para renovar a criação. César Augusto acreditava que, como filho de um deus, ele era o deus encarnado na terra, o príncipe da paz que viera para restaurar toda a criação. Ele instituiu uma celebração de doze dias chamada Advento para celebrar seu nascimento. Parece familiar? Seus sacerdotes ofereciam sacrifícios e incenso para livrar as pessoas da culpa. Um de seus *slogans* mais populares era "Não há nenhum outro nome sob o céu pelo qual os homens possam ser salvos senão o de César". Outra frase que usavam constantemente era "César é Senhor". Por todo o Império Romano, os césares chamavam as pessoas para adorá-los como os salvadores divinos da humanidade, e uma cidade que reconhecia César como Senhor era chamada de *ekklesia*.[37]

Embora seja certamente verdade que os césares eram adorados como deuses, há uma enorme quantidade de problemas na história do século I recontada por Bell. Primeiramente, é improvável que Augusto de fato acreditasse que era deus encarnado. Os césares recebiam culto, permitiam que fossem adorados e até exigiam veneração, mas isso não significa que qualquer césar, especialmente Augusto, de fato achasse que era divino. Augusto recebeu a adoração das pessoas como se fosse um deus, mas ele também insistiu que "primeiro cidadão" era o título mais elevado de que ele precisava.[38] Nos dois exemplos ele estava sendo mais politicamente perspicaz do que sincero.

Segundo, a descrição do advento feita por Bell não é muito cuidadosa. A citação de Bell usada no parágrafo acima é do livro *Cristo e os césares,* escrito mais de cinquenta anos antes por Ethelbert Stauffer, acadêmico alemão do Novo Testamento e especialista em moedas antigas. Mas não consigo encontrar onde ele diz que Augusto chamou a celebração de advento. A palavra *adventus* foi usada por Virgílio, que é de onde vêm muitos dos termos laudatórios a Augusto. Mas o termo era simplesmente a palavra latina equivalente a "vinda". Virgílio acreditava que um novo dia, uma era de ouro, havia chegado com a vinda de Augusto, uma crença que Augusto tinha prazer em celebrar. Mas não está claro se ela foi chamada de "advento", e não era para comemorar o nascimento de Augusto, mas, de modo mais geral, seu novo reino.[39] Além disso, é preciso lembrar que os cristãos só passaram a celebrar o Advento depois do século IV, de modo que dificilmente essa é uma situação na qual a igreja copiou Augusto.

Terceiro, a palavra *ekklesia* é simplesmente a palavra grega para assembleia. Era certamente usada na esfera política, mas não estou certo da razão pela qual Bell acha que ela era usada em relação a cidades.

Quarto, já vi a frase sobre "nenhum outro nome senão o de César" citada em *sites* emergentes pela internet (às vezes como um ditado, às vezes como uma inscrição em uma moeda) e já ouvi Rob Bell dizê-la antes, mas não acho que seja verdadeira. Estou perfeitamente disposto a ser corrigido à luz de provas documentais sólidas, mas, até onde posso dizer, o ditado é uma lenda urbana histórica que está sendo repetida com base em uma leitura errada do livro de Stauffer. Veja o que Stauffer diz ao resumir duas moedas cunhadas em honra a Augusto:

> O significado simbólico é claro: um novo dia está nascendo para o mundo. O divino rei-salvador, nascido no momento histórico ordenado pelas estrelas, chegou para governar sobre terra e mar e inaugura a era cósmica da salvação. Salvação não se encontrará em nenhum outro senão Augusto, e não há outro nome dado a mim no qual eles possam ser salvos. Esse é o clímax da proclamação do Advento do Império Romano.[40]

Perceba que Stauffer *não* sugere que esse era um dizer daquela época ou a inscrição em uma moeda (a frase é muito grande para caber em uma moeda!). Ele simplesmente resume o pano de fundo histórico ao usar a linguagem bíblica de Atos 4:12 para declarar sua ideia de que os romanos viam Augusto como o salvador do mundo.[41]

Quinto, Bell precisa tomar cuidado para que seus paralelos históricos não diminuam a fé cristã. Não estou convencido de que todos os seus paralelos sejam legítimos e, se forem, precisam ser documentados. Mas, se todos eles forem documentados e todas as conexões muito bem provadas (o que sinceramente duvido), espero que Bell nos ajude a ver como o cristianismo não foi simplesmente uma nova maneira de empacotar os mitos pagãos sobre Mitra e os césares. Conheço um rapaz que se afastou do cristianismo porque viu paralelos entre Mitra e Jesus (que não eram da autoria de Bell) e decidiu que toda essa coisa de Cristo era uma imitação barata. A maioria dos acadêmicos acha que os paralelos entre paganismo e cristianismo são amplamente exagerados, mas, se não forem, precisamos mostrar ao nosso povo por que acreditamos que essa coisa de Jesus é verdadeira enquanto todas as outras não o são.

Os líderes emergentes precisam [...] evitar a publicação de resumos desmazelados da história da Igreja.

Doug Pagitt também é culpado de um pouco de paralelomania histórica. Tal como Bell, Pagitt precisa fazer mais para apoiar suas especulações. Se ele vai dizer que Pelágio chegou a sua compreensão da habilidade humana porque ela combina com os druidas, e que Agostinho chegou a sua posição sobre a inabilidade humana porque ela combina com a espiritualidade romana,[42] ele precisa trabalhar um pouco mais para demonstrar que é assim, especialmente quando 1) Pelágio estudava teologia grega, não as runas druidas; 2) a controvérsia surgiu em Roma e mais tarde na Palestina, não nas ilhas britânicas; e 3) os textos de Pelágio e Agostinho mostram ambos discutindo especialmente o texto das Escrituras.

Simplificando, os líderes emergentes precisam de um pouco de moderação para evitar a publicação de resumos desmazelados da história da igreja, como o que fala de João Calvino em *A Generous Orthodoxy*, de McLaren.[43] Calvino não se tornou pastor aos dezoito anos. Ele recebeu uma prebenda — um ofício menor na igreja, trabalhando para o bispo — aos doze anos, parou de estudar para o sacerdócio e começou a estudar Direito aos dezoito. Calvino não trabalhou em *As Institutas* entre os dezenove e os 25 anos (a maioria dos acadêmicos acredita que ele não era sequer convertido antes dos vinte e poucos anos). Trabalhou nelas enquanto esteve em Basileia, de janeiro a agosto de 1535, escrevendo seis capítulos para a edição de 1536 de *As Institutas*, que cresceria até alcançar oitenta capítulos em 1559. E, mais importante, Calvino não escreveu *As Institutas* para preencher o "perigoso vácuo" deixado após a rejeição do catolicismo com um "sistema intelectual fino e puro". Calvino nunca se viu como alguém que instituiu um sistema intelectual, nem mesmo uma teologia sistemática.

Ele escreveu *As Institutas* por duas razões: 1) como uma defesa diante do rei da França, afirmando que a igreja protestante era a igreja legítima e que deveria ser tratada com justiça e 2) como uma ferramenta instrucional elementar para cristãos novos ou em dificuldade. Calvino trabalhou em favor de seus colegas franceses, "pois vi que muitos estavam famintos e sedentos de Cristo e, ainda assim, apenas alguns poucos tinham o mínimo conhecimento dele".[44] Se alguns da igreja emergente não gostam de Calvino ou da teologia reformada, tudo bem. Mas deveriam saber o que estão rejeitando e evitar reconstruções históricas desinformadas. A igreja emergente precisa simplesmente fazer sua lição de casa histórica.

Mais importante do que toda essa negligência acadêmica, gostaria que os líderes emergentes pudessem entender que aquilo que eles criticam é muito mais antigo do que pensam, e o que afirmam raramente é tão novo quanto imaginam. A igreja emergente pode não ser idêntica ao modernismo teológico do final do século XIX e início do século XX, mas muitas similaridades são impressionantes. Como Mark Driscoll destacou, é notável que Doug Pagitt ouça suas próprias visões no obscuro teólogo modernista Henry Churchill King. Pagitt refere-se a King de maneira aprobativa, citando sua obra de 1899, na qual argumenta: "Os dias dos grandes sistemas teológicos certamente são passado; não porque as grandes verdades não permaneçam, mas simplesmente porque a tarefa é concebida de modo distinto".[45]

Para Pagitt, admitir que seu método teológico não é novo já é um grande passo adiante na conversa. Grande parte do ímpeto por mudança na igreja emergente é motivado por um desejo de nos livrarmos das correntes modernistas e enfrentarmos os desafios de nosso novo mundo pós-moderno. E grande parte desse ímpeto é ultramoderno; não é pós-alguma coisa.

A preferência pela ética acima da doutrina, as reservas em relação à ira e ao julgamento de Deus, a visível necessidade de retraduzir a fé cristã para um novo tempo, a desvalorização de verdades proposicionais, o castigo severo às fronteiras doutrinárias definidas, o entendimento de missões como compaixão social, e não como conversão — todos esses são impulsos do mundo moderno. Também o são a ampla tolerância a um sentimento religioso geral que carece de especificidade e de definição, a indisposição em declarar a completa autenticidade da Bíblia, a subestimação do pecado original e os apelos diretos a melhorar o mundo separados do chamado ao arrependimento e ao novo nascimento.

Assim como os líderes emergentes caçam o bicho-papão do modernismo no evangelicalismo conservador, é preciso destacar que ele espreita dentro da própria casa deles também, não como uma criatura oculta embaixo da cama aqui ou em uma esquina ali, mas como a própria sombra deles, ao lado deles, talvez na escuridão, mas sempre presente. Não há nada de novo sob o sol, apenas a mesma sombra em diferentes lugares no decorrer dos séculos.

8

ONDE TODOS SABEM
QUAL É O SEU NOME:

Dialogar em favor do diálogo

[Ted]

Sou um clichê vivo, tal como o restante desses rapazes. Sou o cara que vive desistindo e mudando a área de concentração na escola simplesmente porque tem medo de realmente dar-se muito mal em tudo.

BARDO, no filme *Uma escola de arte muito louca*

O LIVRO SE CHAMA *How (Not) to Speak of God* [Como (não) falar sobre Deus], escrito por Peter Rollins. Semelhante a *A Heretic's Guide to Eternity* e *A Generous Orthodoxy*, tem um título encantadoramente rebelde. Também tem aquilo que se tornou a marca emergente de sucesso: o endosso de Brian McLaren, no qual ele diz que é apaixonado pelo livro. Ficou simplesmente louco por ele. O livro mudou sua vida.

O livro está comigo e com Kevin no *Champps* — a propósito, *Champps* é um bar para quem gosta de esportes, espero que não seja um problema para você, e um restaurante para minha mãe e muitas de suas amigas. Estamos indo assistir ao jogo do Chicago Bears na rodada de futebol das segundas-feiras (e, se eu tivesse vendido uma quantidade um pouco maior de exemplares do meu primeiro livro, poderia me dar ao luxo de pedir a bebida oficial da igreja emergente, uma cerveja Guinness).

Como dissemos anteriormente, Rollins é o fundador da Comunidade Ikon, na Irlanda do Norte, um grupo que descreve a si mesmo como "icônico, apocalíptico, herético, emergente e fracassado". Ele também tem doutorado em pensamento pós-moderno, o que quer dizer que é capaz de invocar de modo lógico os nomes de Derrida e Foucault e sair-se bem. Às vezes, sinto como se a igreja emergente fosse aquele amigo que sai de casa para ir para a universidade, aos dezenove anos, e que, ao voltar para casa durante o primeiro ano, sente que precisa citar Nietzsche apenas para impressioná-lo com seu intelecto recém-descoberto.

O livro é uma brochura simples, destituído de qualquer foto do autor; contudo, percebendo uma oportunidade quase perdida, a editora incluiu um marcador de páginas de Pete Rollins em cada exemplar. Rollins cumpre seu papel: tem uma aparência suficientemente boa para fazer que você continue olhando, mas é desalinhado o bastante para que você saiba que ele tem um pouco mais de conteúdo do que aparenta. O fato é que se parece com Jeff Daniels, mais jovem e mais magro (pense em *A lula e a baleia* em vez de em *Debi & Loide: Dois idiotas em apuros*).

Ortodoxia aterrorizante e estatística de jogadores

Este livro está tomando de assalto a comunidade emergente, abrindo caminho pelo mundo dos *blogs* em níveis alarmantes. É escrito de maneira ponderada, pelo que pude verificar até agora, em um tipo de casamento de jargão filosófico entre Brian McLaren e Erwin McManus do qual brotam palavras como "rio", "jornada" e "falho". Também tem características de McLaren percebidas pelo fato de um de seus argumentos ser o de que a ortodoxia tem mais a ver com ética, ou "práxis", do que com a Escritura e a cruz. Isso me perturba, assim como o fato de que Rex Grossman, o *quarterback* do Bears, ter feito dez interceptações e apenas dois *touchdowns* nos últimos três jogos. Sua pontuação como *quarterback* era de 1,35 na semana passada. Se Pete Rollins escrever um livro que explique a pontuação de um *quarterback* e como ela pode ser entendida, então a primeira cerveja será por minha conta.

O livro é relativamente curto e está organizado em duas partes. De maneira bem geral, a primeira apresenta aquilo que Rollins pensa sobre coisas, e a segunda apresenta exemplos de "experiências" que aconteceram na Ikon. Conhecendo a mim mesmo, não foi surpresa nenhuma eu ter ido direto para o final, no capítulo intitulado "Bicha". Acho que tenho uma queda por controvérsias. Essa deve ser interessante.

O capítulo descreve uma reunião recente da Ikon em um bar local, onde a "congregação" (palavra errada, diria ele, mas é o melhor que posso fazer) entrou para ver um cara em um palco improvisado, sem camisa. O rapaz era circundado por uma moça com um pincel que pintava palavras como "bicha", "homo", "veado" etc. no peito dele.[1] É intencionalmente chocante em determinado nível, mas faz que eu continue lendo. Em volta do rapaz foram colocadas pedras cuidadosamente embrulhadas em plástico bolha — e a mensagem é que precisamos parar de jogar pedras de intolerância nas pessoas que parecem e agem de maneira diferente de nós. Ou que pelo menos precisamos suavizar as pedras ao acolchoar as bordas pontiagudas.

É muito semelhante à descrição que Donald Miller, hoje famoso nos círculos cristãos, usou em seu livro *Como os pinguins me ajudaram a entender Deus*, na qual ele se mete em um confessionário não para ouvir confissões, mas para pedir desculpas a seus convidados pelos males perpetrados pelos cristãos no decorrer de séculos. A *performance* artística do rapaz de peito nu é similar, ainda que não tão eficiente. Fico pensando por alguns instantes como seria recebida uma lição como essa aqui no *Champps*.

Futebol, verdade e diversidade

Na tela, eu e Kevin assistimos a oitenta mil fãs dentro de um monumento de pedra chamado Edward Jones Dome, gritando que o Rams vai marcar primeiro e que o gol será feito da linha de cinco jardas. Alguns deles têm o rosto pintado, e poucos, creio, estão conscientes de que pode haver uma "Nova Reforma" em andamento.

Não há como negar o fato de que existe verdade absoluta no futebol americano. O futebol tem a ver com linhas de defesa e, em uma cultura de ultrassensibilidade e desconstrucionismo crescente, o jogo mudou muito pouco nos mais de cem anos em que é praticado. No final de cada jogada e de cada jogo, os jogadores sabem onde estão no grande esquema das coisas. Gostava muito da simplicidade do jogo quando o jogava, e ainda gosto.

O time dos Rams faz uma penetração com Steven Jackson, bem diante dos dentes da defesa dos Bears. Se a defesa dos Bears fosse a discussão emergente, Brian Urlacher seria seu Brian McLaren — o craque principal. O martelo.

Verdade seja dita, um time de futebol é muito parecido com aquilo que a igreja emergente diz ser. É variado. O futebol é realmente o único lugar onde vi a "diversidade" (negros e brancos juntos) funcionar de uma maneira que nunca parece forçada, imposta ou artificial. Há comunhão em um time de futebol. Para o bem ou para o mal, ali estão os caras com quem você anda de ônibus, faz refeições, toma banho e ri juntos. Correndo o risco de parecer com o locutor dos filmes da liga de futebol americano, aqueles são relacionamentos forjados em meio à dificuldade — correria, ofensas, técnicos maldosos e tudo o mais que acompanha a loucura que é o futebol.

Existe ética no futebol — e a ética que se impõe sobre outras é que, quanto melhor você for, mais vai jogar. Se for ruim, fica no banco. O mesmo acontece com a maioria dos outros esportes. E, de modo bem similar à igreja emergente, você passa muito tempo conversando, em bares, e às vezes compartilhando sua fé. Substitua Guinness por Miller Lite ou café preto e você vai entender a ideia.

O ano perfeito

É dezembro, o que significa que é tempo de mandar cartões e cartas. Odeio esse hábito. É o que acontece nessa época do ano — o momento em que casais cristãos bem-sucedidos lhe enviam a foto brilhante que tiraram, vestindo o uniforme *yuppie* do ano, cercados por um monte de crianças adoráveis. Neste ano, é calça cáqui e camiseta branca. A esposa loira parece um pouco cansada mas bonita, em uma espécie de mistura de cristã conservadora com uma personagem de *Desperate housewives*. Também existe o marido, que desenvolveu uma barriguinha desde o tempo em que se sentava no Comitê Republicano Jovem na faculdade e era representante de classe de seu MBA.

A carta diz aquilo que você já sabe, ou seja, é claro que as coisas estão indo muito bem. Essas cartas seguem um padrão bem conhecido. Existe a história sobre as férias e como voltaram sentindo-se realmente revigorados. Depois, o parágrafo sobre a promoção do maridão e como ele tem se esforçado para ser o líder do grupo de louvor na igreja, além de participar de tal e tal comissão. Mamãe está se dedicando intensamente a lecionar aos filhos em casa — talvez até mais do que papai! (Mas ela contém seu senso de humor!) Ela também se diverte vendendo _____ (vá em frente, preencha o espaço: potes plásticos para cozinha, cremes faciais, bijuteria) em paralelo e ganhando um pouco de dinheiro. Viva! As crianças estão se saindo muito bem nos esportes e na escola. Então, a dor na consciência aparece — e o resultado é um parágrafo sobre como estamos orando em relação a uma viagem missionária de curta duração, adoção de uma criança de um país do Terceiro Mundo e, por fim — *Shazam!* — Deus nos abençoou com outra gravidez! Viva outra vez!

Sou feliz por ter recebido uma carta dessas hoje, pois ela me lembra por que o movimento emergente, apesar de todos os seus desastres teológicos (ou não desastres), tem algumas crenças legítimas. Porque se a cultura eclesiástica tem algo a ver com um ano perfeito como esse, de modo a nos levar a produzir cartas assim, então, sim, tudo é um grande fingimento e precisamos desesperadamente de autenticidade (ou pelo menos uma autenticidade artificial).

Felizmente, não costumo interagir regularmente com cristãos assim. Uma das coisas que aprendi nos mais de cinco anos que estou em minha igreja é que todo mundo tem dificuldades, e, na maior parte das vezes, as pessoas são bastante honestas em relação a isso.

* * *

Por falar em dificuldades, estou me esforçando para dar conta do livro de Rollins neste instante e acho que estou retendo e entendendo cerca de 30% do material, graças em grande parte a um jargão filosófico de fundo de quintal misturado a um caminhão de palavras novas. Se um dos objetivos não declarados de Rollins era fazer-me crer que ele é loucamente inteligente, ele realmente conseguiu.

Existe um padrão claramente notável que se desenvolve na leitura das liturgias de Rollins, o tema que ocupa a segunda metade do livro. Em cada uma delas, a congregação entra em um bar — e, enquanto leio, substituo mentalmente o lugar que ele descreve pelo meu próprio bar favorito, sujo e decaído, o "The Peanut Barrel" [O barril de amendoim], em East Lansing — e é recebida por uma música ambiente no estilo *house* sobre a qual o DJ ocasionalmente coloca algumas vozes. Sempre há algo para o que olhar no centro da sala — às vezes uma imagem projetada de algo provocante e, outras vezes, pano de saco e cinzas sobre uma mesa, ou champanhe e bolo.

Depois de um tempo, um contador de histórias se aproxima do palco carregando "aquilo que parece ser uma Bíblia" e normalmente lê uma história que se parece com uma parábola bíblica, mas com um final modificado drasticamente. Por exemplo: um homem com visão perfeita é "curado", mas, como resultado, torna-se cego. Normalmente as liturgias são montadas de tal modo que o ouvinte seja forçado a pensar mais em justiça social ou na vida sem Deus. Ou em uma crucificação sem a consequente ressurreição. Não são apresentadas boas-novas e, de fato, parece que não há nenhuma boa-nova. O que, mais uma vez, é completamente intencional. Não estou dizendo de modo algum que Rollins omitiu essas coisas em razão de algum erro cometido; elas são omitidas intencionalmente.

As liturgias normalmente envolvem algum tipo de experiência palpável com a audiência, na qual as pessoas fazem coisas como sair do local para queimar imagens de Deus em uma lata de lixo, ou amarrar pedaços de pano de saco e cinzas na cintura como lembrete daquilo que ouviram. Em todas as liturgias, elas são mandadas para casa levando uma bugiganga, ou um artefato, de modo a se lembrarem daquilo que experimentaram e para servir de "ajuda em suas reflexões durante a semana". Certa vez, foi um CD adornado com uma citação de Meister Eckhart que não tocava nada, a não ser quarenta e cinco minutos de silêncio. Profundo.

Fico chocado com o fato de que aquilo que é vendido como um tipo de criatividade profunda tenha produzido dez liturgias notadamente similares em aparência, sentimento e propósito. Isso é mais uma observação do que uma crítica; a Ikon pode ser mais parecida com suas contrapartes mais tradicionais do que ela gostaria de admitir. No início da décima liturgia, somos lembrados por Rollins de que a Ikon "não possui um centro doutrinário substancial [...] assim como uma rosquinha não tem interior, sendo feita completamente de um exterior".

Sou lembrado daquilo que acontece nos megacomplexos voltados à pessoa que está à procura de Deus a cada manhã de domingo nos Estados Unidos — música superficial altamente produzida, seguida por clipes multimídia, seguidos por teatro, seguido por mensagens ambiguamente inspirativas ou provocadoras de pensamento, com um mínimo de Bíblia em seu centro.

* * *

A seção "Vida" ["Living"] da edição de 27 de janeiro de 2007 do *Atlanta Journal Constitution* apresenta uma longa entrevista com Brian McLaren, promovendo sua futura visita ao Seminário Teológico Columbia, em Decatur, Geórgia. A conferência, intitulada "Conversas sobre teologia, prática e esperança", vem com uma etiqueta de preço de US$ 275,00 e apresenta pesos pesados emergentes como McLaren, Tony Jones, Diana Butler Bass, Doug Pagitt e Karen Ward, tendo como objetivo ajudar as congregações das denominações principais a se tornarem parte do movimento da igreja emergente. Dos oradores citados, apenas Pagitt e Ward são realmente pastores.

Minha sogra me mostrou o artigo porque sabe que estou trabalhando neste livro e porque ela "tem amigos" que estão explorando o movimento emergente também.

— Minhas amigas gostam dos *Noomas* (os pequenos filmes de Rob Bell) — diz ela.

— Eu também gosto dos *Noomas* — respondo, sentindo-me mal por ter perseguido *Velvet Elvis* (e as cabanas do Michigan, a propósito) no primeiro capítulo que escrevi para este livro, o capítulo 2. Puxa, que mal pode haver em algo de que minha sogra e suas amigas gostam? Preciso me sentir assim se isso — que começou meio como um movimento rebelde, meio "*underground*" naqueles dias — tiver acabado hoje. Se os amigos de classe média alta de minha sogra, sem falar no *Atlanta Journal Constitution*, embarcaram nessa, então é tão tradicional quanto possível. Por um instante, comecei a me sentir como o vilão.

Além das costumeiras apresentações biográficas da vida de McLaren, a reportagem expõe um tipo de cartilha da igreja emergente.[2]

De acordo com o artigo, "as inovações do movimento vão além da adoração, estendendo-se à teologia. McLaren não se preocupa com o inferno — quem está dentro e quem está fora". Parece-me ser a proverbial Porta Larga e, para um movimento que gerou tanta controvérsia, isso é completamente não controverso. Como adendo, o trabalho relaciona nove características das igrejas emergentes:

1. Identificar-se com a vida de Jesus.
2. Transformar o reino secular.
3. Viver vida de intensa comunhão.
4. Receber os diferentes.
5. Servir com generosidade.
6. Participar como produtores.
7. Criar como seres criados.
8. Liderar como um corpo.
9. Participar de atividades espirituais.

Por curiosidade e em favor da comparação, pesquisei os princípios orientadores da Associação Unitariana Universalista, no *site* da associação:

Nós, os membros das congregações da Associação Unitariana Universalista, nos comprometemos a apoiar e promover

1. O valor e a dignidade inerentes de qualquer pessoa;
2. Justiça, equidade e compaixão nos relacionamentos humanos;

3. Aceitação uns dos outros e incentivo ao crescimento espiritual em nossas congregações;
4. Uma busca livre e responsável pela verdade e por propósito;
5. O direito de consciência e o uso do processo democrático dentro de nossas congregações e na sociedade como um todo;
6. O objetivo da comunhão mundial com paz, liberdade e justiça para todos;
7. Respeito pela teia interdependente de toda a existência, da qual somos parte.

Ambas as listas, a propósito, estão cheias de coisas boas e nobres; contudo, nada se diz, em nenhuma das listas de princípios orientadores, sobre a morte e a ressurreição de Jesus e a necessidade de ambas para nossa salvação. Há muitas ambiguidades, como "participar de atividades espirituais" e "identificar-se com a vida de Jesus". Então, veio-me à mente o seguinte pensamento: "Se você parar um punhado de pessoas aleatoriamente na rua, todas dirão que desejariam se identificar com a vida de Jesus, praticamente da mesma maneira que esperariam se identificar com a vida de Martin Luther King ou de Muhammad Ali". A parte difícil é que "participar de atividades espirituais" não vai ajudar uma pessoa na vida futura, sem levar em consideração se McLaren está pronto ou não para dialogar sobre esse tópico. O inferno é enganador porque, embora eu talvez não me preocupe com ele agora, quando chegar a hora de estar "dentro ou fora" pode ser tarde demais para abordar o assunto.

A falta de posicionamento de McLaren sobre a homossexualidade, no mesmo artigo, é igualmente ambígua:

> Francamente, muitos de nós não sabemos o que deveríamos pensar sobre a homossexualidade. Já ouvimos todos os lados, mas nenhuma posição conquistou nossa confiança, a ponto de podermos dizer "pareceu bem ao Espírito Santo e a nós" [...].
> Talvez precisemos de uma moratória de cinco anos quanto a fazer pronunciamentos. Nesse meio-tempo, praticaríamos um diálogo cristão baseado em oração, em ouvir com respeito e em discordar com cortesia. Quando decisões precisarem ser tomadas, elas serão reconhecidamente provisionais. Manteremos os ouvidos sintonizados com os acadêmicos de estudos bíblicos, teologia, ética, psicologia, genética, sociologia e campos relacionados. Então, em cinco anos, se tivermos clareza, falaremos; senão, estabeleceremos um novo período de cinco anos de reflexão constante. Afinal de contas, muitas questões importantes da história da igreja levaram séculos para serem resolvidas.[3]

Acho difícil acreditar que McLaren tenha problemas para descobrir em que acreditar sobre uma questão que, para meus olhos reconhecidamente não treinados em um seminário, parece estar tão bem estabelecida nas Escrituras. Tão bem definida quanto adultério, roubo, assassinato, cobiça e uma litania de outros pecados que até mesmo os próprios emergentes podem concordar, com um mínimo de diálogo. Também preciso acreditar que podemos assumir posições de maneira amorosa sobre essas questões. Tenho um amigo homossexual[4] que, tenho certeza, conhece minha fé e também sabe como me sinto em relação a seu estilo de vida, mas isso não nos impede de almoçar juntos, conversar sobre nossas carreiras e nos darmos bem de maneira geral. Sou grato pelo fato de, simplesmente por eu ser cristão, ele não me colocar junto com a multidão de "cabelo penteado por cima da careca, terno de poliéster e sotaque sulista" que provavelmente o fez sentir-se muito mal em algum ponto da vida. Para mim, porém, fingir que "estou reservando alguns anos para pensar em minha posição" sobre seu estilo de vida provavelmente seria a coisa mais estranha e condescendente a fazer.

Às vezes, oferecer uma posição clara, e não um "diálogo" turvo e indefinido, é a coisa amorosa a se fazer.

9

JESUS:

Promotor da paz, portador da ira

[Kevin]

No final, não escolhi o cristianismo. Escolhi Jesus, pois Jesus parecia ser legal e tratava as pessoas com gentileza.

BARRY TAYLOR, em *Emerging Churches*

Os cristãos emergentes amam a Jesus. Está claro que eles querem ser seguidores de Jesus e mostrar aos outros o caminho de Jesus. Também está claro que, para a maioria dos cristãos emergentes, a mensagem do reino é a mensagem central, a "mensagem perdida", até mesmo a "mensagem secreta" de Jesus. Afinal de contas, a palavra "reino" aparece mais de cem vezes nos evangelhos e forma o núcleo do ensinamento de Jesus nos Sinópticos. E os cristãos emergentes estão certos. Jesus veio para anunciar e iniciar o reino de Deus. Isso fica claro até mesmo em uma leitura apressada dos evangelhos.

"Venha o teu Reino"

Para os que fazem parte da igreja emergente, a mensagem de Jesus sobre o reino é um manifesto sobre o plano de Deus para a humanidade aqui e agora. É o anúncio secreto e subversivo de que Deus está realizando seu plano para que haja paz, justiça e compaixão na terra. A mensagem do reino é uma convocação para participar com Deus do sonho que ele tem para a humanidade, em sua revolução de amor e reconciliação. É um convite para juntar-se a Deus e ser parte de sua missão mundial para curar e ser curado. É um chamado para se juntar à rede de Deus que derruba os muros do racismo, do nacionalismo e do dano ecológico. O reino de Deus é como uma dança de amor, vitalidade, harmonia e celebração.[1]

Unir-se ao reino não é uma mudança de situação (isto é, de não salvo para salvo), mas uma mudança de prática.[2] A mensagem de Jesus não tinha a ver com a afirmação das doutrinas corretas, mas sim com seguir seus ensinamentos e tratar os outros de maneira correta.[3] O cristianismo é essencialmente uma maneira messiânica de viver.[4] Tem a ver com esperar aquilo que Deus espera, com não transformar em pesadelo o sonho de Deus para o mundo. "O reino de Deus, portanto, é um movimento revolucionário e contracultural — proclamando uma rebelião incessante contra a trindade tirânica do dinheiro, do sexo e do poder".[5] Em resumo, como membros do reino, seguimos Jesus como "a melhor maneira que existe para se viver".[6]

O problema dessa visão do reino não é o que os líderes emergentes afirmam sobre o reino, mas o que eles rejeitam ou marginalizam com o objetivo de afirmar o que afirmam. A igreja emergente enfatiza um modo de vida e o seguir o exemplo de Jesus, sem dúvida porque sente que esses dois aspectos similares do reino foram sepultados por baixo de coisas como momentos públicos de apelo e salvação de almas. Tudo bem, contanto que não exagerem e façam do reino pouco mais do que um plano para a paz mundial.

Em sua obra clássica *Teologia do Novo Testamento*, George Eldon Ladd usa sete densos capítulos para explicar o reino de Deus nos evangelhos. Ele não pode ser reduzido a um único conceito, argumenta Ladd, mas, em sua raiz, o reino se refere ao reinado e ao governo de Deus. Esse reino é tanto presente como futuro; ele veio e está vindo; já foi inaugurado, mas ainda não foi consumado.[7]

Além disso, o Deus do reino não é apenas o Deus das intenções éticas. Ele é o Deus que busca, o Deus que convida, o Deus paternal e também o Deus julgador.[8] Ladd resume:

> Nossa tese central é que o reino de Deus é o reino redentor de Deus dinamicamente ativo para estabelecer seu governo entre os seres humanos, e que esse reino, que surgirá como um ato apocalíptico no final dos tempos, já entrou na história humana na pessoa e na missão de Jesus de vencer o mal, de libertar as pessoas do poder maligno e de levá-las às bênçãos do reinado de Deus.[9]

Seria necessário mais um capítulo para destrinchar essa declaração e defendê-la, mas creio que o trabalho bíblico cuidadoso de Ladd ainda se sustenta. Muitos cristãos emergentes provavelmente concordariam com a declaração de Ladd. Mas, ao mesmo tempo que vejo muita coisa nas obras deles sobre a vinda de Jesus para vencer o mal, vejo pouca coisa sobre Jesus vindo para nos libertar do poder do mal presente em nossa própria vida por meio de sua morte e ressurreição, pouco sobre como devemos crer em Jesus para experimentar as bênçãos do reino e pouco sobre o reino além da era atual. Embora McLaren reconheça em alguns poucos lugares que a velha pergunta quanto a ser salvo ainda é importante, essa claramente não é a pergunta mais importante para a igreja emergente. A pergunta não é "como chego ao céu após a morte?", mas "que tipo de vida Deus deseja? Como é a vida no reino?".[10] Salvação não é algo que se obtém, mas algo que se experimenta e se espalha como parte da missão de Deus.[11]

Para os cristãos emergentes, as boas-novas são que Deus está fazendo uma nova obra bem aqui, neste exato momento, no planeta Terra:

> Estou descobrindo (para minha surpresa, alegria e assombro) que coloquei erradamente a ênfase das boas-novas no eterno. Nos evangelhos, Jesus não falava sobre algo distante quando proclamou as boas-novas. Era algo para AGORA. As pessoas podiam se tornar parte do reino de Deus [...] não uma habitação celestial, mas o lugar onde Deus é Rei. O lugar onde Deus coloca tudo de cabeça para baixo. O lugar onde a luz brilha e as pessoas podem ser amadas e conhecidas pelo que são.[12]

O recheio de nossos folhetos evangelísticos — "a graça de Deus, o perdão de Deus [...] o dom gratuito da salvação" — é, na melhor das hipóteses, apenas "uma nota de rodapé de um evangelho que é mais rico, maior e mais vivo, um evangelho que o chama a tornar-se discípulo e a discipular outros, em comunhão autêntica, para o bem do mundo".[13] O alimento sólido do evangelho tem a ver com justiça, compaixão e transformação.[14]

Mas onde estão as boas-novas nisso tudo? Nosso mundo amaldiçoado precisa de mais do que um plano para padrões morais repintados. Precisa de um Salvador porque há pecadores demais. Simplesmente não consigo entender de que maneira o evangelho como um chamado para se tornar um discípulo para o bem do mundo é mais rico, maior e mais vivo do que um evangelho que anuncia a graça, o perdão e o dom gratuito da salvação de Deus. Os líderes emergentes nos dizem que não devemos perguntar às pessoas "você está pronto para se encontrar com Deus?". Em vez disso, devemos perguntar: "Que tipo de pessoa quero ser nos próximos cinquenta anos e que tipo de mundo quero criar?".[15] Essa mensagem é apenas chamado e ordem, sem nada das boas-novas de redenção de Deus em nosso favor. Isso me faz pensar: será que a igreja emergente realmente acredita no pecado original? Na necessidade de misericórdia? O que dizer do fato da eternidade? De vez em quando os autores emergentes escrevem sobre a esperança da eternidade,[16] mas, quando o fazem, saem estranhamente de seu caminho costumeiro para explicar que a vida eterna não significa de fato vida após a morte.[17] Entendo a preocupação emergente quanto a viver corretamente nesta vida. Essa era uma preocupação de Jesus. Mas por que o céu e o inferno como destinos eternos são tão rotineiramente marginalizados nos livros emergentes? Se o céu e o inferno são reais e duram para sempre, como Jesus acreditava, eles precisam moldar tudo o que fazemos durante nosso curto período aqui na terra.

A igreja emergente está certa em lembrar aos evangélicos que o reino de Deus não é apenas uma promessa futura que em breve se cumprirá. Contudo, como C. S. Lewis satirizou, "ou existe uma promessa ou não existe. Se não existe, então o cristianismo é falso, pois essa doutrina está entremeada em seu tecido. Se existe, então essa verdade, como qualquer outra, deve ser enfrentada, seja ela útil em reuniões políticas ou não".[18] Em adição ao viver no reino, "ser salvo", como dizemos, deve ter sido importante para Jesus também. Ele disse a seus discípulos que, se eles o seguissem, então herdariam a vida eterna na era futura (Mc 10:30). Ele lhes disse que não temessem aquele que pode matar o corpo, mas, em vez disso, temessem aquele "que pode destruir tanto a alma como o corpo no inferno" (Mt 10:28). Ele contou histórias sobre aqueles que estão no paraíso desfrutando dos prazeres de Deus e dos que estão no inferno em grande tormento (Lc 16:19-31).

Para Jesus, a vida eterna é eterna porque é vida incessante após a morte, não simplesmente porque ela "interage com a dimensão eterna do Espírito".[19] Vida eterna é o oposto de perecer e enfrentar condenação; é vida sem fim (Jo 3:16-18). "Eu sou a ressurreição e a vida. Aquele que crê em mim, ainda que morra, viverá; e quem vive e crê em mim, não morrerá eternamente. Você crê nisso?" (Jo 11:25-26), perguntou Jesus. Certamente essa mensagem de Páscoa é um pouco mais do que uma nota de rodapé do evangelho. A ênfase emergente na justiça e na compaixão seria um corretivo mais eficaz se andasse de mãos dadas com uma crença firme e franca, transformada em algo central e aberto, na realidade da punição eterna e da recompensa eterna, na ressurreição de todos os homens, seja para a vida, seja para o juízo, e na necessidade de fé em Jesus Cristo.

O manifesto emergente sofre de um desequilíbrio de muito "já" e pouco "ainda não". O termo especial é "escatologia concluída". Ou seja, os líderes emergentes estão esperando o céu na terra antes de Jesus voltar à terra para trazer novo céu e nova terra. Os líderes emergentes nos desafiam a imaginar um mundo sem pobreza, guerra ou injustiça. Isso é bom. Precisamos ser provocados a ter fé no Deus do impossível. Mas não devemos esperar algo que Deus não prometeu, especialmente quando ele prometeu o oposto. Jesus disse que os pobres sempre estariam conosco (Jo 12:8) e que guerras e rumores de guerras continuarão até a chegada do fim (Mt 24:6). Isso não significa que somos defensores da pobreza. Mas de fato significa que as guerras não desaparecerão simplesmente porque seguimos a mensagem secreta de Jesus.[20]

Os líderes emergentes estão esperando o céu na terra antes de Jesus voltar à terra para trazer novo céu e nova terra.

Precisamos de um pouco mais de realismo inspirado no Novo Testamento. As pessoas não são fundamentalmente boas. Desviar dinheiro da compra de armamentos para a luta contra causas de conflito como "injustiça, falta de compaixão, racismo, corrupção, falta de uma imprensa livre e ética, pobreza — e o medo, o ódio, a ganância, a ignorância e a cobiça que os alimentam" pode ser ou não uma boa estratégia política.[21] Mas certamente não livrará o mundo de violência e de guerra. Antes de tudo, porque "o coração é mais enganoso que qualquer outra coisa e sua doença é incurável. Quem é capaz de compreendê-lo?" (Jr 17:9). E, segundo, porque o Novo Testamento (veja especialmente as parábolas de Jesus e o livro de Apocalipse) nos mostram um quadro de justiça e impiedade entrando cada vez mais em conflito até o fim.

O que falta na compreensão emergente do reino são as palavras de Jesus a Nicodemos: "Digo-lhe a verdade: Ninguém pode ver o Reino de Deus, se não nascer de novo" (Jo 3:3). Falta um chamado à conversão. "Arrependam-se, pois o Reino dos céus está próximo" foram as primeiras palavras pregadas por João Batista e Jesus (Mt 3:2; 4:17), informando-nos que o reino é para o penitente. E as primeiras palavras do Sermão do Monte são "Bem-aventurados os pobres em espírito, pois deles é o Reino dos céus", alertando-nos para o fato de que o Sermão do Monte só pode ser vivido por meio de confiança plena em Jesus Cristo.[22] O manifesto do reino não é um diagrama esquemático para ordenar o mundo. É o caminho da santidade para aqueles que se arrependeram de seus pecados, que foram regenerados e que colocaram sua fé em Jesus Cristo.

Há uma razão para que a maior parte de todos os evangelhos lide com a última semana da vida de Jesus. Eles são os evangelhos! Não há dúvida de que o evangelho tem implicações éticas. Crer no evangelho significa obedecer a tudo o que Jesus ordena (Mt 28:19-20). É certo e bom que a ação social seja uma parceira do evangelismo.[23] Mas o evangelho não é uma convocação para viver uma vida que melhora o mundo. O evangelho é uma mensagem sobre a vida, a morte e a ressurreição de Jesus. Ouvi John Piper dizer que devemos ler o evangelho de trás para a frente. É por isso que Mateus anuncia no capítulo 1: "você deverá dar-lhe o nome de Jesus, porque ele salvará o seu povo dos seus pecados" (v. 21). "Jesus fez suas exigências com base em quem foi e o que realizou. As exigências não podem ser separadas de sua pessoa e de sua obra. A obediência que ele exige é o fruto de sua *obra redentora* e a demonstração de sua *glória pessoal*".[24]

Política emergente e esquerda libertadora

Sem a glória pessoal de Cristo e sua obra redentora como frente e centro do evangelho, o reino de Deus costuma soar altamente político. Tenho certeza de que há alguns na direita política que fazem eco à igreja emergente, mas é inegável que a política da ala esquerdista é uma tendência comum presente em toda a literatura emergente. Da linguagem bombástica de Donald Miller contra os republicanos à lista das preocupações sociais de McLaren e Campolo, o movimento está claramente mais confortável à esquerda do centro. Isso não é de fato uma surpresa. Os conservadores da política desfrutaram de seu apogeu durante o governo Clinton e, em 2008, com uma eleição presidencial às portas, os liberais estão tendo o seu momento debaixo de Bush. Sempre é mais difícil estar no poder do que fora dele.

Mas cristãos de ambos os lados devem tomar cuidado para que a mensagem de Jesus não se pareça demais com a política. Não é por isso que a direita religiosa está sendo atacada (às vezes com razao, em outras não)? Em alguns momentos, o cristianismo norte-americano mostrou-se muito parecido com a plataforma do velho Partido Republicano. Líderes emergentes precisam ser cuidadosos para não cometer o mesmo erro na direção oposta. Os cristãos emergentes não deveriam posicionar-se como meio-termo neutro, uma vez que suas preocupações se parecem com uma lista de tópicos apresentados no Comitê Nacional do Partido Democrata: racismo, degradação ambiental, militarismo, ganância corporativa, pobreza, dívida de países do Terceiro Mundo, superpopulação, consumismo, aids e imperialismo.

Minha preocupação não é que os cristãos emergentes sejam democratas, do mesmo modo que não me preocupo se os batistas do sul dos Estados Unidos são republicanos. Minha preocupação é uma lista desequilibrada de preocupações políticas "do reino". Talvez Deus não seja nem republicano nem democrata, mas, ao ler a literatura emergente, certamente se tem a impressão de que ele vota nos democratas. Não há dúvida de que os líderes emergentes argumentariam que eles próprios estão tentando corrigir um desequilíbrio, mas um desequilíbrio não merece outro. "Duas questões parecem estar no topo da lista de muitos de meus amigos cristãos", escreve McLaren, "como o fim do aborto (tornando-o ilegal?) e fazer alguma coisa em relação aos homossexuais (transformando-os em pessoas fora da lei? Prendendo-os? Humilhando-os? Pedindo que saiam da sala?)".[25] Com sutileza como essa, não é difícil perceber que as verdadeiras preocupações de McLaren estão em algum outro lugar. Ninguém consegue ser igualmente apaixonado por todas as questões, mas gostaria que McLaren fizesse algo mais do que jogar sarcasmo sobre defensores da vida e opositores ao casamento homossexual. Não nos deveríamos preocupar com os pobres *e* com os não nascidos? Não nos deveríamos importar com a justiça *e* com a retidão? Afinal, "a religião que Deus, o nosso Pai, aceita como pura e imaculada é esta: cuidar dos órfãos e das viúvas em suas dificuldades *e* não se deixar corromper pelo mundo" (Tg 1:27, grifo do autor).

De modo mais geral, os cristãos à direita e à esquerda devem se lembrar de que, embora a mensagem de Jesus certamente tenha tido implicações políticas (particularmente em que ele era Senhor, e César, não), Jesus nunca fundou um partido político, nem temos nenhum registro dele partindo para combater males sociais e políticos. É verdade que o evangelho tem implicações sociais. Mas o evangelho social é uma coisa completamente diferente. Rauschenbusch e seus seguidores costumavam igualar ação social ao evangelho, de modo que o reino de Deus não se preocuparia mais com a salvação individual e a vida futura, mas com a eliminação de coisas como intolerância, corrupção, injustiça e militarismo.[26] Essa mensagem dificilmente é um segredo ou está perdida, uma vez que o *establishment* do protestantismo principal tem falado sobre isso há centenas de anos.[27] O problema não está em trabalhar na eliminação da injustiça, ainda que atividades específicas agrupadas debaixo de "justiça" costumem ser discutíveis. O problema está em pensar que esse é o propósito principal da igreja como igreja. Mas, quando o propósito da igreja é principalmente político e seus credos unificadores são políticos em vez de doutrinários, a igreja e o Estado se sobrepõem até que a igreja se torne supérflua. Essa é a razão de a direita religiosa ter apanhado tanto ultimamente, a razão pela qual pessoas saem em massa das igrejas principais que são politicamente liberais e a razão pela qual a igreja emergente se tornará pouco mais do que um local de encontro para políticos de inclinação esquerdista se ela continuar a ver a doutrina e a fé cristãs históricas como secundárias ao evangelho.

A igreja emergente, tal qual o liberalismo protestante antes dela, está bastante segura sobre a política de Deus, mas igualmente insegura sobre a teologia de Deus. Penso exatamente o contrário. Não afirmo ter a palavra divina sobre aumento de salário mínimo, juízes ativistas ou aquecimento global. Não me entenda mal — tenho opinião sobre esses assuntos e espero que essas opiniões estejam bem embasadas e talvez até mesmo certas. Mas estou muito mais seguro sobre a visão de Deus quanto à expiação do que sobre a visão dele em relação aos salários dos presidentes de empresas.[28] À direita ou à esquerda, seria muito bom dar ouvidos ao conselho de Hart conforme ele resume as orientações de 1969 da Igreja luterana, no Sínodo de Missouri (LCMS na sigla em inglês):

> Em raras ocasiões a influência da igreja pode ser "direta e intencional" quando questões sociais se apresentam e "sobre as quais as Escrituras falam de maneira tão explícita e clara" que a igreja se vê obrigada a falar. Mas porque esse tipo de influência "*sempre* carrega o risco de politizar a igreja", isso deve ser feito raramente e "somente com base no ensinamento claro e inequívoco das Escrituras, onde as preocupações *mais fundamentais* da igreja estão em risco" [...]. A LCMS deve "permanecer alerta ao risco de proclamar julgamentos morais superficiais ou exigir formas particulares de ação em assuntos seculares complexos para os quais não há uma clara palavra de Deus".[29]

Isso é agradavelmente de bom senso para mim. Com muita frequência, republicanos e democratas bem-intencionados foram rápidos em politizar o evangelho, alienando desnecessariamente seus irmãos e irmãs, e rápidos em pronunciar julgamentos divinamente sancionados sobre coisas que não entendem. Acho que, como ministro do evangelho, tenho a tendência de me concentrar, bem, no evangelho — a vida, a morte e a ressurreição de Jesus. Sou dogmático, mas ainda assim humilde (espero) em relação à ortodoxia, embora seja mente aberta, ainda que opinioso, sobre política. Tudo isso para dizer que a diferença entre igrejas emergentes e aquilo que desejo para minha igreja é a diferença entre unidade baseada em questões sociais e unidade baseada em questões teológicas. Ortodoxia significa doutrina correta que se mostra em vida correta, que pode ser aplicada de maneira variada na esfera política. Para as igrejas emergentes, porém, parece que ortodoxia significa vida correta, imediatamente aplicada na esfera política, sem atenção à doutrina.

Há, porém, preocupações mais sérias em relação à visão emergente de Jesus do que uma mensagem do reino claramente concluída e às vezes claramente politizada. Muitos autores emergentes estão prestes a descartar — e alguns já o fizeram — a compreensão histórica da expiação, a existência de punição eterna e a singularidade de Jesus Cristo na salvação.

Homem de dores

Por que Jesus morreu? Não há uma resposta única para essa pergunta. Jesus morreu por muitas razões. Ou, para dizer de outra maneira, a morte de Jesus realizou muitas coisas. Em outro livro que lista cinquenta itens, John Piper faz uma relação de cinquenta razões pelas quais Cristo sofreu e morreu.[30] Cada razão é apoiada por textos bíblicos explícitos. Piper mostra que Jesus morreu para mostrar seu próprio amor por nós (Ef 5:2,25; Gl 2:20), para destruir a hostilidade entre raças (Ef 2:14-16) e para criar um povo apaixonado por boas obras (Tt 2:14). Jesus também morreu para nos resgatar do julgamento final (Hb 9:28), fornecer a base para nossa justificação (Rm 3:24,28; 5:9) e completar a obediência que se torna nossa justiça (Fp 2:8; 3:9; Rm 5:19; 2Co 5:21).

Nenhuma das cinquenta razões deve ser ignorada, especialmente a primeira: Cristo sofreu e morreu para absorver a ira de Deus. Piper cita três textos:

> Cristo nos redimiu da maldição da Lei quando se tornou maldição em nosso lugar, pois está escrito: “Maldito todo aquele que for pendurado em um madeiro”.
>
> Gálatas 3:13

> Deus o ofereceu [Cristo] como sacrifício para propiciação mediante a fé, pelo seu sangue, demonstrando a sua justiça. Em sua tolerância, havia deixado impunes os pecados anteriormente cometidos.
>
> Romanos 3:25

> Nisto consiste o amor: não em que nós tenhamos amado a Deus, mas em que ele nos amou e enviou seu Filho como propiciação pelos nossos pecados.
>
> 1João 4:10

A palavra "propiciação" significa que a morte de Cristo aplacou a justa ira de Deus. Significa que Cristo morreu em nosso lugar e recebeu a punição estabelecida por Deus que merecíamos. Isso é chamado de substituição penal — substituição porque Cristo morreu em nosso lugar, e penal porque a morte de Cristo pagou nossa pena. Essa visão da expiação não é a única maneira de explicar o sofrimento e a morte de Cristo, mas, sem essa visão, a morte de Cristo não pode ser explicada corretamente nem mesmo em sua glória plena. Cristo foi transpassado por causa das nossas transgressões e foi esmagado por causa de nossas iniquidades (Is 53:5). Esse é o ponto central do evangelho.

Mas não é o ponto central do evangelho emergente.[31] Em vez disso, a cruz é um exemplo moral "que mostra o coração amoroso de Deus, o qual deseja perdão, não vingança, para todos [...]. A cruz chama a humanidade a parar de tentar fazer que o reino de Deus aconteça por meio de coerção e força, coisas que, no final das contas, sempre destroem a si mesmas, e, pelo contrário, dar boas-vindas ao reino por meio do autossacrifício e da vulnerabilidade".[32] Essa linha de pensamento não seria tão ruim se McLaren não pronunciasse também (e não vejo nenhuma indicação de que esta não é sua voz aparecendo na história) — o seguinte veredicto sobre a expiação substitutiva: "Isso simplesmente parece ser mais uma injustiça na equação cósmica. Soa como abuso infantil divino, sabe?".[33] Steve Chalke e Allan Mann, naquilo que McLaren chama de livro "provocante e proveitoso",[34] vão ainda mais longe nesse triste caminho, descrevendo a substituição penal como "uma forma de abuso infantil cósmico" que, escrevem eles, contradiz a declaração "Deus é amor" e "zomba do próprio ensinamento de Jesus de que amemos nossos inimigos e nos recusemos a retribuir o mal com o mal".[35]

Ligar a cruz a "abuso infantil cósmico" é uma maneira decididamente mesquinha de descrever a substituição penal e uma forma condescendente de falar sobre a expiação. Só posso esperar que outros membros da igreja emergente não tenham em relação ao sofrimento de Jesus o mesmo sentimento que Chalke tem e, ao que parece, McLaren também. À luz das avaliações acima, a advertência de Carson é apropriada: "Preciso dizer, da maneira mais educada porém firme que puder, que, para mim, se essas palavras significam alguma coisa, tanto McLaren como Chalke se afastaram muito do evangelho".[36] De que outra maneira se pode descrever coisas quando dois homens descrevem a expiação por nossos pecados como abuso infantil cósmico?

O apóstolo Pedro não tinha nenhum problema em ver a cruz como um modelo para nosso sofrimento *e* como pagamento por nosso pecado (1Pe 2:21-24). Gostaria que a igreja emergente também não tivesse essa dificuldade. A asserção de que a cruz é simplesmente o lugar onde Cristo absorveu nossa dor,[37] quando o Novo Testamento diz que Jesus se fez pecado por nós, é biblicamente incompleta.

Juntamente com a recusa da substituição penal, muitos líderes da igreja emergente questionam outros aspectos fundamentais da soteriologia bíblica. Chalke, por exemplo, rejeita plenamente o pecado original, afirmando que

"Jesus acreditava na bondade original".[38] De modo similar, Tomlinson considera a depravação total "biblicamente questionável, extrema e profundamente inútil".[39] Em vez de estarmos mortos em nossas transgressões e pecados, "podemos escolher como 'atualizar' a nós mesmos de modo a nos tornarmos mais plenamente humanos, fazendo escolhas sobre nossos relacionamentos uns com os outros e com Deus. Podemos optar por crescer espiritual, moral e intelectualmente. A *imago Dei* não é uma 'natureza' fixa, mas uma capacidade de 'ser' como Deus".[40] Assim, a expiação não realizou coisa nenhuma em nosso favor. A atitude de Deus em relação a nós não mudou. Jesus simplesmente atuou e representou o perdão que já estava no coração de Deus.[41]

Não é surpresa, portanto, que o sofrimento e a morte de Cristo descritos em muitos textos emergentes se tornem evidência de quão valiosos somos para Deus. Jesus não condenou nem julgou seus discípulos. Eles precisavam ser encorajados para alcançar seu verdadeiro potencial. A pergunta deles não era "creio em Deus?", mas sim "Deus acredita em mim?".[42] De acordo com muitos autores emergentes, o principal problema do universo parece ser o sofrimento e a miséria humanos. Que fique claro que o sofrimento e a miséria são resultado da queda, mas o problema principal que precisa ser tratado é o pecado e a rebelião do homem. Onde o pecado é o problema principal, precisamos de um Substituto crucificado. Onde a dor e a miséria são os problemas principais, precisamos aprender a nos amar.[43] Deus deixou de ser um santo Deus irado com o pecado, que, em sua grande misericórdia, enviou seu Filho para morrer em nosso lugar de modo que a justiça divina pudesse ser satisfeita. Deus se torna um amante vulnerável que se abre à possibilidade de ser ferido e de sofrer rejeição para estar conosco porque vale a pena morrer por nós.[44]

Não tenho dúvida de que essa mensagem encontrará uma audiência receptiva, mas ela não é a mensagem que os apóstolos proclamaram e pela qual morreram. Os cristãos não foram mortos por dizer às pessoas que Deus acredita nelas, que sofre como elas e que pode curar a miséria delas. Eles foram mortos por chamar os pecadores ao arrependimento e por proclamar a fé no Filho crucificado de Deus como o único meio pelo qual aqueles que eram inimigos poderiam ser reconciliados com Deus (Rm 5:10).

Ao inferno com o inferno?

Embora muitas pessoas de minha denominação não aceitem o ensinamento, pertenço a uma tradição confessional reformada que ensina claramente a doutrina da punição eterna.[45] Os Cânones de Dort falam sobre a decisão de Deus de "condenar e punir eternamente" os perversos por "sua descrença" e por "todos os seus outros pecados". Pois Deus é "justo juiz e vingador".[46] A Confissão Belga afirma que "os perversos serão convencidos pelo testemunho de sua própria consciência e serão feitos imortais — mas apenas para serem atormentados no fogo eterno preparado para o diabo e seus anjos".[47] Até mesmo o pacífico Catecismo de Heidelberg afirma que Deus "está terrivelmente irado com o pecado com o qual nascemos, assim como com os pecados que cometemos pessoalmente. Como um juiz justo, ele os pune agora e na eternidade".[48]

Na verdade, não existe nada de profundamente reformado nessa doutrina da punição eterna. Cristãos de todas as estirpes acreditaram na ira e na justiça de Deus durante a maior parte da história cristã. Apenas nos últimos séculos é que a doutrina da retribuição divina passou a ser seriamente atacada.

O liberalismo protestante foi um dos primeiros a questionar a ira de Deus, temendo que ela fizesse que Deus se parecesse com um tirano volúvel e sem coração. Essa sensibilidade com as pontas afiadas do cristianismo foi o que levou H. Richard Niebuhr a descrever o liberalismo teológico como "um Deus sem ira que trouxe homens sem pecado a um reino sem julgamento através da ministração de um Cristo sem uma cruz".[49]

Mas o distanciamento da questão do inferno não é um problema unicamente "liberal". Os evangélicos, nas últimas décadas, têm amaciado a doutrina também, optando por um Deus terapêutico que aumenta nossa autoestima. Do mesmo modo, alguns missiólogos argumentam que o esforço missionário não deve mais ser visto como uma empreitada para salvar as pessoas do inferno, mas apenas como um esforço para trazer o reino divino de justiça e *shalom* para todas as pessoas.

Nos últimos tempos, os líderes da igreja emergente têm colocado em prática um agnosticismo planejado em relação ao inferno e à ira de Deus, evitando deliberadamente o tema em sermões ou em textos, porque, dizem eles, não é de nossa conta saber quem está lá — se é que há alguém ali.[50] A ira divina, quando é mencionada, normalmente é caricaturada como algo adequado a um sociopata. Assim escreve McLaren: "*Deus ama você e tem um plano maravilhoso para sua vida, mas, se você não retribuir o amor de Deus e não cooperar com os planos dele exatamente da maneira que foram prescritos, Deus o torturará com um abuso inimaginável para sempre* — esse tipo de coisa".[51] McLaren reconhece que a linguagem do inferno está na Bíblia, mas o inferno é apenas mais uma imagem, entre muitas, para descrever as consequências negativas de se rejeitar os caminhos de Deus.[52]

Esse entendimento do inferno, comum na igreja emergente, levanta duas questões. Primeiramente, essas consequências negativas de se rejeitar os caminhos de Deus duram para sempre? Certamente parece que a resposta de McLaren é não. De acordo com McLaren, quando Jesus falou do julgamento futuro em relação a "injustiça e hipocrisia" (o que dizer de iniquidade e descrença?), ele estava simplesmente seguindo as pegadas dos profetas do Antigo Testamento.[53] Contudo, Jesus fala de uma hora em que "todos os que estiverem nos túmulos ouvirão a sua voz e sairão; os que fizeram o bem ressuscitarão para a vida, e os que fizeram o mal ressuscitarão para serem condenados" (Jo 5:28-29). O Messias Jesus adverte sobre o fogo eterno (Mt 25:41). Ele fala de um homem que morreu e foi para o Hades, "onde estava sendo atormentado" e "sofrendo muito neste fogo" (Lc 16:23-24).[54] A outra questão que deve ser respondida é se o inferno é simplesmente o resultado natural de viver do nosso próprio jeito. É mais fácil pensar no inferno como simplesmente uma consequência de nossas escolhas ruins. Mas o Novo Testamento não nos permite tirar a atividade de Deus da equação. John Piper, citando Mateus 10:28, Lucas 19:27 e Mateus 25:41,46, explica:

> O inferno não é simplesmente a consequência natural de se rejeitar a Deus. Algumas pessoas dizem isso com o propósito de rejeitar a ideia de que Deus manda pessoas para lá. Elas dizem que são as próprias pessoas que se mandam para lá. Isso é verdade. As pessoas fazem escolhas que levam ao inferno. Mas essa não é toda a verdade. Jesus diz que essas escolhas são realmente merecedoras do inferno. "Qualquer que disser: 'Louco!', corre o risco de ir [ou seja, é culpado, é merecedor de ir] para o fogo do inferno" (Mt 5:22). É por isso que ele chama o inferno de "castigo eterno"

> (Mt 25:46). Não é uma mera consequência natural autoimposta (como o fato de que fumar provoca câncer de pulmão); é a pena da ira de Deus (como um juiz que sentencia um criminoso a trabalhos forçados).[55]

Se os pregadores do passado em alguns momentos sofreram de uma fascinação doentia pelo inferno, os ministros de hoje, incluindo não poucos líderes emergentes, são culpados de uma ambivalência indevida sobre o assunto. David Hansen escreve: "Existe um lugar importante no ministério para o questionamento honesto de problemas doutrinários. Mas não me orgulho de minha dificuldade com a questão do inferno. Alguns pastores usam seu agnosticismo em relação ao inferno como uma medalha de honra. Tentei fazer isso. Agi como se lutar para crer nas palavras de nosso Senhor fosse uma virtude. Mas sempre descobri que, quando me orgulho de minhas dúvidas, elas repentinamente se transformam no pecado da descrença".[56]

> Não há lugar para uma advertência apaixonada e viva [...] para implorar às pessoas em favor de Cristo?

É certo que não existe espaço para leviandade no que se refere à ira de Deus, mas será que não há lugar para uma advertência apaixonada e viva? Não é bíblico deixar para trás o agnosticismo em relação ao inferno e implorar às pessoas em favor de Cristo, dizendo "reconciliem-se com Deus" (2Co 5:20)? Será que nosso evangelismo se degenera, nossa pregação carece de autoridade e nossas congregações perdem foco porque não temos a doutrina do inferno bem clara diante de nós para colocar nossa face como seixo na direção de Jerusalém?

Precisamos da doutrina da punição eterna. Por repetidas vezes no Novo Testamento descobrimos que entender a justiça divina é essencial para nossa santificação. Crer no julgamento de Deus de fato nos ajuda a ser mais semelhantes a Jesus. Em resumo, precisamos da doutrina da ira de Deus.

Primeiro, *precisamos da ira de Deus para nos mantermos honestos em relação ao evangelismo.* Paulo discutiu com Félix sobre justiça, domínio próprio e juízo vindouro (At 24:25). Precisamos fazer o mesmo. Sem a doutrina do inferno, nossa tendência é nos envolvermos em todo tipo de coisas importantes que honram a Deus, mas negligenciarmos aquilo que importa para toda a eternidade, que é insistir com os pecadores a que se reconciliem com Deus.

Segundo, *precisamos da ira de Deus para perdoar nossos inimigos.* A razão de podermos abrir mão de pagar o mal com o mal é que confiamos na promessa do Senhor, segundo a qual ele retribuirá os ímpios. A lógica de Paulo é sadia. "Amados, nunca procurem vingar-se, mas deixem com Deus a ira, pois está escrito: 'Minha é a vingança; eu retribuirei'" (Rm 12:19). A única maneira de deixar para trás nossas feridas mais profundas e as traições que sofremos é descansar seguros de que todo pecado contra nós foi pago na cruz ou será punido no inferno. Não precisamos buscar justiça com as próprias mãos, pois Deus será nosso justo juiz.

Terceiro, *precisamos da ira de Deus para podermos arriscar nossa vida em favor de Jesus.* A devoção radical necessária para sofrer pela palavra de Deus e o testemunho de Jesus vem, em parte, da segurança que temos de que Deus nos vindicará no final. É por isso que os mártires embaixo do trono clamarão: "Até quando, ó Soberano, santo e verdadeiro, esperarás para julgar os habitantes da terra e vingar o nosso sangue?" (Ap 6:10). Eles pagaram o preço derradeiro por sua fé, mas seus clamores manchados de sangue serão respondidos um dia. Sua inocência será estabelecida quando Deus finalmente julgar os que os perseguiram.

Quarto, *precisamos da ira de Deus para viver uma vida santa*. Paulo nos adverte de que Deus não pode ser zombado. Colheremos aquilo que plantarmos. Somos levados a viver uma vida de pureza e boas obras em função da recompensa prometida pela obediência e a maldição prometida pela desobediência. Se vivermos para agradar à carne, colheremos de Deus a destruição. Mas, se vivermos para agradar ao Espírito, colheremos a vida eterna (Gl 6:6-7). Às vezes os ministros hesitam diante da ideia de motivar pessoas com a ameaça da punição eterna. Mas não foi essa a abordagem de Jesus quando ele disse "não tenham medo dos que matam o corpo, mas não podem matar a alma. Antes, tenham medo daquele que pode destruir tanto a alma como o corpo no inferno" (Mt 10:28)? Às vezes precisamos literalmente arrancar o inferno das pessoas por meio do medo.

Quinto, *precisamos da ira de Deus para entender o significado da misericórdia*. Sem a ira divina, a misericórdia divina não tem sentido. Somente quando sabemos que éramos merecedores da ira (Ef 2:3), que já estávamos condenados (Jo 3:18) e que enfrentaríamos o inferno como inimigos de Deus, não fosse a misericórdia imerecida (Rm 5:10), é que podemos cantar de todo o coração "preciosa a graça de Jesus, que um dia me salvou".

Sexto, *precisamos da ira de Deus para entender como o céu será maravilhoso*. Jonathan Edwards é famoso (ou mal-afamado) por seu sermão "Pecadores nas mãos de um Deus irado". Ele ainda é lido nas aulas de literatura americana, normalmente como uma caricatura do espírito puritano da Nova Inglaterra colonial. Mas poucas pessoas percebem que Edwards também pregou sermões como "O céu é um mundo de amor". Diferentemente da maioria de nós, Edwards via em cores vívidas o terror do inferno e a beleza do céu. Não podemos ter um quadro claro de um sem o outro. É por isso que a descrição da Nova Jerusalém celestial também contém uma advertência aos covardes, aos incrédulos, aos depravados, aos assassinos, aos que cometem imoralidade sexual, aos que praticam feitiçaria, aos idólatras e aos mentirosos, cujo lugar "será no lago de fogo que arde com enxofre" (Ap 21:8). É improvável que desejemos nossa salvação final sem saber do que somos salvos.

Sétimo, *precisamos da ira de Deus para sermos motivados a cuidar de nossos irmãos pobres.* Todos nós conhecemos a afirmação de que os cristãos estão de tal modo voltados para o céu que não prestam para nada na terra. A ideia é que, se tudo o que pensarmos for apenas céu e inferno, terminaremos ignorando ministérios de compaixão e justiça social. Mas que melhor impulso para a justiça social do que a sóbria advertência de Jesus de que, se deixarmos de cuidar do menor de nossos irmãos, iremos para a punição eterna? (Mt 25:31-46)? A ira de Deus é um motivador para que mostremos compaixão aos outros, pois, sem amor, como diz João, não temos a vida eterna e, se não compartilharmos nossos bens materiais com os que passam necessidades, não temos amor (1Jo 3:17).

Oitavo, *precisamos da ira de Deus para nos prepararmos para a volta do Senhor.* Devemos manter as lâmpadas cheias, os pavios aparados, as casas limpas, a vinha cuidada, os trabalhadores ocupados e os talentos investidos a fim de que não sejamos pegos despreparados no dia do acerto de contas. Somente quando crermos plenamente na ira iminente de Deus e tremermos diante da ideia da punição eterna é que ficaremos despertos, alertas e preparados para que Jesus venha outra vez e julgue os vivos e os mortos.

Em que aspecto Jesus é o único caminho?

Este livro não é suficientemente grande para que eu me lace em uma discussão detalhada sobre pluralismo, inclusivismo e exclusivismo, e, de qualquer maneira, eu provavelmente não mudaria a opinião de ninguém em apenas algumas páginas. Mas deixe-me pelo menos declarar minha posição: creio que a Bíblia ensina — e o evangelismo histórico apoia — que a salvação vem apenas por um meio: através de se ouvir o evangelho da morte e da ressurreição de Jesus e de se colocar fé consciente na pessoa e na obra de Jesus Cristo. Creio que isso é ensinado em passagens como João 14:6, Atos 4:12 e Romanos 10:5-17. Creio que a vida eterna é apenas para aqueles que creem que Jesus é o Filho de Deus enviado pelo Pai (Jo 5:24; 6:27,40,47,54).

Também creio que as Escrituras colocam a humanidade, em seu nível mais fundamental, em duas categorias opostas: ovelhas e bodes (Mt 25:31-46), trigo e joio (Mt 13:36-43), os que creem e os descrentes (1Co 14:22), o justo e o ímpio (Ml 3:18), os marcados com o nome do Cordeiro e os marcados com o nome da besta (Ap 13:11—14:5). Por mais difícil que seja admitir, uma vez que todos nós temos amigos e familiares que não adoram a Jesus, a Bíblia constantemente ensina que alguns pertencem a Deus, e outros, não. A Nova Jerusalém possui um lado de dentro e um lado de fora (Ap 21:14-15).

Os líderes emergentes conhecem a Bíblia suficientemente bem para saber que Jesus disse: "Eu sou o caminho, a verdade e a vida. Ninguém vem ao Pai, a não ser por mim" (Jo 14:6). Nenhum autor emergente que já li seria tão ousado a ponto de dizer "bem, isso é bobagem. Jesus estava errado". Mas o que eles entendem por "caminho" costuma ser bem diferente.

> Jesus não estava fazendo afirmações sobre uma religião ser melhor que todas as outras religiões. Isso é se afastar completamente do ponto, da profundidade e da verdade. Em vez disso, ele estava dizendo àqueles que o seguiam que seu caminho é o caminho rumo à profundeza da realidade. Esse tipo de vida que Jesus vivia, em conexão e cooperação perfeita e completa com Deus, é a melhor maneira possível de alguém viver. É como são as coisas [...]. Talvez uma pergunta melhor do que quem está certo seja "quem está vivendo corretamente?".[57]

Desse modo, Jesus é o único caminho não no sentido de que ele fornece acesso único a Deus Pai, como se ao não conhecer Jesus, não conhecemos a Deus. Em vez disso, Jesus é o único caminho no sentido de que ele mostra o único caminho ou modo de realmente se viver. O que faz do cristianismo algo singular, argumenta Chalke, é o chamado a amar aqueles que nos maltratam e nos oprimem.[58]

Em outros autores emergentes, não está claro quão singular o cristianismo é de fato. "Sabe, minha compreensão do evangelho me diz que a religião é sempre uma mistura de várias coisas, seja judaísmo, seja cristianismo, seja islamismo, seja budismo", explica McLaren. "Uma delas reflete as tentativas sinceras das pessoas de encontrar a verdade, outra representa as tentativas das pessoas de esquivar-se da verdade por meio da hipocrisia [...]. E ainda outra representa nosso próprio ego, nosso próprio orgulho, conforme tentamos suprimir a verdade e parecer santos à medida que o fazemos [...]. Mas esse não é o intuito do evangelho — o fato é que todos nós estamos na pior, seja qual for nossa religião, todos carentes da graça de Deus".[59]

Em outro lugar, McLaren defende o ato de fazer discípulos, depois de muito diálogo, humildade, compreensão e aceitação voluntária, mas, ainda assim, existe uma advertência. "Não creio que o fazer discípulos deve ser o mesmo que criar sectários da religião cristã. Pode ser prudente em muitas situações (mas não em todas!) ajudar as pessoas a se tornarem seguidoras de Jesus *e* permanecer em seu contexto budista, hindu ou judeu".[60] Espero estar errado, mas não consigo encontrar nenhuma indicação nos textos de McLaren de que a crença em Jesus como o Cristo e o Filho unigênito de Deus seja necessária para a entrada no céu ou no reino. Pelo contrário, leio uma imensa quantidade de passagens nas quais ele admoesta aqueles que "preferem as fronteiras rígidas e os muros impermeáveis de seus domínios estreitos e de seu torrão apertado" e muitas passagens que dizem de maneira implícita (ou, neste caso, explicitamente) "o reino de Deus está aberto a todos, a não ser àqueles que querem arruiná-lo ao dividi-lo contra si mesmo".[61] Não posso deixar de pensar nisso: a morte de Jesus é necessária para alguma coisa? Será que a fé em Jesus, não apenas a participação com ele na vida do reino, é essencial em algum aspecto? Existe algo singular em relação a Jesus além de seu ensinamento poderoso? E, se há alguma coisa singular sobre a pessoa e a obra de Jesus, será que importa que alguém a conheça ou creia nela?

McLaren defende que pronunciamentos sobre o céu e o inferno não se encaixam em seu chamado missional: "Ser abençoado nesta vida é ser uma bênção para todos na terra".[62] McLaren costuma criticar os cristãos por ignorar a totalidade do chamado de Abraão. Ele chama de monoteísmo ruim e não missional tomarmos a primeira parte do chamado de Abraão ("eu o abençoarei"), e não a segunda parte ("por meio de você todos os povos da terra serão abençoados").[63] Mas de que maneira as nações são abençoadas através de Abraão? Paulo argumenta: "Prevendo a Escritura que Deus justificaria os gentios pela fé, anunciou primeiro as boas-novas a Abraão: 'Por meio de você todas as nações serão abençoadas'. Assim, os que são *da fé* são abençoados junto com Abraão, homem de fé" (Gl 3:8-9, grifo do autor). Tudo bem com o fato de McLaren não querer assumir o papel de Deus e sentenciar as pessoas ao inferno, mas, se ele está realmente interessado em conceder a bênção de Abraão, seu chamado missional deveria também chamar as pessoas à fé em Jesus Cristo e adverti-las de que estão sob uma maldição distinta de sua fé (Gl 3:10-14).

Certa vez um judeu chamado Sam disse a McLaren que se desencantou com o cristianismo ao ouvir um pregador na televisão dizer que, se Hitler tivesse feito uma pequena oração, ele estaria no céu. Então Sam explicou que seu filho, voluntário no exército israelense, cruzou certa noite com um palestino. Os outros soldados que estavam com o rapaz começaram a implicar com o palestino, mas o filho de Sam se opôs — a ponto de puxar uma arma para seus próprios colegas. O filho de Sam foi parar na cadeia, mas terminou sendo inocentado por fazer a coisa certa.

Sam perguntou a Brian:

— Deus mandaria meu filho para o inferno por não ter dito as palavras mágicas, mas mandaria Hitler para o céu?

McLaren não respondeu à pergunta. Em vez disso, ele disse:

— Sam, acho que seu filho agiu de maneira muito semelhante a como Jesus teria agido. Jesus se importava com os de fora, assim como seu filho fez, e Jesus deu sua vida para proteger a todos nós, assim como seu filho arriscou a vida por aquele cara. Assim, penso que seu filho estava seguindo o exemplo de Jesus e posso entender por que você tem tanto orgulho dele. De fato, acho que o sentimento que

Deus tem em relação a Jesus é muito semelhante ao que você sente por seu filho. E sei que Deus deve estar orgulhoso de seu filho também.[64]

É fato que McLaren foi colocado em uma situação muito difícil, como todos nós ficamos quando alguém nos "ousa" condenar por mandar uma pessoa para o inferno. Mas como Michael Horton destaca, McLaren não apenas nos apresenta a falsa escolha entre justificação por fazer a oração do pecador e a justificação por amar o próximo, como de fato disse que pessoas boas vão para o céu. Pelo menos ele deu a impressão de que o filho de Sam está em boa situação perante Deus.

É muito comum os líderes emergentes nos forçarem a escolher entre salvação por seguir o exemplo de Jesus ou salvação que não se importa com as boas obras. Mas esse também é um falso dilema. Por meio da graça comum de Deus, as pessoas costumam mostrar a obra da Lei escrita em seus corações (Rm 2:15), mas Paulo deixa claro que nem sempre fazemos o que a Lei exige, de modo que boas obras jamais nos podem justificar aos olhos de Deus (Rm 3:20). Portanto, Abraão é nosso exemplo, não porque queria fazer que o mundo fosse um lugar melhor,[65] mas porque "Abraão creu em Deus, e isso lhe foi creditado como justiça" (Rm 4:3; Gn 15:6).

McLaren e outros da igreja emergente estão certos em querer um evangelho disponível a todos. Dão um passo equivocado ao deixar de mencionar — e, às vezes, ao negar completamente — que o evangelho é, em primeiro lugar, uma mensagem sobre o que Jesus realizou e, depois, que ele é para aqueles que se arrependem de seus pecados e chamam Jesus Cristo de Senhor. O Jesus emergente exige que todas as nações o adorem como seu Deus e Salvador ou simplesmente que todos vivam como ele viveu? McLaren argumenta que "Jesus não foi crucificado por ser exclusivo; ele foi odiado e crucificado pelo inverso — por abrir as janelas da graça e as portas do céu aos coletores de impostos e às prostitutas, aos mestiços e, por fim, aos próprios gentios".[66] Mas será que é realmente assim — Jesus foi crucificado por abrir demais as portas do céu? É claro que Jesus foi censurado por confraternizar-se com pecadores e coletores de impostos, mas por que os judeus o crucificaram? Eles mataram Jesus por suas ultrajantes declarações quanto a ser como Deus — por dizer que era o Filho de Deus e o rei de Israel (Mt 26:63-66; 27:39-43).

Jesus mexeu diversas vezes com os brios dos judeus em relação à Torá, mas foi sua autoidentificação que os levou a cometerem assassinato. "Por essa razão, os judeus queriam matá-lo mais ainda, pois não somente estava violando o sábado, mas também estava dizendo que Deus era seu próprio Pai, igualando-se a Deus" (Jo 5:18). Estou certo de que os cristãos emergentes são sinceros em seu amor por Jesus, mas que tipo de amor é esse que faz pouco de sua glória como o tão esperado Messias e o Filho do Deus vivo (Mt 16:16), o Alfa e o Ômega (Ap 1:8), o justo Juiz (2Tm 4:8), o Rei conquistador que governará as nações com cetro de ferro (Ap 2:26-27), o grande Eu Sou (Jo 8:58) e o Cordeiro de Deus, que tira o pecado do mundo (Jo 1:29)? Chesterton está certo. "Aqueles que acusaram os cristãos de colocar fogo em Roma com tições eram difamadores; mas eles pelo menos estavam bem mais perto da natureza do cristianismo do que aqueles que estão entre os modernos que nos dizem que os cristãos eram um tipo de sociedade ética, sendo martirizados de maneira lânguida por dizer aos homens que tinham obrigações para com seu próximo e apenas levemente malvistos por serem mansos e humildes".[67] A igreja primitiva foi importante porque era intolerável, e era intolerável porque era intolerante. Não socialmente intolerante, sem compaixão ou odiosamente abrasiva, mas intolerante com qualquer salvação que não fosse a cruz, com qualquer Deus que não fosse o deles e com qualquer Senhor que não fosse Cristo.

10

PESSOAS REAIS DE TOPEKA:

Em busca de comunhão

[Ted]

De agora em diante, só estou interessando naquilo que é real. Pessoas reais, sentimentos reais; é isso, é só nisso que me interesso.

RUSSELL HAMMOND, guitarrista, no filme *Quase famosos* [1]

O CARTÃO DE VISITA de Rachael Cook diz que ela será minha "*designer* de experiência" durante minha visita à Westwinds, uma igreja não denominacional "antiga/futurista" em Jackson, Michigan. De acordo com o que está escrito no verso do cartão de visitas, a descrição de Westwinds é a de "pessoas envolvidas em busca de pleno desenvolvimento de vida em Jesus". Eles promovem uma experiência de fim de semana chamada "Fusion", que experimentarei em uma noite de sábado com um amigo.

Este é provavelmente um bom momento para dizer novamente, ou provavelmente pela primeira vez, que não tenho problemas com uma estrutura de adoração mais "experimental". Não sou necessariamente um defensor de se cantar um monte de salmos e depois ouvir uma exposição versículo a versículo de cerca de uma hora. Pegar palavras como "pastor auxiliar" ou "diretor do ministério de pequenos grupos" e substituí-las por "*designer* de experiência" me parece meio tolo, mas nada que eu esteja disposto a atacar abertamente — ou, neste caso, em algum grupo de discussão na internet.

No *site* da Westwinds, os visitantes podem usar algo chamado de "tecnologia de transcendência humana", que, até onde consegui entender, baseia-se em sua descrição: "um módulo experimental de oração na internet". Nessa página, sou levado a escolher um "*ethos*", em que as opções são "urbano, sol e água".

Escolho urbano porque vivo na cidade, mas, a propósito, não tenho nada contra sol ou água. Surge outra página, na qual sou incentivado a usar o "*prayground mixer*", uma espécie de tocador de música, para escolher pequenas músicas incidentais que vão auxiliar minha experiência de oração. Depois de clicar em todas as opções — oito ao todo —, paro em algo que só pode ser descrito como "o encontro do teclado Casio que você ganhou na oitava série com os Meninos Cantores de Viena". Sou então incentivado a usar um aparelho em forma de bola para rodar um cubo que está cheio de imagens — alguns anjos, uma mão no ar, alguns ícones de Cristo. Através de *links* na parte de cima da tela posso "mudar *ethos*", conversar com alguém ou postar um comentário em um *blog* sobre a experiência. Visando a ter uma revelação completa, também tento o *ethos* "sol" por alguns momentos.

* * *

De acordo com um folheto intitulado "Uma teologia de espaço", tudo na Westwinds é intencional, até o conjunto de escritórios, que passou a se chamar "estúdio de *designers*". As salas que antigamente se chamavam classes da escola dominical hoje são chamadas de "estúdios de desenvolvimento de vida". Estranhamente, o "saguão" continua se chamando "saguão", um lugar "de troca de vida e compartilhamento de histórias onde as pessoas podem realizar aquelas primeiras conexões de se 'viver a vida juntos'". Também se pode tomar café ali.

Informei-me sobre um pouco da história da Westwinds através de uma série de CDs do dr. Ron Martoia, ex-pastor de lá, que agora é um "arquiteto transformacional"; sua paixão é ajudar "pessoas e os organismos aos quais elas servem a planejar e então realizar a jornada através da experiência da mudança revolucionária profunda".[2]

O dr. Martoia, assim como muitos de seus contemporâneos emergentes, agora se dedida em tempo integral ao negócio da consultoria em mudança revolucionária. Ele também encabeça uma nova comunidade de aprendizado experimental em Jackson, chamada "Vortex", que "promove experiências de aprendizado de imersão, bem como aulas de ioga". Em seu CD, cujo subtítulo é *Relacionamento com Deus depois que minhas crenças foram para o espaço*, Martoia afirma que Deus nos convida a um relacionamento que acontece "independentemente de se ter todos os sistemas doutrinários desenvolvidos". Em diferentes momentos, ele culpa o modernismo, os textos de prova, a "abordagem da concordância" e os programas de discipulado modernos pela suposta falta de crescimento espiritual das pessoas. Ele propõe uma "formação espiritual por imersão em história" — sendo a Bíblia um contador de histórias em vez de ser algo cheio de regras e proposições a "ingerir". Ele diz que as regras no texto "não se aplicam a nós de modo algum". Diz que são "completamente irrelevantes para nós". Para o meu ouvido destreinado, sem querer ser desrespeitoso, um argumento emergente muito banal.

Outra crítica importante de Martoia é que nossas igrejas tentam "imitar" a igreja do Novo Testamento, o que, para mim, não soa como uma ideia tão ruim. Mas, depois de reflexão e diálogo com as pessoas, ele acha que esse modelo não é razoável. Não é "funcional", diz ele. Também não é surpresa a revelação de Martoia de que ele vem de uma igreja bíblica conservadora, assim como muitos de seus contemporâneos emergentes. Ele pergunta: "Que tipo de coisas, no âmbito bíblico, devemos largar pelo caminho?". "Seria possível estarmos vivendo outro período importantíssimo da História?", pergunta ele novamente.[3]

É muito estranho, porém, que se tenha apegado a muitos vestígios de uma experiência eclesiástica mais "tradicional", algo que concluo com base nos CDs de Mortoia e também de Westwinds e seus materiais. Ele ainda fala de pessoas sendo salvas, batizadas e se tornando "membros" da congregação. O grupo de jovens faz coisas tradicionais do grupo de jovens — acampamentos de verão, de inverno, saem para esquiar, vão ao parque de diversões de Cedar Point etc. Eles não fazem os adolescentes pintar seus sentimentos com os dedos, o que, tenho certeza, é um grande alívio para eles, pelo menos até certo ponto.

De acordo com Martoia, "dúvidas surgem quando existem compreensões imaturas ou preconcebidas que não são mais satisfatórias". Nesse ponto ele para e diz que "há duas crianças aqui falando muito, e sinto que estou competindo com elas". Então, cita um artigo da revista *Time* que levanta dúvidas sobre o fato de o cânon bíblico tratar mais de fé do que de política. Sobre os novos evangelhos e documentos encontrados que deveriam ou não ser parte das Escrituras. Ele convida a congregação a duvidar com ele.

* * *

Uma leitura rápida na seção de religião do *Grand Rapids Press* (10 de fevereiro de 2007) é tocante. Existe um pequeno artigo intitulado "Igreja 'mais espiritual que religiosa'", no qual o autor descreve o culto das "10:03" na "The Journey", uma nova igreja no centro de Grand Rapids que se reúne — adivinhe — em uma antiga fábrica reformada, bem ao lado de uma cafeteria. A igreja — iniciada por Bill Freeman, antigo repórter de televisão e apresentador de um programa de entrevistas no rádio — apresentará "músicas ouvidas nas rádios principais", como "Still Haven't Found What I'm Looking For", do U2, que talvez seja o cavalo mais montado de todo o movimento emergente.

"Os sermões serão baseados na Bíblia, mas também usarão outras fontes sacras como o Alcorão ou algo que Ghandi ou o dalai-lama tenham dito", explica Freeman no artigo, escrito no estilo do modelo da igreja de *jeans* e anti*establishment* explicado pela primeira vez. "É a Bíblia e algo mais."

Freeman acrescenta que incentivará o formato "sermão como discussão" e prossegue dizendo que tentará fazer que o espaço "tenha a aparência de 'um tipo de *night club*', como um bar de comediantes". A propósito, ele também pretende usar *jeans* e *blazer.*

A seção é complementada por uma propaganda de Rob Bell, que está lançando um segundo título pela Zondervan, chamado *Sex God.* O artigo, intitulado "Amor é tudo o que você precisa", em uma referência à música "*All You Need Is Love*", dos Beatles, explica que o primeiro livro de Bell, *Velvet Elvis,* vendeu significativos duzentos mil exemplares, e que Bell está prestes a embarcar em outra turnê para promover *Sex God.* De acordo com o *site SexGodTour.com,* Bell visitará diversas cidades de caráter universitário para autografar seu livro e mostrar seus filmes de curta duração.

Ao lado da história de Bell, está um artigo sobre a Calvin College, que promoverá uma "conversa sobre a fé em escala internacional". De acordo com a matéria, cerca de 330 estudantes, basicamente de faculdades cristãs, reuniram-se na semana anterior na Calvin para sua segunda Conferência Anual de Fé e Desenvolvimento Internacional. O encontro de três dias explorou o papel que os cristãos podem desempenhar "na construção da paz e na reconciliação, na saúde global, no cuidado ambiental e a justiça". O artigo não menciona que o custo de ter hospedado e alimentado cerca de 330 estudantes ricos de faculdades cristãs poderia ter proporcionado um maravilhoso presente de amor à África ou a algum outro lugar que esteja passando necessidades. Mas o diálogo é rei nos dias de hoje, pois, ao que parece, a igreja que não está dialogando sobre o pobre na verdade nem mesmo pode se chamar igreja.

Enquanto isso um pequeno anúncio no canto inferior direito da página D3 informa que haverá um "culto tradicional" na New Community Church. O anúncio, que não tem nada de criativo, cita que haverá "belos hinos da igreja com John VanderMeer ao órgão" e "pregação bíblica", como se esse fosse um conceito novo e revolucionário.

* * *

Nesta semana, dois amigos meus me enviaram um artigo intitulado "Cinco correntes da igreja emergente", escrito por Scot McKnight. Para usar uma metáfora política, McKnight provavelmente seria descrito — e descreveria a si mesmo — como um emergente "moderado". Sabendo do projeto desse livro, meus amigos escreveram se explicando. Faço aqui uma paráfrase do que eles disseram: "O que McKnight escreve não parece ruim. Qual é o problema?".

De repente percebo que, quando vejo o movimento emergente descrito por Scot McKnight, gosto muito mais dele do que quando o vejo propagandeado por Brian McLaren ou Tony Jones. Em uma atitude correta, McKnight censura a crítica evangélica emergente do "ou você está dentro ou está fora".

> Essa ambivalência emergente sobre quem está dentro e quem está fora cria um sério problema para o evangelismo. O movimento emergente não é conhecido por ele, mas gostaria que fosse. A não ser que se proclame as boas-novas de Jesus Cristo, não há nenhuma boa-nova — e se não há boas-novas, então não há cristianismo, seja emergente, seja evangélico.

Ele prossegue e reconhece que a tão presente motivação política entre os emergentes vem da esquerda (ele até mesmo usa os termos "beber *latte*" e "pretensos *hippies*"), mas os incentiva a manter seu coração voltado à justiça social sem se desviarem para o território do evangelho social. Pode ser tarde demais, mas a mensagem é boa. McKnight até mesmo expõe suas posições sobre homossexualidade e aborto, o que é muito mais do que tenho visto de outras pessoas do movimento. E ele o faz de maneira bastante despretensiosa, como se não estivesse dizendo "eu sou o cara que é definido pelo fato de que penso que a homossexualidade é pecado".

McKnight também realiza um trabalho admirável ao tentar definir o termo "missional" — uma palavra que conseguiu encontrar seu lugar em declarações não missionárias de muitos grupos emergentes — assim como o foco do movimento na ortopraxia (a vida correta). Ele sugere que os emergentes não estão jogando fora seus bebês teológicos junto com a água do banho; em vez disso, eles simplesmente mudaram o foco para a vida correta. Mais uma vez, ninguém vai rebater um mantra que diz "viva como Jesus deve ter vivido".

Por fim, McKnight aborda a adoração[4] e a ideia de a "retórica profética" ser uma das correntes que deságuam no "lago emergente". Mas, em vez de qualquer coisa profética, ele simplesmente aborda a tendência emergente de exagerar ou, em resumo, dizer coisas simplesmente para chocar. Como exemplo, ele cita a frase comum "não acho que Jesus gostaria dos cristãos" que, ultimamente, tem sido usada milhares de vezes para descrever os evangélicos, naquilo que poderia ser chamado de um ataque bastante generalizado.

* * *

"Ain't gonna let nobody turn me 'round, turn me 'round, turn me 'round. Ain't gonna let injustice, turn me 'round, turn me 'round, turn me 'round."[5]

Dou uma olhada no salão da Mars Hill Bible Church, onde estão cerca de outras cinco mil pessoas de classe média, brancas e suburbanas (no conceito americano de suburbano), e fico pensando: sobre que tipo de injustiça elas estão cantando? Seria pelo fato de não encontrarem seu número na loja da Gap?

Deixando a brincadeira de lado, fico surpreso com o fato de ver que a clientela da igreja de Rob Bell é tão, digamos, normal. E posso dizer honestamente que ver milhares de pessoas altas, brancas e de ascendência holandesa — *baby boomers, yuppies*, universitários e adolescentes — cantando a plenos pulmões um *spiritual* da era dos Direitos Civis é simplesmente a coisa mais esquisita que já vi. Meu colega negro L. J. ficaria muito bravo ao ver isso. Ainda bem que ele não está aqui.

Como você provavelmente já sabe, eles se reúnem em um antigo *shopping center*, e é uma das igrejas de crescimento mais rápido da história das igrejas. O local é uma espécie de teatro redondo, com um palco quadrado no centro, cercado de muitas cadeiras, sobre o qual está um grupo de louvor de aparência incrivelmente bela, cantando "Turn Me 'Round" (a música que citei acima) como se estivessem prontos para marchar pelas ruas de Birmingham. "Vou seguir em frente, sempre cantando, sempre marchando rumo à terra da liberdade."

Alguns números aparecem constantemente nas quatro grandes telas acima do palco. Os números, explica minha esposa, correspondem à gravação que há na pulseira que ela usa (10640) e são os mesmos da pulseira de meu filho. Ele foi deixado na "Angra dos Pequeninos" antes do culto, juntamente com Ian, o filho de Kevin. A Angra dos Pequeninos, que fica perto da "Baía dos Bebês", perto da entrada, estava abarrotada de crianças de até três anos de idade e seus pais. Foi uma experiência bem bizarra, uma mistura de bufê de festas infantis com a Igreja Willow Creek e o livro *1984*. Por um instante, pensei que nunca mais veria Tristan outra vez.

Depois que a cantoria termina, o lugar irrompe em aplausos quando Rob sobe ao palco. Ele não traz a mensagem nesta manhã, mas se encarrega de alguns avisos e cede cinco minutos para a promoção do livro de um de seus amigos, que acabou de ser lançado. "Bem no estilo Mars Hill, vamos criar um tumulto na livraria Schuler's Books na noite de autógrafos." Viro para Kevin e digo que gostaria de ter uma promoção similar no púlpito para o lançamento do meu próximo livro. Depois, Bell esboça rapidamente um plano para acabar com a falta de moradia para crianças em Grand Rapids e para ajudar os "sem recursos" do Burundi.

Tive problemas para dormir na noite anterior, pois fiquei sabendo que alguns parentes meus também estariam em Mars Hill naquela manhã. Fiquei preocupado se mamãe viria tirar satisfações comigo e também quanto a minha habilidade de ser objetivo em relação àquilo que veria. Seria eu capaz de desfrutar e reconhecer as coisas boas, bem como a boa intenção de Bell de alcançar mais pessoas para Cristo? Passei metade da noite relendo *Velvet Elvis*, especialmente a visão de Bell sobre a fé que Deus tem no homem. Nas páginas 133 e 134 de seu livro, Bell conta a história de Pedro, no episódio em que ele sai correndo do barco para se encontrar com Jesus andando sobre a água. Pedro começa a afundar, e Jesus o repreende por sua falta de fé.

> Pedro perde a fé em quem? Não em Jesus; ele está bem. Pedro perde a fé em si mesmo. Pedro perde a fé de que pode fazer o que o Rabi está fazendo. Se o rabi o chama para ser seu discípulo, então ele acredita que você pode de fato ser como ele [...]. O que estou aprendendo é que Jesus acredita em mim [...]. Deus tem fé em mim.

Assim, o resumo de tudo isso, de acordo com *Velvet Elvis*, é que Deus veio à terra, para morrer, para nos ajudar a perceber o grande potencial que existe dentro de nós. Não é surpresa que isso seja popular. É o equivalente espiritual a Rocky Balboa subindo os degraus do Museu de Arte da Filadélfia e então se aprofundando para nocautear Apollo Creed. A visão de Bell sobre a expiação, na página 146, é ainda mais perturbadora. Ali, ele ensina que Jesus morreu por todos, o que reconcilia todos com Deus. Assim, as pessoas precisam simplesmente escolher se querem ou não viver naquela "realidade".

> Assim, essa realidade, esse perdão, essa reconciliação é verdadeira para todos [...]. Essa realidade não é uma coisa que tornamos verdadeira para nós mesmos ao fazer alguma coisa. Ela já é verdadeira. Nossa opção é viver nessa nova realidade ou nos apegarmos a uma realidade fabricada por nós mesmos.

Não se menciona nada sobre aqueles que rejeitam a Deus e qual o seu destino, conforme se vê nas Escrituras. Não é surpresa que eu tenha tido problemas para dormir.

* * *

Assim que termina, Rob entrega o palco a outro rapaz jovem, de cabeça raspada, usando calça *jeans* e uma camiseta branca de manga longa, chamado Brad Gray. Ficamos sabendo que Brad é aluno de um seminário nas proximidades e, depois de alguns instantes, fica claro que, assim como Bell, ele é um orador privilegiado e cativante. Sou lembrado de quão talentosos esses rapazes são como comunicadores. De fato, se não estivessem pastoreando igrejas, eles sem dúvida seriam líderes em outras áreas. Bell incentiva Gray a não ficar nervoso ao falar, dizendo "simplesmente finja que você está em uma grande sala de estar e, se houver algo que você acha que não deve dizer, diga assim mesmo!". Mais aplausos e risos.

Não tentarei reconstruir o sermão aqui, nem o criticarei, uma vez que isso está fora da minha área de especialização. Basta dizer que ele está cheio de "causos". Gray conta a história de uma viagem de cinco semanas pela Terra Santa, durante a qual sua esposa engravidou. "Foi uma surpresa", diz ele. "Driblei o goleiro!" Mais risos. Então, ele se lança em uma longa revisão, imaginando onde a criança pode ter sido concebida, decidindo-se por Jerusalém. "O bebê vai nascer falando hebraico!", diz ele. A multidão está se deliciando. Minha esposa, por outro lado, começa a se fechar. Estamos lutando por uma gravidez, e posso ver que seu semblante se torna gélido. Para usar a metáfora de Brad, expulsamos o goleiro há mais de três anos, colocamos os melhores jogadores em campo e ainda não marcamos um gol sequer. Coloco o braço sobre os ombros dela e olho em seus olhos por um instante, dando aquele olhar universal que diz "isso vai acabar logo; tudo ficará bem". Desenho uma figura da Hello Kitty no meu bloco de anotações e mostro a ela, tentando fazê-la rir. Aquela poderia ser uma tarde bastante longa.

Uma vez que esse é um sermão sobre "dor", já sei aonde Gray quer chegar. Ele vai falar sobre o fim da gravidez por conta de um aborto e como isso foi difícil. Seu ponto principal é uma crítica mordaz à tendência da humanidade de usar a frase "como vai?" como ferramenta para iniciar uma conversa. "Isso não ajuda", diz ele, quando as pessoas estão passando por momentos difíceis. Ele descreve outra viagem que fez à África neste verão, na qual todas as crianças das favelas corriam até ele e diziam "como vai?". Era a maneira delas de dizer "Ei, olha um americano branco ali!".

Gray liga tudo isso à história de Marcos 9, na qual Jesus encontra um pai cujo filho está possuído por um demônio. Antes de curar o menino, diz, Jesus iniciou um relacionamento com o pai, um modelo de como precisamos ajudar pessoas que sofrem dor.

"Se as pessoas não lidarem com sua própria dor, não poderão ajudar você a lidar com a sua", diz ele. "As pessoas que mais me ajudaram foram aquelas que participaram conosco de nossa dor." Dor. Dor. Dor. "Em nossa comunidade, é inaceitável fazer a jornada sozinho [...]. Precisamos fazer a jornada juntos. Não ficaremos sãos se não tivermos uns aos outros e se não tivermos a Deus."

Olho de novo para minha esposa, plenamente seguro de que Gray não tem consciência da dor que está provocando nela. "Isso parece o último dia do acampamento da igreja", escreve ela em meu bloco de anotações. O dia em que devemos ir à frente e jogar o galho do pinheiro na fogueira, ou pregar nosso pecado particular na cruz.

Contudo, ele foi bem-sucedido em levar a plateia da função "piada" para a função "choro" em um tempo bastante curto. Depois da conclusão, há um pouco mais de música e a oportunidade de as pessoas virem à frente para que alguém ore por elas. Centenas vão até lá e choram próximas ao palco quadrado. Está muito claro que essa mensagem ao estilo "Jesus como terapeuta" está satisfazendo uma necessidade e mexendo com os corações.

No final da conversa, todos nós corremos para o saguão para uma breve pausa antes do lançamento do décimo quinto *Nooma* de Rob Bell. Mais uma vez, o lugar é mais "normal" do que eu esperava. Não há labirintos de oração; ninguém está pintando nada. Lá no saguão, cruzo com algumas pessoas que conheço, saudando-as com um "Como vai?". É difícil se livrar dos velhos hábitos.

Ser culturalmente relevante e centrado no evangelho: uma entrevista

Dale Van Dyke, pastor da Igreja Presbiteriana Ortodoxa Harvest, no subúrbio de Grand Rapids, se parece muito com Rick Moranis, naquele filme *Querida, encolhi as crianças*. Ele está na minha sala de estar hoje, usando calça *jeans* e uma camisa bem informal, para discutir sua posição sobre o movimento emergente. Foi uma palestra que ele deu em minha igreja, cerca de um ano atrás, que forneceu a maior parte da motivação para escrever este livro.

Dizer que os métodos de Van Dyke, pelo menos com os jovens, são pouco ortodoxos seria uma forma suavizada de tratar a questão. Ele lidera uma classe semanal que acontece nas noites de quarta-feira, na qual 25 estudantes do ensino médio leem voluntariamente capítulos do livro *Manual de doutrinas cristãs*, de Wayne Grudem, e respondem a uma série de perguntas. Se não tiverem lido o capítulo, não podem participar. Isso está bem distante da ideia "tente ser suficientemente bacana para fazer que os jovens legais apareçam, e todos os outros os seguirão", presente em muitos ministérios de jovens, algo que tem sido um dos grandes estímulos do movimento emergente.

"Os jovens sabem que a maioria das outras coisas é espuma", diz ele. "Eles querem a verdade e querem sentir que aquilo que estão fazendo é importante."

Pergunto a Van Dyke o que ele acha da asserção emergente segundo a qual caras como ele, com igrejas assim, estão distantes e são culturalmente irrelevantes.

"Isso quase me faz rir", diz ele. "As pessoas não mudaram em termos da realidade da consciência, da realidade do pecado, da culpa e do medo. Os assuntos mais 'populares' desde Adão continuam sendo os mais 'populares'. Não tenho problema em perguntar 'estamos nos comunicando bem?'. Mas ainda acredito que a palavra pregada é o principal meio pelo qual Deus se comunica com a cultura. É um homem cheio de ânimo. Daqui a cinquenta anos, isso será algo que você estudará nos livros históricos de religião, mas os escombros estarão espalhados para todo lado em termos de pessoas que se afastaram completamente da igreja."

Van Dyke também aborda a excitação esbaforida com que algumas pessoas do movimento emergente veem o que eles estão fazendo. A ideia de que estão promovendo a próxima grande reforma. Ele é o primeiro a admitir que se sente ao mesmo tempo apaixonado e frustrado, o que fica evidente em seus comentários.

"Leonard Sweet me faz subir pelas paredes", diz ele. "É pura ignorância histórica [...] ou arrogância. É como se, nos últimos dois mil anos, a igreja não tivesse a menor ideia do que estava fazendo e, agora, graças a caras como Leonard Sweet, podemos começar a fazer igreja.

"Leio *SoulTsunami*, onde ele diz 'Deus apertou o botão de *reset* do mundo'. O que isso significa? Será que se trata de algo assim tão profundo?

"Contudo, quero proteger meu coração", diz ele. "Não quero ser arrogante e não quero ficar irritado."

Concordamos que, na próxima hora, ficaríamos distantes de piadas sobre beber *latte* e cerveja Guinness e quaisquer referências a sofás e bolinhos de aveia.

"Não tenho problemas com o fato de as pessoas seguirem o modelo 'Paulo em Atenas' de se fazer igreja, que é um pouco diferente, para comunicar o evangelho", diz ele. "Mas você sempre precisa voltar ao ensino do evangelho, à pregação da Palavra de Deus e a um ministério de misericórdia vibrante, para dentro e para fora. Se fizer isso, faça-o na sua sala de estar. Não tenho problema com isso.

"Todas essas igrejas agora estão construindo cafeterias", diz ele. "Adoro cafeterias! Mas, se você depende de uma cafeteria para trazer pessoas para a igreja, você se perdeu." E todas aquelas coisas de *marketing* que nos deixaram loucos em relação ao movimento de crescimento da igreja em breve nos deixarão loucos em relação a isso. Ainda é *marketing*, mas para um público diferente. "A questão principal não é mais a questão principal.

"Mas as pessoas continuarão indo para o inferno", diz ele. "Você não se levanta simplesmente no domingo diante de dez mil pessoas e faz brincadeiras com a Palavra de Deus."

Van Dyke, que também é de Grand Rapids, ficou preocupado ao ler *Velvet Elvis*, de Bell, e publicou sua própria refutação breve, intitulada *Fora do alvo: uma resposta a* Velvet Elvis, *de Rob Bell.*[6]

"Quando ouvi Rob pela primeira vez em Grand Rapids, fiquei animado com o fato de ver outro evangélico jovem e dinâmico na cidade", diz ele. "Ele era dispensacionalista e batista, mas ainda assim evangélico e um cara firme. Uma família saiu de nossa igreja e foi para Mars Hill, e fiquei preocupado com a ideia de que as Escrituras estabelecem a 'direção', mas não as 'fronteiras'. Mas então li Velvet Elvis, e luzes vermelhas se acenderam em toda parte."

Nesse momento, minha esposa pergunta a Dale o que ele acha dos *Noomas*, a série de pequenos filmes de Rob Bell.

"São incrivelmente bem feitos, e parece que estão provando um ponto de vista", diz ele. "Na melhor das hipóteses, é moralismo. Quando muito, são uma lição de moral, mas não há evangelho.

"Penso que a questão fundamental é o evangelho — as boas novas sobre aquilo em que Cristo cria objetivamente, o que ele objetivamente é e o que ele objetivamente realizou pelos pecadores, algo que é recebido somente pela fé correta. Torna-se moralismo quase imediatamente quando abandona esse fundamento. Para Rob é 'por que discutir sobre dogma? Vamos simplesmente viver da maneira de Jesus'."

Algo que, aparentemente, é difícil de se discutir.

"Jesus viveu como viveu para cumprir a Lei por nós", diz Van Dyke. "Cristo é o cumprimento da Lei, e, se você não entender isso, então não entendeu nada. Precisamos voltar à realidade objetiva daquilo que Cristo realizou. Moralismo puro e simples não funciona. Ele ou cria fariseus ou nos deixa desesperados. Esta é a beleza da pregação do evangelho [...] eles ouvem Jesus. 'Minhas ovelhas ouvem a minha voz.' Sem isso, não tenho poder para mudar ninguém. Sem isso, é apenas Rob Bell.

"Você olha para o liberalismo e é a mesma coisa — 'vamos simplesmente parar de discutir sobre doutrina e seguir a Jesus'. O Sermão do Monte não é simplesmente uma estratégia moral para se viver uma vida melhor. Ele deve destruir você, e, nele, Jesus faz as declarações mais inacreditáveis sobre si mesmo com as quais você precisa lidar. Ou ele é Deus ou não é. Jesus se recusa a deixar que você o coloque no papel de um professor de moral."

Mas essa imagem é a de um Jesus que podemos controlar. Ele pode se encaixar facilmente em nossa vida no sentido de que podemos pegar o que quisermos e descartar o restante.

"No fim das contas, isso não ajuda ninguém a morrer bem", diz ele. "Simplesmente siga a Jesus [...]. Não acho que me tenha saído suficientemente bem. Não consigo pensar na África e nos pobres a todo instante, todos os dias.

"Tudo se baseia na ideia de que podemos trazer o céu à terra. O sonho utópico. 'Precisamos lutar contra a opressão, dar fim à pobreza e criar o céu na terra, porque é isso o que Jesus quer que façamos'."

Não entendo como se pode vender essa ideia. Até mesmo em nossa vizinhança — que definitivamente não é ruim, mas certamente é composta por operários de baixo salário — há pessoas que nascerão, viverão e morrerão basicamente na pobreza. E, claro, a situação é muito pior na África. Ainda que ajudemos, não nos podemos iludir e pensar que vamos mudar a situação financeira de todo mundo e, então, compartilhar o evangelho com eles. Mais uma vez, a verdadeira questão me parece ser ajudar as pessoas a morrerem bem.

"Veja a história da igreja", diz ele. "Em que momento a Igreja promoveu o maior bem à população? Quando o evangelho era o ponto central. Não existe nada igual à Palavra de Deus."

11

Por que não quero um pastor bacana

[Ted]

Meu esquema é não ter esquema.

Steve Dunne, no filme *Vida de solteiro*

A VERDADE É QUE TENHO certo apreço por Tony Jones, líder do movimento emergente, 38 anos de idade, que trabalha em regime de meio período para um grupo chamado Vila Emergente... quando não está escrevendo livros ou dando palestras. Estou participando de uma oficina, com duração de uma tarde, na Olivet Nazarene University (ONU), que faz parte de um curso intensivo de final de semana sobre "Pós-modernismo e ministério jovem" para pastores de jovens.

A plateia é uma interessante mistura de fãs de Jones, que vieram até Kankakee, Illinois, para ouvir seu blogueiro favorito, e pastores de jovens sérios do Meio-Oeste[1] que estão participando da oficina como parte de seu programa de mestrado ou simplesmente procurando novas maneiras de se conectar com seus alunos. São todos homens e brancos, com exceção de uma moça, e nenhum deles — incluindo eu mesmo — sabe o que fazer quando Tony nos incentiva a "deitar no chão, caminhar ao redor, dançar ou digitar *e-mails*" enquanto ele estiver orando e falando. Um cara de costeletas e um copo de café preso à mão se levanta e, meio sem jeito, vai se sentar no parapeito da janela em um esforço de acalmar Jones. Isso me faz rir por dentro. Tony Jones não se parece com um "tipo emergente" como eu esperava, se o que eu esperava era cabelo curto espetado e cheio de gel, óculos de armação modernosa e calça Levi's surrada. Assim que começa, percebo que ele tem muito carisma; enumerei uma referência ao programa *Saturday Night Live*, uma a *Desperate Housewives*, a costumeira reverência a *Matrix*, duas referências a *24 horas* e diversas citações de Moby na primeira hora da aula.

Na verdade, é Moby, diz ele, que é um tipo de representante máximo do pós-modernismo. Ele então projeta uma imagem do músico magrelo/modernoso/vegano usando um capacete espacial da década de 1950. A sala fica em silêncio.

"Moby é cristão", acrescenta ele, depois de explicar as origens da música eletrônica/trance para uma plateia que, é seguro dizer, até então não conhecia as origens da música eletrônica/trance.

Mais uma vez, a multidão na ONU não sabe como reagir. Este é um *campus* conservador — um lugar onde, pelo menos em 1994, quando passei um ano aqui como calouro, os estudantes não podiam beber, dançar ou usar camisetas com dizeres ou desenhos. Ou eles caminharam muito desde 1994, a ponto de permitir a presença de um emergente de carteirinha bebedor de Guinness em suas instalações, ou então estavam total e felizmente desinformados.

"Alguns de vocês, se leram meu *blog*, podem estar surpresos por eu não ter chifres e cauda", diz ele, citando seus críticos. "Mas minha natureza herética se sobressai de maneiras mais sutis."

Esse é outro exemplo de um tipo forçado de "choque" que passei a esperar de alguns nos círculos emergentes. Solte uma palavra como "herege" e veja como as pessoas reagem.

Jones se parece muito com Tim Kubiak, um amigo meu que foi *quarterback* em um time de futebol americano da modalidade "salão" na última temporada, outra razão pela qual estou predisposto a gostar dele. Ele também é capelão da polícia, juiz amador de beisebol e um cara genuinamente agradável. Por mais de um minuto, senti-me como se não estivesse escrevendo um livro chamado *Não quero um pastor bacana*, que eu e Tony poderíamos ser grandes amigos, conversar sobre referências da cultura *pop* e falar sobre os esportes em Minnesota até altas horas. De fato ainda espero que possamos fazer isso, porque, em certo nível, embora nossas crenças sejam bastante diferentes, todas essas coisas são "apenas negócios".

Ele pedira ao grupo que fizesse uma leitura prévia daquilo que eu chamaria de uma lista "típica" de autores emergentes — John Caputo, Phyllis Tickle etc. A classe já está reclamando que Caputo é muito denso, e Jones os incentiva a pensar filosoficamente sobre seus ministérios. É algo para sair de uma mentalidade de "prática" e entrar em uma mentalidade de "teoria", uma vez que estamos em um ambiente universitário e as universidades lidam com teoria. Ao nos apresentarmos, ele nos incentiva a pensar em um aspecto que gostaríamos de ver "questionado mais profundamente" nesta semana, porque, como diz, "não tentaremos encontrar respostas".

Ele até mesmo pede desculpas pela declaração que está prestes a fazer, admitindo o fato de que poderia parecer como um clichê: "A verdade não é um destino", diz ele. "A verdade é de fato a jornada."

A busca por uma fé racional

Jones diz que estamos aqui não para determinar a verdade absoluta, mas estamos na busca por uma "fé racional". Racional de acordo com alguém, e ele não diz se aquilo que for racional para mim será racional para Moby, Jones, África, Bono ou qualquer outra pessoa. Ele também não diz se essa fé será racional para mim quando tiver cinquenta anos de idade.

"Acho que a maior parte da teologia é muito chata. Quero fazer minha própria teologia", disse Jones em uma entrevista com Scot McKnight que aconteceu algumas semanas depois da oficina. "Não quero estar preso à teologia de outra pessoa. Estou interessado em ler sociologia francesa, desconstrução pós-moderna, coisas assim. E então ter uma teologia que surja disso."[2]

McKnight também pergunta a Jones se ele é de fato emergente e, então, acrescenta: "O que há com Brian McLaren? Qual é a fascinação?".

"Emergente não é um novo rótulo do cristianismo", diz Jones. "É uma maneira de pensar [...] mas as pessoas me perguntam o tempo todo se elas são emergentes. Se está fazendo essa pergunta, então você já é emergente."

"Sobre a fascinação por Brian McLaren", continua ele, "estive em uma escola pietista conservadora em Illinois algumas semanas atrás dando uma palestra [ele está se referindo à Olivet Nazarene], e o diretor da área de ministério e teologia me chamou para jantar. Assim, fomos ao Red Lobster [risos aqui, das pessoas que também são descoladas demais para ir ao Red Lobster]. Aquele homem disse: 'Quando termino de ler Brian McLaren, fico irritado'. Ele fica irritado porque todos os seus alunos estão lendo Brian McLaren. Ele sente como se Brian estivesse arrancando pessoas da igreja sem lhes dar outro lugar aonde ir. Acho que a fascinação por Brian vem de seu espírito brincalhão ao escrever. Ele faz uma declaração bastante forte e então diz entre parêntesis 'sei que estou sendo provocador aqui'. Ele atinge você bem no alto da cabeça com um martelo de veludo, de modo que você fica sem saber quão subversivo ele de fato é."

* * *

Voltei à oficina, onde Jones cita Umberto Eco[3] quando diz que (estou parafraseando) "o pós-modernismo não é um silenciamento do passado [...]. Pelo contrário, ele vai ao passado e o arrasta, gritando e esperneando, para o futuro, mas sempre com um tanto de ironia". É essa ironia, diz Jones, que permite que o movimento alcance humildade genuína. Para Jones, humildade significa admitir que "poderíamos muito bem estar errados em relação a tudo isso".

Pode me chamar de antiquado, mas não fico cheio de esperança nem animado ao ouvir meu pastor (ou o conferencista que cobra caro) sugerir que ele pode estar, e provavelmente está, errado em relação a tudo isso, como diz a definição pós-moderna de humildade usada por Jones. Quanto aos dois primeiros capítulos de *A Generous Orthodoxy*, de Brian McLaren, quero crer, e de fato creio, que as pessoas podem saber coisas e ainda assim serem humildes.

* * *

Voltei da conversa, seguida por alguns dias no campeonato universitário de futebol, o Senior Bowl, em Mobile, Alabama, e descobri esta postagem no *blog* de Jones, na qual ele lamenta jocosamente o fato de que precisou passar uma noite vivendo de maneira encarnacional (minhas palavras) e envolvendo-se em uma cultura diferente que incluía cinquenta mil habitantes do estado de Minnesota reunidos para uma competição de *monster truck*:

> Para que Tanner ganhasse o distintivo de "Atividade em grupo" de seu grupo de escoteiros, juntei-me a sua turma no MonsterJam na semana passada. Sim, esse é o "esporte" no qual picapes modificadas correm umas contra as outras em círculos e pulam por cima de carros menores. Passei por alguns momentos surreais ali:
> — O Metrodome estava praticamente lotado — provavelmente cinquenta mil pessoas — o que realmente me levou a reconsiderar meu ponto de vista segundo o qual os habitantes de Minnesota são em geral mais

inteligentes do que o restante da população norte-americana. (Não, a eleição de Jesse Ventura não me levou a reconsiderar isso.)

— Enquanto a música "I'm Proud to Be an American" [Tenho orgulho de ser americano], do cantor *country* Lee Greenwood, tocava em volume altíssimo, uma enorme bandeira americana era carregada até o centro do estádio por cerca de duas dúzias de pessoas. Tanner (que tem seis anos), recém-saído de uma semana de aulas de Educação Moral e Cívica, disse: "Papai, eles estão cantando sobre Martin Luther King, porque ele queria a liberdade?". "Não exatamente, filho", disse-lhe.

— Lá pelo meio da noite, percebi que todo o evento era forjado para que o Grave Digger ganhasse. Uma pesquisa rápida feita na Wikipedia na mesma noite daquele evento explica que "Digger" foi comprado do piloto Dennis Anderson pelo Clear Channel Communications em 1998. É claro.

— O mestre de cerimônias, um homem redondo que corria pela pista e nos seduzia a que gritássemos, mesmo com tampões nos ouvidos, obviamente não havia assistido ao programa da ESPN sobre o vigésimo quinto aniversário de "The Wave".[4] A Onda já passou, cara. Já era. Ninguém mais faz isso.

— Ocorreu-me a ideia de que provavelmente eu seja o único cristão interessado por causas sociais e por amar seus inimigos que já esteve presente no MonsterJam.[5]

A postagem de Jones não responde à pergunta: Por que beber *chai* e ouvir música de cítara em uma cafeteria pode ser "viver de modo encarnacional", mas comer batata frita e assistir a grandes picapes amassando coisas não pode? Não é essa uma "cultura" que merece ser envolvida e de fato ser "salva" — se essa linguagem não for muito *démodé* — tal como o resto de nós? Será que somos tão ingênuos a ponto de pensar que se Bob Dylan ou Moby de repente quisessem que acreditássemos que vestir camisas pretas de gola olímpica e assistir a provas da *monster truck* fosse o caminho para uma iluminação "supermegamística", que não compraríamos rapidamente camisas de gola olímpica do Grave Digger como se não houvesse amanhã?

"Envolver-se na cultura", de acordo com a esposa de Dave, meu amigo filósofo, é sempre uma questão de "qual cultura?".

Os amigos de Jones, ou pelo menos aqueles que respondem às suas postagens no *blog*, fizeram o que se esperava que fariam e lamentaram com ele o fato de ele ter de participar daquela coisa de *monster truck*. Fizeram ainda mais piadas à custa das pessoas que seguem "a onda" e são patriotas. Para esse grupo de blogueiros de mente aberta e que apoiam tantas pessoas, isso me pareceu uma enorme malvadeza.

* * *

Cory Hartman não é um pastor bacana. É um cara alto, branco, com corte de cabelo escovinha, que usa o cabelo assim desde quando eu vivia no outro lado do corredor na universidade. Caras com a aparência de Cory costumavam ser chamados de "magricelas". Seu quarto era sempre quieto, e era naquele quarto que eu entrava se quisesse desabafar sobre relacionamentos, falar sobre quanto odiava a escola ou que não estava conseguindo dormir etc. Cory e seu colega de quarto mantinham o local imaculadamente limpo e, independentemente da hora, estavam sempre sentados calmamente em suas mesas, estudando.

Ele está me mostrando Passaic, Nova Jersey, cidade onde vive e pastoreia uma pequena igreja. Se você está lendo este livro, provavelmente nunca esteve em Passaic. Ela é composta basicamente por imigrantes porto-riquenhos, índios e afro-americanos, e, ao caminhar pela área central, tem-se a nítida sensação de estar em outro país. Cory me leva ao projeto habitacional onde ele quase foi assaltado ao entregar *pizzas*. Ele para diante da porta de uma das construções e começa a me contar a longa história (Cory gosta de falar; estava mais para um "discurso no senado") sobre entregar *pizzas* ali certa noite. Estou ficando nervoso e gostaria que ele prosseguisse com o passeio, com o intuito de evitar outra história.

Se Cory não estivesse tão ocupado "vivendo de maneira missional", ele provavelmente teria tempo de ler todos os livros sobre vida missional, os quais lhe diriam para conseguir intencionalmente uma casa em uma área urbana, arrumar um emprego que lhe permitisse conviver com "pessoas comuns" e, então, "fazer vida" com elas. Meu sentimento, porém, é que Cory vive de maneira missional por padrão. Ele trabalhava como entregador de *pizzas* porque, naquela época, fazia parte dos pobres.

"Tenho um primo que só começou a fumar depois que passou a frequentar uma igreja emergente", diz ele, brincando um pouco quando pergunto quais são suas impressões sobre o movimento. "Minha impressão é que, para alguns, o movimento é muito mais do que Guinness, U2 ou fumar na igreja", diz ele. "Para muitas pessoas, porém, tudo gira em torno dessas coisas periféricas. Tornou-se um porto seguro para pessoas que foram feridas ou acham que o foram pelas igrejas evangélicas mais tradicionais."

Ele admite que não interage muito com o movimento, a não ser por alguns artigos e uns dois livros de Brian

McLaren que leu. Ele é conhecido do rapaz que comprou uma cafeteria e a batizou de "Ecclesia". Mas também está aberto à ideia de que estamos passando por uma mudança cultural, algo poderia impactar a maneira de as pessoas "fazerem" igreja. "Mas ainda vejo a necessidade contínua", diz ele, "do relacionamento pastor/rebanho. E acho que há espaço para limites e credos.

"Se eu pudesse usar uma analogia musical, diria que gosto da 'velha guarda'", diz ele. "Li um livro intitulado *The Church on the Other Side* [A igreja do outro lado] e também *A New Kind of Christian* [Um novo tipo de cristão]. Mas, se você expandir seus horizontes temporais até chegar aos apóstolos, vai ver que esse tipo de cristão — o tipo do Neo — não é novo.

"Preocupo-me com a falta de perspectiva histórica dos emergentes", diz ele. "Com o fato de que aqueles que afirmam estar fazendo algo radical podem simplesmente parecer mais uma moda passageira daqui a vinte anos. E preocupo-me com uma moda que tira tantas pessoas da igreja e que, na verdade, não as leva a lugar nenhum. A perda dessa 'cerca' entre a verdade e a falsidade é preocupante.

"Minha outra grande preocupação é que parece que eles adotaram o modelo de *marketing* demográfico americano. Posso estar errado, mas temo que um movimento que afirma se importar com justiça, comunidade e inclusão pareça ser feito sob medida apenas para brancos, suburbanos e profissionais em ascensão na casa dos vinte ou trinta anos. Isso me preocupa de um ponto de vista de desilusão pessoal."

* * *

Eu e Cory estamos tentando encontrar uma igreja em outra cidade de Nova Jersey (Whippany?) onde vamos comprar ingressos para ver aquela que talvez seja a coisa menos emergente já inventada: um técnico de futebol (neste caso, Greg Schiano, técnico principal do Rutgers) dando uma palestra evangélica na Sexta-feira da Paixão.

Cory está me pondo a par de todas as coisas que precisarei fazer para integrar a Força Literária Cristã.

— Você precisa ter bonequinhos dos personagens de *Não quero um pastor bacana* — diz ele, como ponto de partida. — Depois, cartazes, pulseiras e preferencialmente a história que deu origem à série.

Dou risada, mas uma iniciativa de *marketing* dessa magnitude, ao mesmo tempo que me faria esgotar a edição, de fato me ajudaria a pagar o financiamento da casa.

— Talvez apenas os bonecos? — pergunto de forma retórica.

* * *

A Primeira Igreja Batista de Passaic, a igreja de Hartman, não tem nada de especial. Trata-se de um prédio enorme de tijolos vermelhos aparentes, belo e deteriorado, construído em 1891 e reformado depois da Segunda Guerra Mundial por um punhado de membros atuais. Sou conduzido por um passeio pelo prédio por Jack, o filho de Cory, de quatro anos. Ele está negociando um passeio pelo sótão, mas imagino qual deve ser a aparência do sótão de um edifício como esse e tento desviá-lo de lá. Jack me mostra a sala de sua classe da escola dominical, onde gerações de crianças aprenderam o evangelho, o subsolo e, então, a área do santuário onde o organista toca um enorme órgão de tubos.

A congregação da Primeira Igreja Batista é da velha escola. Literalmente. Conforme as pessoas chegam para o culto, surpreendo-me com o fato de que Cory, Kelly (sua esposa), seu filho Jack, a filha Orphie e eu provavelmente somos as únicas pessoas com menos de setenta anos naquele lugar. Cory explica que não há espaço na discussão emergente para as pessoas de sua congregação.

"A palavra 'emergente' significa diversas coisas, dependendo de quem a define", diz ele. "Se Scot McKnight a definir, então posso chegar a ponto de dizer que eu sou, mas, se for apenas um reflexo 'do que os jovens gostam atualmente', então definitivamente não sou."

Está bem claro que faz muito tempo que a congregação de Cory não pensa naquilo que os jovens gostam. Essas pessoas estariam um pouco por fora de uma discussão sobre a metáfora espiritual de *Matrix* ou de uma noite tocando discos de Sufjan Stevens e conversando sobre a injustiça das leis federais sobre o salário mínimo.

"O resumo", continua ele, "é o ditado 'cada qual com seu igual'. As pessoas vão aos lugares de que gostam".

"As pessoas vão aos lugares de que gostam" não vende livros, *mi amigo*. Penso isso, mas não falo. Cory está fazendo os últimos preparativos para o culto, e fica claro para mim que, embora a congregação seja décadas mais velha, todos os seus membros realmente amam meu amigo. Isso me enche de orgulho.

* * *

Conto um total de nove pessoas nos bancos atrás de mim. Estou sentado na segunda fileira, tão na frente como nunca estive em um culto, sentado junto da família de Cory. Estou acordado há bastante tempo. Nunca durmo bem quando viajo, e passei o dia anterior passeando por Manhattan, Nova York, durante um aguaceiro.

Ocorre-me que igrejas assim conseguem ser "sensoriais" sem serem sensoriais. Cantamos hinos antigos como "He Was Wounded by Our Transgressions" [Foi ferido por nossas transgressões] e "What Wondrous Love Is This" [Que grande amor de meu Jesus] por trás da enorme e bela parede de som gerada pelo órgão de tubos. O sermão é intitulado "A Paixão segundo João".

Depois de pregar tendo como pano de fundo a última ceia de Cristo com seus apóstolos, Cory deixa o púlpito e serve os elementos da ceia a cada membro de sua congregação. Sempre fico emocionado nos cultos da Semana Santa, e este não é exceção. Ver meu amigo servir a seu rebanho e vê-lo respondendo adequadamente me faz pensar sobre minha igreja e como sinto falta dela, mas é muito legal adorar com novos irmãos e irmãs em Cristo que têm idade suficiente para serem meus avós em Cristo.

Depois da distribuição dos elementos, e depois de Cory terminar de ler sobre a morte e a ressurreição de Cristo, cantamos "Up from the Grave He Arouse" [Da sepultura levantou-se]. Está um pouco escuro do lado de dentro do santuário, e as luzes da Gregory Avenue passam por uma linda representação de Cristo gravada em um vitral. Atrás de mim, uma senhora de 77 anos canta a plenos pulmões, como se sua vida dependesse daquilo. Algumas lágrimas escorrem por meu rosto.

Encontro-me com aquela senhora depois do culto, e ela me pega pelos ombros, como as avós costumam fazer. "Estou muito feliz por vê-lo aqui", diz ela. Digo-lhe como gostei de ouvi-la cantar, e ela me diz que Deus colocou um cântico em seu coração. Ela viveu mais que todos em sua família. Morou a vida inteira em Passaic, em uma era antes de as experiências de estudo no exterior e de oportunidades missionárias em outros países para alunos do ensino fundamental terem transformado o mundo em um lugar muito menor e mais transitório. Antes de fãs organizarem caravanas a Grand Rapids para estarem perto de Rob Bell e, justiça seja feita, antes de fãs viajarem a Minneapolis para estar perto de John Piper.

Ela me diz que, quando criança, gostava de correr por esta igreja. Vejo-a em minha mente correndo pelas classes da escola dominical no subsolo, depois se casando aqui, no final da adolescência, antes de finalmente sepultar seu marido, apenas alguns anos atrás.

Ao chegar ao final deste texto, ocorre-me que, sem dúvida, muita coisa ficou de fora. Há livros que não foram lidos, *blogs* que não foram acessados e congressos dos quais não participamos. Aqueles que não se sentem atraídos por esse negócio de igreja emergente provavelmente apoiarão a maioria das coisas que escrevemos, e aqueles que se autointitulam emergentes encontrarão milhares de razões para achar defeitos. A ideia de que as pessoas leem qualquer coisa e são transformadas por isso é cada vez menos realista para mim. As pessoas normalmente estudam bastante.

Então, em pouco tempo, esses livros se tornam nada mais do que um tipo de jogo intelectual frio, em um esforço de elaborar o argumento mais perfeito que, então, poderá ser defendido de forma veemente em favor do próprio argumento em si. Réplicas e tréplicas serão escritas. Enxágue. Repita a operação. E, como D. A. Carson em um capítulo anterior, percebo que estou cansado disso.

Será que todos os emergentes são fornecedores do tipo de filosofia "inútil e profana" contra a qual Paulo prega em 2Timóteo? Provavelmente não. Tenho certeza de que existem boas igrejas que parecem emergentes, assim como há igrejas ruins que têm a aparência de ortodoxia. Mas ouvir a pregação de Cory nesta noite me dá a mesma sensação de paz que tenho quando escuto Kevin pregar. Ela vem de saber que, quando ele for velho e tiver cabelo grisalho, ainda estará pregando fielmente a palavra de Deus, assim como o faz agora, esteja a cultura onde estiver, quer estejamos fazendo igreja em um lindo prédio antigo, quer em uma cafeteria, quer em um caixote de concreto com cadeiras plásticas no subúrbio — ou no porão da casa de alguém, em segredo, porque vivemos em uma cultura que não nos deixa mais adorar em voz alta. Ele ainda estará anunciando que todos os "lances" da morte e da ressurreição de Cristo são o único caminho para a vida eterna.

Como um dos eventos finais daquela noite, há um casal idoso na frente da igreja dobrando juntos a toalha da mesa da comunhão. Sento-me no fundo da igreja e os vejo por alguns instantes, esforçando-me ao máximo para não deixá-los perceber que de fato estou olhando para eles. Brincam um com o outro em um clima agradável. É bem provável que tenham enfrentado demissões, filhos doentes, câncer e muitas outras coisas como parte desse corpo, mas está claro que estão desfrutando da presença um do outro agora.

Pego o celular e ligo para minha esposa, para dizer que a amo e que vi um casal de idosos que me lembra o tipo de casal idoso que quero ser daqui a cerca de cinquenta anos. E para dizer a ela que estou muito feliz por termos um pastor que, em vez de estar "na moda", está comprometido em estar com Deus.

EPÍLOGO:

Ouvindo todas as igrejas do Apocalipse

[Kevin]

Aquele que tem ouvidos ouça o que o Espírito diz às igrejas. Ao vencedor darei o direito de comer da árvore da vida, que está no paraíso de Deus.

APOCALIPSE 2:7

Se eu tivesse de resumir nosso conselho à igreja emergente em uma única frase, seria esta: Ouça todas as igrejas do Apocalipse. Os líderes emergentes precisam comemorar todas as qualidades e evitar as fraquezas das sete igrejas de Apocalipse 2 e 3 — e admitir que a prescrição de Jesus para alcançar a saúde é mais do que comunhão, autenticidade e inclusão.

Muitas pessoas não percebem que o livro de Apocalipse, além de ser escatológico e profético, é também uma carta — uma carta endereçada a sete igrejas reais da Ásia Menor. O número sete sugere que as igrejas eram mais do que igrejas reais; eram também igrejas representativas, símbolos da igreja universal. Em outras palavras, os problemas nessas sete igrejas são problemas básicos presentes em todas as igrejas. Suas qualidades são nossas qualidades, e suas fraquezas são nossas fraquezas.

Diferentemente do restante de Apocalipse, as cartas às sete igrejas são um assunto fácil de ser pregado. O conteúdo é imediatamente relevante, a aplicação está no nível da superfície, e a estrutura é óbvia. Há oito partes que aparecem em quase todas as cartas: 1) instruções para escrever ao anjo da igreja em tal lugar; 2) uma declaração sobre Jesus que se encaixa com o problema presente na igreja. Essa seção começa com a frase "Estas são as palavras daquele que..." e, então, faz uma descrição de Jesus; 3) uma seção de elogio, normalmente iniciada com "Conheço as suas obras"; 4) uma seção de acusação — "Contra você, porém, tenho isto..."; 5) um chamado a mudar e arrepender-se — "Faça isto"; 6) uma declaração sobre o que o Senhor fará, seja na forma de um incentivo para prosseguir, seja na forma de uma advertência de julgamento; 7) uma promessa "àquele que vencer" e 8) um convite — "Aquele que tem ouvidos ouça o que o Espírito diz às igrejas".

Escutando atrás das portas na Ásia Menor

As sete cartas se encaixam em um padrão definido, mas as igrejas são diferentes entre si. Elas enfrentam dificuldades com pecados diferentes e brilham em áreas diferentes.

Éfeso era a igreja fundamentalista e sem amor. Seus membros eram ortodoxos, éticos e trabalhadores. Mas não amavam o perdido, nem mesmo uns aos outros. Em vez disso, eram egocêntricos doutrinariamente corretos. Para eles e para nós, Jesus diz: "Amem".

Esmirna era a igreja perseguida, similar aos crentes que vivem e sofrem nos países da chamada janela 10/40. Esses cristãos foram afligidos, caluniados e empobrecidos. Mas eram espiritualmente ricos. Eram vibrantes, mas temerosos. Para eles e para nós, Jesus diz: "Sejam fiéis".

Pérgamo era a igreja alternativa, do movimento jovem. Eles eram testemunhas fiéis e apaixonadas. Mas haviam se comprometido com o mundo e se acomodado a sua cultura sexualmente imoral e idólatra. Davam testemunho, mas não tinham discernimento. Para eles e para nós, Jesus diz: "Tenham discernimento".

Tiatira era a igreja afetuosa e liberal. Seus membros eram fortes em amor, fé, serviço e perseverança. Mas desprezavam a fidelidade doutrinária e a pureza moral. Eram amorosos, mas tolerantes demais. Para eles e para nós, Jesus diz: "Pensem".

Sardes era a megaigreja cintilante, bem-sucedida, mas rasa, ou então a igreja histórica e tradicional, abarrotada de cristãos nominais. Tinha uma ótima reputação. Mas, na realidade, estava espiritualmente morta. Era a igreja dos sepulcros caiados. Para eles e para nós, Jesus diz: "Acordem".

Filadélfia era a igreja pequena, sem prédio atraente, de gueto urbano. Seus membros sentiam-se fracos e inexpressivos. Mas haviam guardado a Palavra de Deus e não negaram seu nome. Era uma igreja com dificuldades, mas forte. Para eles e para nós, Jesus diz: "Sigam adiante".

Finalmente, Laodiceia era a igreja forte e influente, sediada na parte rica da cidade. Seus membros achavam que tinham tudo. Mas eram espiritualmente pobres na mesma proporção em que eram materialmente ricos. Havia fartura e apatia em excesso ali. Para eles e para nós, Jesus diz: "Tenham cuidado".

Certamente há alguma coisa para qualquer pessoa amar e odiar em relação a essas igrejas. Todos nós podemos ver espelhados ali os pecados que mais nos afligem, ainda que vejamos com mais facilidade os pecados da igreja vizinha. E, embora seja certamente legítimo ver igrejas individuais como mais relevantes para nosso ambiente particular, devemos ficar atentos àquilo que Jesus diz a todas as sete igrejas.

Essa é a minha bronca com a igreja emergente. Cristãos evangélicos apegados à doutrina como eu aceitaríamos mais as críticas emergentes se eles reconhecessem que simplesmente há um número semelhante de igrejas sem discernimento e excessivamente tolerantes como Pérgamo e Tiatira na América do Norte e no Reino Unido quanto igrejas sem amor como a de Éfeso. Escolhi essas três igrejas não porque sejam mais importantes, mas porque são as que melhor representam o que está correto na igreja emergente (muita atenção com os problemas de Éfeso) e o que está errado (fechar os olhos para os problemas de Pérgamo e Tiatira). Cristãos emergentes e não emergentes precisam dar ouvidos a essas três igrejas.

Acertando — e errando

Aqueles de nós que estão em Éfeso (Ap 2:1-7)

Os cristãos em Éfeso eram muito esforçados e cheios de paciência e perseverança. Eram fiéis, incansáveis e possuíam uma doutrina sã. Não toleravam os ímpios. Testavam os falsos apóstolos e enxergavam o ensinamento incorreto. Alguns anos depois de Apocalipse ter sido escrito, Inácio, o pai da igreja, escreveu a Éfeso e mais uma vez os elogiou os cristãos dali, uma vez que ouvira o relatório de que nenhuma heresia, seita ou falso ensinamento conseguia penetrar naquela igreja — eles haviam sido muito bem ensinados.

A igreja em Éfeso também possuía uma ética sadia. Seus membros odiavam a prática dos nicolaítas — algo que toda a multidão seguia. Os nicolaítas eram aqueles que diziam "você é livre em Cristo. Viva como se fosse livre e abandone essas regras. Siga a corrente. Acomode-se à cultura. Jesus foi o grande liberador sexual. A graça de Deus é ampla e inclusiva. Viva como quiser". Os efésios não foram atraídos por essas ideias. Na verdade, Jesus os elogiou por duas virtudes raramente mencionadas na igreja emergente: intolerância (ao falso ensinamento) e ódio (pela imoralidade). Diante de toda a conversa nos círculos emergentes sobre um reino de Deus amplamente inclusivo, não devemos deixar de notar que Éfeso não foi elogiada por sua inclusão, mas por sua exclusão.[1]

Jesus poderia dizer à igreja de Éfeso de hoje: "Vocês são pessoas muito fiéis. Declaram a verdade em uma era repleta de erro. São capazes de identificar o ensinamento falso e a vida errada e não os seguem. São cristãos esforçados, defensores da verdade e que odeiam a imoralidade. Dou-lhes os parabéns por isso". Se Apocalipse 2:1-7 serve de modelo, então podemos dizer que Jesus não castigaria as igrejas de Éfeso modernas por serem exigentes em relação a coisas como doutrina e moral. Essas coisas são consideradas genuinamente boas. O problema — como a igreja emergente está certa em destacar — é que essas não são as únicas coisas.

A igreja de Éfeso era o exemplo de uma igreja evangélica fundamentalista, com uma boa ética trabalhista protestante e um olhar muito próximo da ortodoxia teológica. Isso era bom, mas não eram as únicas coisas que importavam em uma igreja. Éfeso tinha um enorme problema cancerígeno: eles não amavam.

Tinha havido muito amor naquela igreja em determinada época (Ef 1:15-16), mas ele se perdeu. Em um primeiro olhar, parece que o amor que tinham *por Deus* se esfriara. No Antigo Testamento, porém, sempre que se lê que o povo de Deus havia abandonado seu amor por Deus, as pessoas eram retratadas como adúlteras e idólatras (cf. Jeremias 2 e Oseias 4, por exemplo), o que não é o caso de Éfeso. Não, não foi esse o sentimento amoroso que eles perderam. Eles pararam de fazer algo que costumavam fazer (razão pela qual Jesus lhes diz que deveriam praticar as coisas que faziam no princípio). A falha deles não estava relacionada ao primeiro grande mandamento, mas ao segundo. Eles amavam a Deus, mas não amavam ao próximo como a si mesmos.

Eles deixaram de amar uns aos outros na igreja. Tinham mentes penetrantes e mãos ocupadas, mas corações murchos. Eram o caso clássico de 1Coríntios 13: "Ainda que eu tenha o dom de profecia e saiba todos os mistérios e todo o conhecimento, e tenha uma fé capaz de mover montanhas, se não tiver amor, nada serei" (v. 2). A igreja de Éfeso era forte em algumas áreas, mas, sem um amor prático e tangível uns pelos outros, corria o risco de se tornar inútil como igreja. As pessoas se preocupavam em estar certas, mas não se importavam mais umas com as outras. Suponho que seu olhar preciso e cuidadoso para descobrir o erro teológico e moral se tornara o olhar preciso e cuidadoso para encontrar falhas uns nos outros.

Esse é o grande perigo de igrejas doutrinariamente sadias. Seus membros podem ser rápidos em julgar e lentos em perdoar. Analisam a tudo e a todos. Estão de tal maneira acostumados a lutar contra o mundo que, quando se cansam disso, viram-se uns contra os outros e começam a lutar entre si. Precisam sempre ser contra alguma coisa, sempre purificar alguma coisa, sempre procurar um erro ou uma inconsistência. É por isso que muitas denominações que se dividiram terminaram por se dividir novamente. A luta está em seu sangue.

Alguns anos atrás percebi que não adiantava nada ser contra todas as coisas às quais eu deveria ser contrário se eu não fosse *a favor* de algo. É isso o que o Senhor quer destacar para a igreja de Éfeso. "Vocês odeiam o que eu odeio. Isso é bom. Mas vocês não amam o que eu amo." Sei claramente dentro de mim quando estou defendendo um ponto porque aquilo é o certo e quando estou defendendo uma questão por causa do amor. Espero que este livro se encaixe na segunda categoria. Existe uma diferença enorme entre as duas. Quero estar certo porque "sei que isso é certo, seu bobo; como você não enxerga isso?" ou estou defendendo meu ponto porque "amo você e sei que isso será para o seu bem e para a honra de Cristo"?

A falta de amor de Éfeso se manifestou em outro tipo de pecado, não apenas em uma falta de comunhão doadora de vida, mas na falta de testemunho doador de vida. Os seguidores de Cristo estavam tão ocupados batalhando, protegendo e defendendo que simplesmente se voltaram para dentro, em busca de autoproteção e por suspeita. Olhavam para o próprio umbigo, sem nenhuma visão para fora ou outro propósito que não fosse o pessoal. Eram muito bons em manter o mundo fora da igreja, mas eram horríveis em levar a igreja para o mundo.

Consequentemente, Jesus, aquele que anda entre os candelabros, ameaçou-os de tirar seu candelabro, o qual não cumpria a função de fornecer luz — embora eles devessem ser a luz do mundo. Jesus chama todos os seguidores a deixar que "brilhe a luz de vocês diante dos homens, para que vejam as suas boas obras e glorifiquem ao Pai de vocês, que está nos céus" (Mt 5:16).

A luz de Éfeso havia diminuído. Eles tinham boas obras, mas não em amor uns pelos outros. Defendiam a luz, mas não a faziam brilhar nos lugares escuros do mundo. Não davam testemunho de Jesus Cristo por meio de amor e testemunho. E, como resultado, Jesus diz "virei e tirarei sua luz se ela não brilhar". Infelizmente, ele fez isso. Não há igreja em Éfeso. Essa não é a única razão pela qual uma igreja fecha suas portas. Mas certamente isso tem acontecido muitas vezes e continuará sendo verdade que as igrejas que se recusarem a viver, brilhar e dar testemunho no mundo terminarão morrendo. Que isso seja uma advertência a todas as igrejas de Éfeso atuais: espalhe o evangelho, senão o perderá.

É triste, mas é verdade. Igrejas teologicamente perspicazes e pastores concentrados em teologia às vezes morrem de ortodoxia morta. Alguns ficam estéreis e frios, petrificados como escolhidos congelados, não comprometidos com o mundo, mas também sem se envolver com ele. Podemos pensar corretamente, viver corretamente e agir corretamente, mas se fizermos isso em um canto, fazendo brilhar nossa luz uns sobre os outros, apenas para analisar os pecados de nosso irmão em vez de apontar nossa luz para o mundo, nós, como igreja, vamos brilhar cada vez menos, até que por fim nossa luz se extinga.

Aqueles de nós que estão em Pérgamo (Ap 2:12-17)

Atrevo-me a dizer que a maioria dos cristãos emergentes ou vieram de igrejas de Éfeso ou entendem que as igrejas de

Éfeso são o maior problema do Ocidente cristão. A igreja emergente vê igrejas indiferentes, sem amor e sem luz por todo lugar e as repreende. Onde existem igrejas assim, sua repreensão é justificada (mas não os remédios emergentes). Mas também me parece claro que os líderes emergentes estão cegos para as falhas das igrejas de Pérgamo e Tiatira.

A igreja de Pérgamo tinha um ponto forte: seus membros eram fiéis no testemunho. Não era popular ser cristão em Pérgamo. (Afinal de contas, Satanás habitava ali.) Mesmo assim, os cristãos não renegaram o nome de Jesus. Eram mais fortes exatamente nas áreas em que Éfeso era mais fraca. Os efésios haviam deixado de amar. Voltaram sua luz uns para os outros em vez de para o mundo. Mas os cristãos de Pérgamo se mantiveram unidos. Eram leais e não se voltaram uns contra os outros quando enfrentaram perseguição. Eram ousados em seu testemunho diante de uma cultura inimiga. Eram capazes de falar sobre Jesus e de se levantar em seu favor, ainda que isso lhes custasse a vida.

Mas não tinham discernimento, razão pela qual Jesus se apresenta como aquele "que tem a espada afiada de dois gumes". Os cristãos de Pérgamo não tinham um olhar tão aguçado para a ortodoxia e a retidão moral como os de Éfeso. Eles seguiam o ensinamento dos nicolaítas. Em resumo, foram enganados.

Éfeso tinha pouco envolvimento com a cultura; Pérgamo estava identificada demais com a cultura. Os cristãos de Pérgamo davam testemunho de Jesus, mas haviam feito concessões em relação ao que significava segui-lo. Tolerância sem discernimento era o defeito incapacitante de Pérgamo. Sua indiferença à depravação religiosa e moral não era um sinal de sua grande relevância para a cultura, ou de sua mentalidade amplamente aberta, ou de um grande testemunho de sua habilidade de se concentrar no amor de

Deus; era um empecilho ao seu testemunho outrora apaixonado e fiel.

Não sabemos como Pérgamo foi enganada e por que seus membros toleravam os nicolaítas. Talvez não tivessem sido instruídos ou fossem ignorantes em relação a alguns aspectos fundamentais do discipulado. Talvez Pérgamo estivesse cheia do tipo de cristão que é sempre contra as regras: "O cristianismo não se caracteriza por listas do que se deve fazer ou não. Ele gira em torno de relacionamentos". (Como se os relacionamentos não fossem guardados e preservados por regras. Tente dizer a sua esposa, depois que você teve um caso, "vamos lá. Achei que nosso casamento se baseasse em relacionamento, não nessa coisa de pode e não pode".)

Pérgamo nos lembra o que pode acontecer a jovens que não são ensinados corretamente ou a movimentos jovens que carecem de fundamentação nas Escrituras. As pessoas se convertem, às vezes de maneira dramática, e vivem uma vida cristã vibrante, corajosa e evangelística, mas também são confusas, não discernem, são contrárias às regras da ética, achando que o evangelho e a graça tornam desnecessárias as leis morais.

Talvez os cristãos de Pérgamo estivessem dizendo "sabe, o importante é que todos nós amemos a Jesus. Não se prenda a questões secundárias". Talvez mantivessem um diálogo com os nicolaítas, participando de muitas reuniões aconchegantes e confusas onde tentavam entender uns aos outros e obter apreciação de suas perspectivas tão distintas. O mais provável é que a pressão cultural fosse simplesmente forte demais. A idolatria e a imoralidade eram tão grandes que se tornaram como altares para a igreja de Pérgamo. Eles não viam o perigo e a impiedade daquilo que os falsos mestres estavam promovendo e, assim, tornaram-se abertamente acomodados.

Aqueles de nós que estão em Tiatira (Ap 2:18-29)

Os cristãos de Éfeso foram elogiados por suas boas obras e sua ética forte; os de Tiatira receberam os mesmos elogios. Possuíam as obras que os efésios tiveram um dia e o amor de que os efésios precisavam. Tiatira era uma igreja vibrante. Seus membros amavam, serviam, criam e perseveravam.

Esse provavelmente era o tipo de igreja na qual você entrava e imediatamente se sentia parte dela. "Que bom conhecê-lo. Deixe-me apresentar-lhe meus amigos. Aqui, vou mostrar como você pode se envolver, usar seus dons, realizar um ministério. Estamos felizes por você estar aqui." Era esse tipo de igreja — amigável, gentil, cheia de serviço uns aos outros e provavelmente à comunidade. Esta igreja amava. Essa é a parte boa.

Mas também havia uma parte ruim. O amor deles era excessivamente apoiador. O principal problema de Tiatira era a tolerância. Eles toleravam o falso ensinamento e o comportamento imoral, duas coisas com as quais aquele que tem olhos como chama de fogo e pés como bronze reluzente é ferozmente intolerante (2:20). Jesus diz: "Vocês são amorosos, o que é bom, mas sua tolerância não é amor. É infidelidade".

Imagino Tiatira como uma igreja repleta de programas para a comunidade, preocupada com questões de justiça social, desejosa de ser inclusiva. Mas em algum ponto do caminho a cordialidade superou a clareza de pensamento.

A maioria dos cristãos e das igrejas se torna liberal por uma das duas razões apresentadas a seguir. Ou são conservadores desiludidos que não têm visto nada além de fundamentalismo legalista e feroz, ou são ativistas sociais apaixonados que, em seu desejo de amar alguém, acabam por não rejeitar nada. O problema de Tiatira era o oposto de Éfeso. Temo que os cristãos emergentes corram o risco de repetir o erro de Tiatira: eles amam o que Jesus ama, mas não odeiam o que Jesus odeia.

Uma visão para toda a igreja

Os líderes da igreja emergente precisam de uma visão para a igreja que abranja todas as cartas de Apocalipse. Precisam ver e falar sobre os problemas de excesso de tolerância e falta de definição, assim como os problemas de indiferença e falta de amor. Sem dúvida há muitas igrejas de Éfeso, como os líderes emergentes são rápidos em apontar, mas esses mesmo líderes subestimam os problemas de Pérgamo e Tiatira. Como resultado, terminam repreendendo não apenas as falhas das igrejas de Éfeso, mas também seus pontos fortes, destruindo aquilo que Jesus elogia com o objetivo de fortalecer aquilo que Jesus condena.

Para usar uma linguagem de Apocalipse, os cristãos emergentes possuem muitas obras boas. Eles querem ser relevantes. Querem alcançar os de fora. Querem ser autênticos. Querem incluir os marginalizados. Querem fazer discípulos do reino. Querem comunhão e transformação de vida. Jesus gosta de tudo isso. Creio, porém, que ele também teria algumas coisas contra eles, algumas coisas a falar através de outros irmãos e irmãs. Críticas que não deveriam ser evitadas pelo fato de seu movimento ser apenas uma "conversa", ou porque só falam por si mesmos, ou porque "não temos tudo definido". Os cristãos emergentes precisam captar a visão mais ampla de Jesus para a igreja — sua visão de uma igreja que é intolerante com o erro, que mantém limites morais definidos, que promove a integridade doutrinária, que se mantém firme em tempos de provação, que permanece vibrante em tempos de prosperidade, que crê no julgamento certo e na recompensa certa, ao mesmo tempo que se envolve com a cultura, que alcança os perdidos, que ama e que serve. Precisamos de uma igreja que reflita a visão do Mestre — uma que seja profundamente teológica, profundamente ética, profundamente misericordiosa e profundamente doxológica.

O rei assentado no trono

No fim das contas, tudo gira em torno de Deus. Tornamo-nos aquilo que adoramos. Se Deus é claramente mais relacional, convidativo e misterioso do que onipotente, justo e cognoscível, então o evangelho se torna claramente uma mensagem sobre comunhão, inclusão e jornada. Mas, se Deus é claramente santo, justo e graciosamente soberano, então o evangelho se torna uma mensagem sobre pecado, justificação e misericórdia imerecida. Usando uma expressão de Jonathan Edwards, precisamos recuperar uma visão de Deus em todas as suas "diversificadas excelências".[2]

O leão Aslam, a figura de Cristo em *As crônicas de Nárnia*, é grandiosamente multidimensional. Ele é amoroso, mas não é seguro. Ele é ao mesmo tempo bom e terrível. Susana e Lúcia queriam colocar a cabeça em sua juba e sentir sua respiração. Mas elas também ficam "trêmulas" diante dele. Em outro ponto, Lewis descreve a pata de Aslam tocando as crianças da família Pevensie dizendo "e embora ela fosse aveludada, era muito pesada".

Jesus é assim — em alguns aspectos, macio e aveludado, mas também pesado e afiado.

Não tenho dúvida de que os cristãos emergentes concordam que Deus é um Deus de diversificadas excelências. Contudo, até agora, não vejo uma imagem madura dessas excelências em livros emergentes. Vejamos Donald Miller, por exemplo. No final do livro *Como os pinguins me ajudaram a entender Deus*, Miller apresenta suas razões para abraçar Jesus.

> Todos os grandes personagens de histórias são aqueles que dão a vida por algo maior que eles próprios. E, em todas as histórias, não encontro ninguém mais nobre do que Jesus. Ele deu sua vida por mim, em obediência a seu Pai. Eu o amo verdadeiramente por isso [...]. Creio que a mudança na minha vida aconteceu quando percebi, depois de ler aqueles evangelhos, que Jesus não me amou simplesmente por princípios; ele não me amou apenas porque era a coisa certa a se fazer. Em vez disso, havia algo dentro de mim que fez que ele me amasse.

A última frase está completamente errada, sendo uma negação do pecado original, da depravação total e da livre graça de Deus na eleição. Esta parte, a seguir, é apenas insuficiente:

> Acho que percebi que, se eu fosse até sua fogueira, ele me convidaria a sentar e perguntaria sobre minha história. Reservaria um tempo para ouvir minhas divagações ou minha raiva até que eu me acalmasse e, então, ele me olharia diretamente nos olhos e falaria comigo; contaria a verdade, e eu perceberia em sua voz e nas linhas de sua face que ele gosta de mim. Ele também me repreenderia, diria que tenho preconceito contra pessoas religiosas demais e que preciso lidar com isso; ele me diria que há pessoas pobres no mundo e que preciso alimentá-las, e que, de alguma maneira, isso me tornará mais feliz. Penso que ele me diria quais são os meus dons e por que os tenho, e me daria ideias sobre como usá-los. Penso que me explicaria por que meu pai foi embora e destacaria de modo bastante claro todas as maneiras pelas quais Deus tem cuidado de mim durante todos esses anos, todas as coisas das quais Deus me protegeu.[3]

Há declarações verdadeiras aqui. Jesus de fato gosta de nós. Louvemos ao Senhor por isso. Ele realmente fala a verdade, se importa com nossas dores e é paciente com nossas divagações. Contudo, nesse parágrafo, Jesus é apenas um pouco mais do que um terapeuta. Ele escuta nossos problemas, nos corrige, ajuda a usarmos nossos dons e explica quais são nossas deficiências. Mas que não nos esqueçamos: Jesus é mais do que alguém que nos vai ajudar a lidar com nossas fraquezas. Podemos desejar ter uma doce comunhão com um Jesus bondoso e gentil, mas, se a questão é nos ajudar de alguma maneira real, ele deve ser mais do que um ouvinte bom e sensível — ele precisa ser forte, exaltado e poderoso.

Compare a descrição de Jesus feita por Donald Miller com a visão de Jonathan Edwards. Edwards passou por momentos de grande emoção e comunhão com Deus. Ele chorou e se maravilhou diante de Cristo, mas foi diante de um Cristo mais pleno, profundo, rico e completo que ele se maravilhou. Ele escreveu:

> Certa vez [...] em 1737[...] tive uma visão que, para mim, foi extraordinária, da glória do Filho de Deus, como Mediador entre Deus e o homem, e de sua maravilhosa, grande, plena, pura e doce graça e amor, de sua mansa e gentil complacência [...]. A pessoa de Cristo apareceu inefavelmente excelente, com uma excelência grande o suficiente para engolir todo pensamento e conceito [...] que me manteve na maior parte do tempo em um dilúvio de lágrimas, chorando em voz alta. Senti um ardor de alma, algo que não conheço outro modo de expressar, de ser esvaziado e aniquilado; de me prostrar em terra e ser cheio apenas de Cristo; de amá-lo com um amor puro e santo; de confiar nele; de viver nele; de servi-lo e segui-lo; de ser

> perfeitamente santificado e purificado, com uma pureza divina e celestial.[4]

Um Cristo terapeuta não evoca ardência de alma que deseja ser aniquilada, esvaziada de si e cheia de Cristo, tornada pura com uma pureza divina e celestial. Precisamos de um Cristo do alto. Somente quando virmos Cristo como alguém semelhante a um filho de homem, com olhos como chama de fogo, uma voz como o som de muitas águas, uma boca afiada como espada de dois gumes e uma face como o sol é que seremos capazes de superar as provações e as tentações da vida e confessar juntamente com o apóstolo João que somos companheiros "no sofrimento, no Reino e na perseverança em Jesus" (Ap 1:9). Precisamos conhecer a Jesus não apenas como o poeta sonhador que nos coloca em seu reino de *shalom* e aceitação. Precisamos conhecê-lo como o Filho do homem glorificado de Apocalipse 1. Precisamos conhecê-lo em suas diversificadas excelências.

Se há uma coisa que tentei fazer como pastor foi incentivar aparentes opositores que não precisavam ser opositores. Oro com fervor para que minha igreja não seja uma igreja desequilibrada que se sai muito bem em um tipo de virtude à custa de outras. É óbvio que não conseguiremos fazer todas as coisas igualmente bem como igreja, mas minha esperança é que possamos ser marcados pela graça e pela verdade, pela precisão de lógica e uma paixão afetuosa, pensamento cuidadoso e sentimento compassivo, teologia forte e amor terno, liberdade cristã e disciplina espiritual, cuidado congregacional e evangelismo dedicado, diversidade sem infidelidade doutrinária, ambição sem arrogância e contentamento sem complacência.

Creio ser essa a visão de Deus para a igreja. E não creio que alguém na igreja emergente esteja dizendo algo parecido com isso — talvez em uma frase aqui e ali, mas não de uma maneira equilibrada. Receio que os líderes emergentes estejam criando uma hoste de falsas dicotomias que produzirão igrejas desequilibradas, mesmo quando eles reagirem a igrejas desequilibradas em direções opostas.

O Leão e o Cordeiro

Nossas igrejas precisam ser ricas em diversificadas excelências porque esse é o caráter de Deus. Ele é soberano, poderoso, onisciente e santo. E ele também é misericordioso, paciente, sábio e amoroso. Se formos uma igreja com desequilíbrio nas virtudes, não refletiremos o caráter de Deus, que é perfeito em todas as suas formas multifacetadas.

Também não refletiremos Jesus. Precisamos conhecer a Jesus Cristo como Leão e também como Cordeiro. O Jesus semelhante a um leão de Mateus 23, que disse "Ai de vocês, mestres da lei e fariseus, hipócritas, porque percorrem terra e mar para fazer um convertido e, quando conseguem, vocês o tornam duas vezes mais filho do inferno do que vocês", é o mesmo Cristo semelhante ao cordeiro Jesus de Mateus 25 que disse "O que vocês fizeram a algum dos meus menores irmãos, a mim o fizeram". E o Jesus cordeiro de Mateus 27, que clamou "Meu Deus! Meu Deus! Por que me abandonaste?", é o mesmo Senhor como o Jesus leão de Mateus 28 que declarou "Foi-me dada toda a autoridade nos céus e na terra".

Precisamos adorar o Jesus leão e o Jesus cordeiro, e glorificá-lo por todos os seus atributos.

Conhecendo a Deus

Não é coincidência que os problemas das sete igrejas de Apocalipse 2 e 3 sejam seguidos por uma visão majestosa daquele que se assenta no trono (cap. 4) e do Cordeiro que foi morto (cap. 5). O magnífico retrato do soberano e santo

Deus do universo sentado no trono, tendo o Cordeiro à sua direita, segue-se a sete cartas bastante práticas e específicas. De fato, a visão de Deus nos capítulos 4 e 5 é a resposta aos problemas apresentados nos capítulos 2 e 3.

Cada uma das igrejas é chamada a vencer. Mas como se faz isso? A resposta é encontrada nos capítulos 4 e 5. Ali é apresentado um vislumbre de Deus e do Cordeiro que é de tirar o fôlego. Você tira os olhos de sua situação terrena, observa o céu e vê como é a verdadeira realidade. Sejam quais forem os problemas da igreja, o mais necessário é ver Deus em sua glória. Perdeu seu primeiro amor? Sofre perseguição? É impuro? Tem uma teologia ruim? Está espiritualmente seco? Cheio de fraquezas? Apático? Você precisa conhecer melhor a Deus.

David Wells está certo: “Hoje, Deus descansa de maneira irrelevante sobre a igreja [...] Seu Cristo, se é que é visto, está empobrecido, magro, pálido e praticamente incapaz de inspirar temor, suas riquezas são totalmente passíveis de investigação [...]. É de Deus que a igreja mais precisa — Deus em sua graça e verdade, Deus no temor de sua presença aterradora e santa”.[5]

Uma das coisas que me mantêm firme como pastor é perguntar a mim mesmo: “Isso ajudará meu povo e eu a morrermos bem?”. Promover uma incerteza radical não ajuda as pessoas a morrerem bem. Chamar as pessoas a viverem a vida de Jesus ao mesmo tempo que se minimiza a morte dele como o sacrifício substitutivo que desviou a ira do Pai não ajuda as pessoas a morrerem bem. Chamar-nos a simplesmente experimentar uma jornada de fé inexplicável e selvagem não ajuda muito quando chega a hora de irmos para nosso destino eterno.

O que coloca uma pedra debaixo de nossos pés e esperança em nosso coração é o conhecimento seguro de que Deus é santo, justo, amoroso, sabedor de todas as coisas, todo-poderoso, eterno, independente, soberano e misericordioso; que ele criou o mundo bom, apenas para que Adão lançasse a raça humana no pecado e a colocasse sobre a servidão de uma impiedade sempre crescente; que Deus planejou, na eternidade, salvar aqueles a quem chamaria e que, na plenitude do tempo, enviou seu Filho, Jesus Cristo, para viver a vida que não poderíamos viver e sofrer a morte que merecíamos; que Jesus virá outra vez para julgar os vivos e os mortos, condenando de modo justo o descrente à punição eterna e concedendo aos seguidores de Jesus a vida que nunca termina, sempre em crescente desfrute de Deus.

Descansar em tudo isso nos ajuda a fazer aquilo que todos os misteriosos paradoxos e as incertezas pós-modernas jamais poderiam fazer: isso nos ajuda a morrer bem. Chame isso de linear, dogmático ou terrivelmente sobrenatural, mas é a isso que os cristãos têm se apegado há milênios como seu único conforto na vida e na morte. E, pela graça de Deus, tal articulação da mensagem crista emergirá e reemergirá, de maneira não apologética nem hesitante, como frente e centro em todas as nossas igrejas. Essa é, afinal, como Judas disse muito tempo atrás, a "salvação que compartilhamos" e a "fé de uma vez por todas confiada aos santos".

Agradecimentos

Muitos autores concordariam que esta é a melhor parte de se escrever um livro. O difícil é tentar lembrar de todas as pessoas que merecem nossa gratidão.

Devo agradecimentos, antes de qualquer coisa, a minha querida esposa, Trisha. Ela é tudo aquilo sobre o que os maridos sempre escrevem na seção de agradecimentos e um pouco mais: um apoio maravilhoso, uma grande mãe, uma cristã vibrante, uma mulher forte. Amo você. Ian, Jacob e Elizabeth, obrigado por manterem o papai jovem.

Meus pais, Lee e Sheri DeYoung, têm sido modelos de bons trabalhadores e de fidelidade serena durante toda a minha vida. Obrigado por me amarem sem me deixar convencido. Obrigado por me ensinarem a ofertar e por dizer que João Calvino era um dos "mocinhos" em uma época em que eu não estava bem certo disso. Obrigado por me fazerem ir à igreja duas vezes por domingo.

Meus sogros, Roy e Barbara Bebee, têm sido um grande incentivo para mim. Nunca imaginei que pudesse ter uma amizade tão boa com os pais de minha esposa. Obrigado por seu apoio. Vocês podem ser meus agentes de relações públicas sempre que quiserem.

Dave DeWit e toda a turma da Moody foram fantásticos — responsáveis, responsivos, profissionais, sinceros e apoiadores. Sou grato a David Wells por escrever o prefácio, por escrever seus livros e por ser meu professor na Gordon-Conwell, em Massachusetts. O Seminário Nova Genebra, em Colorado Springs, tem sido um grande lar fora de casa nas minhas saídas para estudo. Obrigado, gente.

Tenho sido abençoado pela amizade de um grande número de pastores fiéis, amigos e centrados no evangelho. Dale Van Dyke, Doug Phillips e Ron Sanford, para citar apenas alguns. A liderança da University Reformed Church é excelente. Sou feliz por estar com vocês: Ben, Katie, Kristina, Jon, Vanessa, Dave, Kevin, Becky, Jenny e Lisa. Agradeço aos meus irmãos de sangue — Peter, Kristen e Karissa — por seu interesse no livro e em mim. Idem em relação ao Clube da Luta — Dietzy, Carter, McKnight, Eastie, Joey, Will, Mikey e Brink.

Ted e Kristin Kluck são tudo o que amigos deveriam ser — sérios e engraçados, inteligentes e bobos, prontos para aplaudir e prontos para usar de sarcasmo. Assim que cheguei, não pensava que seríamos tão bons amigos. Hoje não consigo imaginar-me aqui sem a amizade de vocês. Tristan, você também é legal. Obrigado pelo aceno a cada domingo.

Existe um monte de pessoas maravilhosas na University Reformed Church às quais agradecer, mas, se você está lendo este livro, provavelmente é uma delas. Gosto muito de ser seu pastor. Obrigado por serem pacientes comigo.

* * *

Seria negligência de minha parte começar meus agradecimentos por outra pessoa que não fosse minha esposa, Kristin. Ela tem sido bondosa, amorosa, paciente e sacrificial por toda a minha carreira de escritor — agindo como editora, incentivadora, contadora e uma bem-vinda distração. Kristin sempre amou as Escrituras e buscou a verdade. Eu a amo por isso, entre muitas outras coisas. Nós nos divertimos fazendo isso juntos, não é, Amor? "Será real. Será bacana. Quem vem comigo?" (Agradeço também a Cameron Crowe por escrever *Jerry Maguire*).

Um agradecimento especial a Wayne Grudem por escrever *Manual de doutrinas cristãs*. Esse texto seco, sistemático e proposicional nos ajudou a enfrentar coisas difíceis em nossa vida e a entender melhor a Bíblia.

Agradeço também a Kevin DeYoung, meu coautor, por pastorear nossa igreja com coragem, paixão e um talento que raramente vi. Kevin é um ótimo autor e um amigo ainda melhor. Vocês também, Trisha, Ian e Jacob. A nossos amigos — especificamente David e Amie, Evan e Jenny, Johnny e Bethany e Bruce e Jan — cujas palavras me incentivaram quando estava tentado a ficar obcecado com o fato de que seríamos cortados em pedaços nos *blogs* e redes sociais por todo o país depois da publicação deste livro. Obrigado por seu apoio.

À equipe da Moody Press — Dave DeWit, Tracey Shannon e os muitos outros que se esforçaram neste projeto — obrigado por se arriscarem nessa empreitada.

Quero agradecer às igrejas que frequentei por toda a minha vida, a começar da infância, onde a Bíblia foi pregada e o evangelho valorizado: a Grace United Methodist, em Hartford City; a Upland Community (antigamente chamada Upland EMC); a Westminster Presbyterian, em Muncie; e finalmente a University Reformed Church, em East Lansing.

Diverti-me muito entre suas paredes e fiquei muito feliz pela forma como amaram a mim e à minha família.

Finalmente, gostaria de agradecer aos meus pais, Ted e Karen Kluck, por me criarem em um lar onde o evangelho era apoiado e pregado com clareza. Papai, você teve a coragem de ir contra a corrente quando entregou sua vida a Deus no ensino médio, o que poderia não ter sido fácil, e nossa família colheu os benefícios. Seu casamento é um exemplo do amor de Cristo pela igreja.

Notas

As notas a seguir correspondem a indicações e explicações dos autores, principalmente referentes a livros. As páginas citadas correspondem aos livros originais. Quando os livros existem em português, incluímos uma referência à bibliografia.

Introdução

1 Mark Driscoll, *Confessions of a Reformission Rev.*, p. 21.

2 Eddie Gibbs e Ryan K. Bolger, *Emerging Churches*, p. 41.

3 Andy Crouch, "The Emergent Mystique", *Christianity Today*, novembro de 2004, p. 37.

4 D. A. Carson, *Becoming Conversant with the Emerging Church*, p. 11-44.

5 Gibbs e Bolger, *Emerging Churches*, p. 45.

6 Robert E. Webber, *The Younger Evangelicals.*

7 <http://www.theooze.com/articles/print.cfm?id=1151>.

8 Apesar de todo o papo sobre conversa e diálogo, alguns dos livros emergentes são prefaciados de maneira a dificultar a produção de uma crítica honesta e construtiva. McLaren, por exemplo, escreve no prefácio de *Heretic's Guide to Eternity*, de Spencer Burke e Barry Taylor: "É fácil para os inquisidores se lançarem em uma missão de descoberta de falhas; eles têm muita prática e são realmente bons nisso. O que é mais desafiador — e, no caso deste livro, muito mais benéfico — é partir para uma missão de descoberta da verdade. E, sim, até mesmo em

um livro com a palavra 'herege' no título, creio que qualquer leitor honesto pode encontrar muita verdade digna de ser buscada. Talvez até aqueles que se entregaram à embriaguez legal no malte e no lúpulo da busca pelas falhas, aqueles que são viciados em inquisição mas acham que podem abandonar o vício a qualquer momento [...] talvez até mesmo eles tenham um breve vislumbre no espelho destas páginas, um vislumbre que lhes fará bem" (p. ix-x). Reduzir seus opositores a pessoas que gostam de encontrar defeitos e viciados em inquisição não é a melhor maneira de convidar para uma conversa aberta e honesta. É profundamente injusto começar um livro prejulgando aqueles que podem discordar, chamando-os de "aqueles que se entregaram à embriaguez legal no malte e no lúpulo da busca pelas falhas". É como começar este livro dizendo "há muitos líderes por aí que odeiam a verdade. Não gostam dela, nem sentem fome dela. Esses tais não serão capazes de engolir este livro. Mas talvez, com um pouco de prática, eles venham a desenvolver as papilas gustativas da verdade e tornem-se capazes de saborear alguma coisa deste livro. *Bon apetite!*". Talvez as pessoas emergentes não gostem deste livro porque amam a verdade e acham que nos desviamos dela. E talvez as pessoas não emergentes sejam críticas de McLaren, Burge, Pagitt e outros não porque sejamos caçadores de heresias, mas porque queremos corrigir nossos oponentes com mansidão, com o propósito de que Deus possa conduzi-los ao arrependimento e ao conhecimento da verdade (2Tm 2:25).

[9] Veja Robert WEBBER, *Listening to the Beliefs of the Emerging Churches*. As cinco perspectivas se movem da direita para a esquerda no espectro teológico. Mark Driscoll é um biblicista conservador e reformado (seu capítulo tem mais de setecentas referências bíblicas) que pode ser chamado de emergente apenas no sentido de que está alcançando as gerações emergentes. John Burke é um evangélico afetuoso que "não se encaixa plenamente no campo emergente", mas que tem pontas menos agudas do que Driscoll (p. 51). Dan Kimball é o próximo no espectro. Kimball é da direita (em termos teológicos) da igreja emergente, apegando-se à ortodoxia nicena (e crendo em ortodoxia!), mas é claramente simpático a muitos aspectos do movimento. Doug Pagitt é mais progressista que Kimball e parece estar ligado ao liberalismo teológico da velha escola. Karen Ward não é tão influente quanto Pagitt no movimento, mas está alinhada com o "coração" do movimento emergente.

Capítulo 1

[1] *Making Sense of the Church*, p. 45.

[2] Dave TOMLINSON, *The Post-Evangelical*, p. 138.

[3] *How (Not) to Speak of God*, p. 6.

[4] *Velvet Elvis*, p. 27 (vide bibliografia).

[5] *Above All Earthly Pow'rs*, p. 122 (grifo do original).

[6] Solomon's Porch é o nome da comunidade em que prega o pastor Doug Pagitt. (N. do T.)
[7] Doug Pagitt e Solomon's Porch Community, *Reimagining Spiritual Formation*, p. 23-24.
[8] *Adventures in Missing the Point*, p. 43.
[9] Citado em Leonard Sweet, *The Church in Emerging Culture*, p. 249.
[10] *Blue Like Jazz*, p. 103 (vide bibliografia).
[11] *The Gagging of God*.
[12] *The Post-Evangelical*, p. 113-114.
[13] *Velvet Elvis*, p. 23 (vide bibliografia).
[14] Doug Pagitt citado em Tomlinson, *The Post-Evangelical*, p. 85.
[15] Donald Miller, *Blue Like Jazz*, p. 57 (vide bibliografia).
[16] Rob Bell, *Velvet Elvis*, p. 32-33 (grifo do original) (vide bibliografia).
[17] Veja D. A. Carson, *Becoming Conversant with the Emerging Church*, p. 188ss, onde ele cita uma quantidade enorme de passagens bíblicas em que lemos que é preciso saber coisas com certeza.
[18] Doug Pagitt comenta: "Para ser honesto, não tenho certeza da utilidade desse sentido do termo mistério. Não estou dizendo que Dan [Kimball] seja desonesto, de forma alguma. Estou sugerindo que, às vezes, existe certo jogo de palavras em ação que permite que Dan ao mesmo tempo creia (com total garantia da autoridade), mas não tenha de ser responsável por aquela crença". Citado em Robert Webber, ed., *Listening to the Beliefs of Emerging Churches*, p. 112-113.
[19] *The Everlasting Man*, p. 231 (vide bibliografia).
[20] *The Lost Message of Jesus*, p. 18-19.
[21] *Adventures in Missing the Point*, p. 84.
[22] *Institutes of the Christian Religion*, III.ii.39.
[23] *Orthodoxy*, p. 27-28 (vide bibliografia).
[24] *Beyond Foundationalism: Shaping Theology in a Postmodern Context*, p. 30.
[25] *Becoming Conversant*, p. 119.
[26] *The Secret Message of Jesus*, p. 7 (vide bibliografia).
[27] <http://blog.christianitytoday.com/outofur/archives/2006/01/brian_mclaren_o_3.html>. Acesso em: 11 jan. 2011.
[28] *A Generous Orthodoxy*, p. 38.
[29] Idem, p. 43.
[30] Idem, p. 42.
[31] *The Secret Message of Jesus*, p. 210-211 (vide bibliografia).
[32] *Velvet Elvis*, p. 46 (vide bibliografia).
[33] Idem, p. 64-65.
[34] "Brian McLaren on the Homosexual Question", 23 de janeiro de 2006, em "Out of Ur", um *blog* do *Leadership Journal*. Disponível em: <http://blog.christianitytoday.com/outofur/archives/2006/01/brian_mclaren_o.html>. Acesso em: 11 jan. 2011.
[35] Idem.

[36] "Brian McLaren on the Homosexual Question 4: McLaren's Response, "30 de janeiro de 2006, em "Out of Ur", um *blog* do *Leadership Journal*. Disponível em: <http://blog.christianitytoday.com/outofur/archives/2006/01/brian_mclaren_3.html>. Acesso em: 11 jan. 2011.
[37] *The Lost Message of Jesus*, p. 94.
[38] WEBBER, *Listening to the Beliefs*, p. 140.
[39] "Rob Bell Hits Lexington and a Packed-Out House", 15 fev. de 2007, <http://benwitherington.blogspot.com>. Acesso em: 11 jan. 2011.
[40] <http://blog.christianitytoday.com/outofur/archives/2006/01/brian_mclaren_o.html>. Acesso em: 11 jan. 2011.
[41] *Turning Around the Mainline*, p. 64, 67.
[42] Não é segredo que as comunidades anglicanas do Terceiro Mundo, especialmente os líderes africanos, reagiram com consternação diante da confirmação de Gene Robinson, por parte da Igreja episcopal dos Estados Unidos (ECUSA, na sigla em inglês, que representa o ramo anglicano naquele país), como o primeiro bispo efetivamente *gay*. Vejamos, por exemplo, como Akinola concluiu sua declaração: "Uma escolha clara foi feita em favor de uma igreja que existe primariamente em lealdade a desvios não bíblicos e perversidade de nossa geração; uma igreja que entroniza a vontade dos homens acima e além da autoridade de Deus e de sua Palavra revelada e escrita. Tal igreja está fadada a tornar-se um altar para adorar a homens em vez de a Deus" (<http://www.ekk.org/articles.php?id=12&page=8>). As palavras de Nkoyoyo foram ainda mais fortes. Quando a ECUSA quis enviar uma delegação a Uganda com o objetivo de oferecer ajuda financeira ao povo, o arcebispo explicou por que não poderia aceitar a vinda de tal delegação. "Se ficarmos calados diante do que vocês fizeram — promover a imoralidade sexual, algo que não é bíblico — e simplesmente subverter ou ignorar a decisão de declarar um afastamento da relação com a ECUSA, pessoas pobres e desabrigadas receberão ajuda. Eis a nossa resposta: o evangelho de Jesus Cristo não está à venda, mesmo entre os mais pobres entre nós, aqueles que não possuem dinheiro. Vida eterna, obediência a Jesus Cristo e conformidade à sua Palavra são mais importantes. A Palavra de Deus é clara ao dizer que vocês escolheram um caminho de separação que leva à destruição espiritual. Porque amamos vocês, não podemos deixar que isso fique sem resposta [...]. Como resultado, qualquer delegação que vocês enviarem não pode ser bem-vinda, recebida ou acomodada. Também não podemos desfrutar de comunhão nem sequer receber recursos tão desesperadamente necessários. Se, porém, vocês se arrependerem e se voltarem ao Senhor, será uma ocasião de grande alegria".
[43] *Spiritual Depression*, p. 44.
[44] *Adventures in Missing the Point*, p. 243ss.
[45] Idem, p. 251.
[46] *How (Not) to Speak of God*, p. 33.

[47] *The Post-Evangelical*, p. 25-26.
[48] Idem, p. 103.
[49] Dwight J. Friesen em Doug Pagitt e Tony Jones, *An Emergent Manifesto of Hope*, p. 211.
[50] Tomlinson em Pagitt e Jones, *An Emergent Manifesto*, p. 88.
[51] *Spiritual Depression*, p. 48.

Capítulo 2

[1] Por favor, tire-os de nossas mãos. Minha esposa terá o maior prazer de lhe enviar uma cópia. Ou vinte. O filme retrata o autor usando um macacão de paraquedista azul e um monte de medalhões de ouro. Meu papel é de um produtor musical cristão com moral frouxa.
[2] Ou "galinha". É um jogo no qual dois caras entram cada um em um carro e correm na direção de um penhasco. Aquele que pular do carro primeiro é o perdedor. Coisas como essas, juntamente com as brigas com facas e as arruaças, aparentemente eram o elemento principal dos dramas adolescentes da década de 1950.
[3] Não estou defendendo aqui o abuso do cônjuge. Penso que Jim queria que seu pai se levantasse contra sua mãe, e talvez "dar uma surra" pudesse ser entendido simplesmente como discordar dela e uma iniciativa dele de assumir seu papel como chefe da casa.
[4] TBN significa Trinity Broadcast Network, rede de emissoras de televisão evangélica, com transmissão em todos os Estados Unidos e em vários países do mundo. (N. do T.)
[5] "Menos clientes, menos dinheiro, mais atenção pessoal." E não é um lembrete; é uma declaração de missão. *Jerry Maguire* é outro filme a que você deveria assistir.

Capítulo 3

[1] *A Generous Orthodoxy*, p. 177; Brian D. McLaren e Tony Campolo, *Adventures in Missing the Point*, p. 75.
[2] *Velvet Elvis*, p. 42 (vide bibliografia).
[3] Dave Tomlinson, *The Post-Evangelical*, p. 114.
[4] Idem, p. 107.
[5] Idem, p. 74.
[6] Doug Pagitt, *Reimagining Spiritual Formation*, p. 32.
[7] Rob Bell citado em *Christianity Today*, "The Emergent Mystique", nov. de 2004, p. 38.
[8] Idem.
[9] Veja Brian D. McLaren, *A New Kind of Christian*, p. 52.
[10] Idem.
[11] *Adventures in Missing the Point*, p. 79.
[12] Idem, p. 77.

[13] *The Reading and Preaching of the Scriptures in the Worship of the Christian Church,* vol. 2, p. 119.
[14] Tomlinson, *The Post-Evangelical,* p. 94. Mark Galli, que escreve em uma das orelhas do livro, afirma que pós-evangélicos como Tomlinson "são menos inclinados a procurar a verdade em declarações proposicionais e antigas certezas morais" e, então, Galli acrescenta "a não ser quando estão fazendo declarações como esta!".
[15] Sally Morgenthaler (em Paul Basden, ed., *Exploring the Worship Spectrum,* p. 224 – vide bibliografia), por exemplo, ao argumentar em favor do "conhecer por narrativa" em vez de "conhecer por noção", diz: "E, ao entrar no drama de suas histórias, envolvemo-nos com a pessoa de Deus, não apenas com os princípios de Deus".
[16] Niebuhr e Brunner, respectivamente, citados em Carl F. H. Henry, *God, Revelation and Authority,* p. 436.
[17] Idem, p. 436. Do lado católico romano, Avery Cardinal Dulles ("The Orthodox Imperative", em *First Things* [agosto/setembro de 2006], p. 33) ressoa a mesma nota. "As Escrituras e os credos testificam fatos essenciais corretos: que Jesus nasceu da Virgem Maria, sofreu sob Pôncio Pilatos, ressuscitou dos mortos e enviou o Espírito Santo sobre a comunidade dos crentes. Esses e outros eventos, comprometidos com a linguagem, pertencem aos credos cristãos e são inseparáveis da fé cristã. Uma compreensão não proposicional da revelação contradiz a tendência da Santa Escritura e as mais antigas confissões de fé, que descrevem eventos históricos particulares de importância crucial para a fé".
[18] Veja Carl Raschke, *The Next Reformation,* p. 115-143.
[19] Veja John Woodbridge, *Biblical Authority*; Richard Muller, *Holy Scripture,* vol. 2.
[20] Essa sequência de citações vem de Carl F. H. Henry, *God, Revelation and Authority,* vol. 4, p. 368ss.
[21] *Truth & Power,* p. 50-51.
[22] *Church Dogmatics,* p. I.1.109.
[23] Idem, p. 117.
[24] *The Post-Evangelical,* p. 113.
[25] *Beyond Foundationalism,* p. 69.
[26] Idem, p. 232-233. Você poderá encontrar uma crítica a Grenz e à escola "pós-conservadora" de teólogos e filósofos em Millard J. Erickson, Paul Kjoss e Justin Taylor, eds. *Reclaiming the Center,* especialmente no ensaio de D. A. Carson intitulado "Domesticating the Gospel: A Review of Grenz's *Renewing the Center*" (p. 33-58).
[27] Carson, "Domesticating the Gospel", p. 51.
[28] "Fundacionalismo" é um termo epistemológico que filósofos e teólogos usam para descrever como sabemos o que sabemos. Os pós-modernos rejeitam o fundacionalismo, enquanto os evangélicos conservadores

tendem a se sentir confortáveis com um fundacionalismo modesto. O uso técnico do termo não é necessário nesta discussão.
[29] Brian D. McLaren, *A New Kind of Christian*, p. 53.
[30] Como D. A. Carson destacou, os líderes da igreja emergente, diferentemente dos reformadores, desejam mudanças porque a cultura mudou. Os reformadores, por outro lado, clamavam por mudanças porque a igreja se afastara da Bíblia. "Reformado e sempre reformando" não era um lema que dava permissão para inovação doutrinária contínua, que é a maneira em que ouvi a expressão *semper reformada* ser usada centenas de vezes. Era um brado de convocação para um retorno contínuo às Escrituras de modo que, por meio delas, a igreja possa ser reformada e sempre reformar.
[31] Tomlinson, *The Post-Evangelical*, p. 115.
[32] Bell, *Velvet Elvis*, p. 46, 55 (vide bibliografia).
[33] Idem, p. 58.
[34] McLaren, *A New Kind of Christian*, p. 50.
[35] De acordo com Bell, ninguém de fato lhe apresenta a Bíblia de maneira direta. As pessoas simplesmente lhe dizem o que acham que ela significa (p. 54). Em alguns momentos, Bell parece estar simplesmente defendendo certa humildade interpretativa. Em outros, ele faz que todo o processo de discernimento da verdade bíblica pareça forçado e totalmente impossível. "Alguém, em sua história, decidiu que certos versículos bíblicos se aplicavam e outros não" (p. 56). Usar o termo "apenas a Escritura" parece bom, "mas não é verdadeiro" (p. 67). Qual é a razão de Bell rejeitar *sola scriptura*? O fato de que "a Bíblia nasceu de uma votação da igreja sobre o que é de fato a Bíblia...". Em uma única frase, Bell elimina séculos de compreensão protestante em relação ao cânon — a igreja não fez uma votação sobre os livros da Bíblia, mas reconheceu a autoridade que esses livros já possuíam nas igrejas em virtude de autoria apostólica ou de conexão com os apóstolos.
[36] McLaren, por exemplo, defende que a Bíblia é tão rica e tem tantas camadas que novos recursos são constantemente extraídos, "de modo que a mensagem em si muda porque a mensagem muda seu contexto, que é o mesmo que dizer que a mensagem em si muda ao abordar situações, problemas e oportunidades novos de novas maneiras"; McLaren em Leonard Sweet, ed. *The Church in Emerging Culture*, p. 210. Portanto, é um insulto às riquezas e profundidades do evangelho dizer que ele não pode mudar. Mas, como Horton destaca no mesmo livro, não existe catolicidade? Por acaso *múltiplas camadas* precisa significar mensagens múltiplas ou mutáveis?
[37] *Validity in Interpretation*, p. ix.
[38] *The Story We Find Ourselves In*, p. 52.
[39] *Velvet Elvis*, p. 21 (vide bibliografia).
[40] *Reflections on the Psalms*, p. 55.

Capítulo 4

[1] Conforme citado em Christopher BUCKLEY, *Thank You for Smoking* (vide bibliografia). Nesse romance, Nick Naylor é o relações-públicas e porta-voz da Academia de Estudos sobre o Tabaco, que promove os benefícios de fumar. Naylor foi representado por Aaron Eckhart em um filme de 2006 com o mesmo nome.

[2] Nem tanto. Veja Doug Pagitt em *Dougpagitt.com.*

[3] P. 6, conforme citado em "Special Report: The Barbarian Way", disponível em <http://www.lighthousetrailsresearch.com/erwinmcmanus.htm>.

[4] Esta bem que poderia ser minha nota de advertência ao estilo de McLaren. A parte na qual falo de antemão o quão desqualificado sou para escrever este livro... mas você provavelmente já sabe disso.

[5] <http://www.cassiopedia.org/wiki/index.php?title=futurism_(art)>.

[6] <http://en.wikipedia.org/wiki/futurist>. Acesso em: 11 jan. 2011.

[7] O autor faz uma brincadeira com o título do filme *Conduzindo miss Daisy* e as iniciais do autor D. A. Carson. (N. do T.)

[8] Embora não existam líderes por si. E, a propósito, não é um movimento; pelo contrário, é apenas uma discussão.

[9] "Reformed?", 28 ago. de 2006, disponível em: <http://theoblogy.blogspot.com/2006_08_01_archive.html>. Acesso em: 13 jan. 2011.

[10] Do meu computador sai uma lista de palavras que são *verboten* nos círculos emergentes: "proposicional", "metanarrativa", "asserções" e "fundacionista".

[11] <http://www.infuzemag.com/interviews/books/erwinmcmanus>.

[12] Termo pejorativo aplicado à indústria do tabaco em geral, ou mais especificamente às três maiores companhias de tabaco dos Estados Unidos. (N. do T.)

[13] Os sete tipos são listados como protestante conservador, pentecostal, católico romano, ortodoxo grego, protestante liberal, anabatista e adepto da teologia da libertação (o não violento).

[14] N. do T.: Mars Hill Bible Church, igreja fundada por Rob Bell. Fica em Grand Rapids, Michigan, que é o estado onde vivem os autores. Daí a citada "proximidade". (N. do T.)

[15] *Velvet Elvis*, p. 148 (vide bibliografia).

Capítulo 5

[1] Doug Pagitt em Dave TOMLINSON, *The Post-Evangelical*, p. 84.

[2] Esta é a crítica de Pagitt a Dan Kimball em WEBBER, *Listening to the Beliefs of Emerging Churches*, p. 114.

[3] *The Post-Evangelical*, p. 70.

[4] *The Secret Message of Jesus*, p. 6 (vide bibliografia).

[5] *A Generous Orthodoxy*, p. 36.

[6] Idem, p. 325.

[7] Idem, p. 25.
[8] Idem, p. 33.
[9] Citada em Doug PAGITT, *Reimagining Spiritual Formation*, p. 43.
[10] Conforme citado em Doug PAGITT, *An Emergent Manifesto of Hope*, p. 166, 168. Ao que parece, o Fuller Theological Seminary, onde Taylor leciona, e a Zondervan, que publicou o livro, não são considerados organizações ou instituições.
[11] Idem, p. 168, 169.
[12] As estatísticas foram extraídas de Dave SHIFLETT, *Exodus: Why Americans Are Fleeing Liberal Churches for Conservative Christianity*, p. xiii-xiv. Shiflett relatou um crescimento de dois dígitos na Assembleia de Deus (18,5%), na Igreja Conservadora Cristã e na Igreja de Cristo (18,6%), na Aliança Cristã Missionária (21,8%), na Igreja de Deus (40,2%) e na Igreja presbiteriana da América (42,4%). Em seu livro *The Churching of America, 1776-2005*, Roger Finke e Rodney Stark chegam a uma conclusão oposta à de Taylor e de muitos da igreja emergente. A tese de Finke e Stark é esta: "Na mesma proporção em que as denominações rejeitaram as doutrinas tradicionais e deixaram de fazer exigências sérias a seus seguidores, elas deixaram de prosperar. O desenvolvimento eclesiástico da América foi alcançado por meio de igrejas agressivas fortemente dedicadas à vida por vir" (p. xiv).
[13] Rob BELL, *Velvet Elvis*, p. 92 (vide bibliografia).
[14] D. G. HART, *J. Gresham Machen*, p. 144.
[15] Citado em Leonard SWEET, *The Church in Emerging Culture: Five Perspectives*, p. 248.
[16] Conforme citado em Eddie GIBBS e Ryan K. BOLGER, *Emerging Churches: Creating Christian Community in Postmodern Culture*, p. 47.
[17] Em Doug PAGITT, *An Emergent Manifesto*, p. 170.
[18] *Creed or Chaos?*, p. 19.
[19] Em *Modern Reformation*, julho/agosto de 2005, p. 49.
[20] *How (Not) to Speak of God*, p. 3.
[21] Dwight J. Friesen em *Emergent Manifesto*, p. 210. Atanásio foi o defensor da ortodoxia nicena no século IV. Ele defendeu, contra os arianos e, em alguns momentos, contra o mundo (*contra mundum*), que Cristo era *homoousios* (da mesma substância) com o Pai, não simplesmente *homoiousios* (de substância similar).
[22] Idem, p. 210.
[23] *Velvet Elvis*, p. 26-27 (vide bibliografia).
[24] Citado em James D. G. DUNN, *A New Perspective on Jesus*, p. 18.
[25] Cf. G. K. CHESTERTON, *Everlasting Man*: "Tudo o que é condenado na tradição, na autoridade e no dogmatismo da Igreja católica, bem como a recusa de se retratar e modificar, nada mais é senão os atributos humanos naturais de um homem com uma mensagem relacionada a um fato" (p. 267-268) (vide bibliografia).
[26] *Christianity and Liberalism*, p. 21.

[27] *Preaching Re-Imagined*, p. 103.
[28] *Christianity and Liberalism*, p. 47.
[29] Citado em D. G. HART, *J. Gresham Machen: Selected Shorter Writings*, p. 460.
[30] Idem, p. 93.
[31] A exceção é Peter Rollins, que menciona explicitamente, com aprovação, Schleiermacher, Barth, Bultmann, Tillich e Rosenzweig em *How (Not) to Speak of God*, p. 23.
[32] Em Doug PAGITT, *Emergent Manifesto*, p. 165.
[33] *Velvet Elvis*, p. 22. Veja o segundo livro de Bell, *Sex God*, onde ele diz: "Deus encontra as pessoas onde elas estão e as convida a seguir para o próximo estágio de esclarecimento" (p. 136) (vide bibliografia).
[34] Robert Sanders, "The Ecstatic Heresy", *Christianity Today*, outubro de 2004, p. 55.
[35] Idem, p. 56-57.
[36] As três citações foram extraídas de <http://www.relevantmagazine.com/beta/issue_21_missingpointA.php>.
[37] Caroline Westerhoff escreve: "Se toda e qualquer pessoa for incluída facilmente, estamos dizendo, com efeito, que qualquer coisa serve. Estamos renunciando às fronteiras. E, como nossa membresia é cada vez mais composta daqueles que não podem confirmar ou que não vão confirmar qualquer medida de aderência às práticas fundamentais e aos valores da comunidade definida, essa comunidade como a conhecemos desaparecerá [...]. Se até mesmo a filiação inicial não possui qualificação, então representamos pouca coisa além de sermos banalmente 'inclusivos'. Se o pertencimento está destituído de obrigação e de prestação de contas, então no final não nos juntamos a muita coisa, e qualquer importância que a comunidade possa ter tido para nós desaparece como neblina" (*Good Fences*, p. 29).
[38] Uma vez que Burke é o autor principal de *Heretic's Guide*, vou me referir às ideias presentes no livro como sendo dele em vez de seguir pelo caminho mais enfadonho de sempre mencionar Burke e Taylor.
[39] Spencer BURKE e Barry TAYLOR, *A Heretic's Guide to Eternity*, p. ix, x.
[40] Ele escreve: "Para ser honesto, a religião não funciona mais para mim. Estar alinhado com uma igreja institucional ou um sistema particular de adoração parece cada vez mais irrelevante para minha jornada progressiva com Deus", *Heretic's Guide*, p. 6.
[41] Idem, p. 52, 197, 199, respectivamente.
[42] Idem, p. 64-65.
[43] Idem, p. 130-131.
[44] Idem, p. 184-185.
[45] Idem, p. 195.
[46] Idem, p. 211.
[47] "Heretic's Guide to Eternity 4." Jesus Creed. 8 de agosto de 2006; um *blog* de Scot McKnight. Disponível em: <http://blog.beliefnet.com/

jesuscreed/2006/08/heretics-guide-to-eternity-4.html>. Para ser justo, McKnight menciona que Burke lhe disse por telefone que todos estão inclusos na graça de Deus por causa da morte e da ressurreição de Jesus. McKnight quer saber, assim como eu, por que razão isso não foi colocado no livro?

[48] "I Am (Not) as Smart as Peter Rollins", 5 de dezembro de 2006, <http://theoblogy.blogspot.com/2006_12_01_archive.html/> (grifo do original).

[49] De modo geral, não estou sequer citando suas liturgias, uma das quais inclui um momento no qual as pessoas perdoam as falhas de Deus e lançam uma sentença sobre ele (p. 94-95) e outra na qual um homem com o peito desnudo tem as palavras "*gay*", "bicha", "homo" e "veado" pintadas sobre si (p. 134). Veja uma discussão mais ampla no capítulo 8, de autoria de Ted.

[50] *How (Not) to Speak of God*, p. xii.

[51] Idem, p. 17.

[52] Idem, p. xii.

[53] Idem, p. 25. Veja p. 26, a respeito de ter dúvidas sobre aquilo que acreditamos sobre Deus.

[54] Idem, p. 21.

[55] Idem, p. 32. Grifo do original.

[56] Idem, p. 3. Chesterton faz um comentário sábio: "Se há uma coisa que os mesmos liberais sempre oferecem como exemplo de cristianismo puro e simples, sem se preocupar com disputas doutrinárias, é a frase solitária 'Deus é amor'" (*The Everlasting Man*, p. 227) (vide bibliografia).

[57] Idem, p. 66.

[58] Idem, p. 57.

[59] Idem, p. 17.

[60] Idem, p. 61.

[61] Idem, p. 80.

[62] Idem, p. 68. A filosofia de desapego de Rollins o leva a fazer declarações como esta: "Somos apresentados aqui a três critérios para o dom perfeito e amoroso — ou seja, aquele que não usaríamos para obter uma recompensa: 1) o receptor não sabe que recebeu um presente; 2) nada é de fato concedido; 3) o doador não sabe que doou alguma coisa" (p. 70).

[63] Todos os livros de Piper lidam com esse tema. Veja por exemplo *Desiring God*; *God's Passion for His Glory* e *God is the Gospel* (vide bibliografia).

[64] Conforme citado em Richard John NEUHAUS, "How We Got to Where We Are", *First Things*, janeiro de 2007, p. 172.

[65] *Orthodoxy*, p. 153.

[66] Sayers, *Creed or Chaos?*, p. 25.

Capítulo 6

[1] URC significa United Reformed Church, Igreja Reformada Unida. É a igreja dos autores. (N. do T.)

[2] Há uma série de jovens ali que parecem precisar de uma boa refeição.

[3] *Pomo* é a abreviatura de "pós-moderno", que passou a descrever não apenas uma era, mas também uma "aparência", o que inclui o tipo certo de *jeans*, de camiseta e de jaqueta.

[4] Isso parece malvado, eu sei, e não quis sê-lo. É apenas uma maneira de descrever sua obra que, como a de Lamott, é um diário para as massas. A propósito, gostei muito de ler *Blue Like Jazz* (vide bibliografia).

Capítulo 7

[1] Eddie GIBBS e Ryan K. BOLGER, *Emerging Churches*, p. 29.

[2] Brian D. McLAREN e Tony CAMPOLO, *Adventures in Missing the Point*, p. 260. Outra citação semelhante: "As pessoas que chegariam à fé através do caminho que eu estava tentando lhes abrir provavelmente não seriam como aquelas que esperam por elas na igreja. Seriam como um bando de artistas de olhos arregalados, crianças irritáveis e jogadores de rúgbi surrando uma dúzia de contadores e engenheiros conservadores" (Brian D. McLAREN, *A New Kind of Christian*, p. xvi).

[3] Idem, p. 262.

[4] Brian D. McLAREN, "Emerging Values", *Leadership* (verão de 2003), p. 35.

[5] *Reimagining Spiritual Formation*, p. 114-115.

[6] *The Next Reformation*, p. 156.

[7] *SoulTsunami*, p. 199.

[8] Idem, p. 380.

[9] *The Post-Evangelical*, p. 42-43.

[10] Uma das ironias é o fato de que, ao mesmo tempo que a igreja emergente não considera a informação e a obtenção de conhecimento bíblico simples como coisas suficientes ou até mesmo necessárias para a formação espiritual, existe um forte clamor para se alcançar conhecimento da cultura e de seus antecedentes pós-modernos. É terrivelmente moderno adquirir conhecimento sobre a Bíblia, mas o que você não conhece sobre o pós-modernismo pode ser mortal. "Na era pós-moderna, aquilo que você não sabe, ou o que sabe errado, pode feri-lo. Também pode matar você" (SWEET, *SoulTsunami*, p. 146).

[11] McLAREN e CAMPOLO, *Adventures in Missing the Point*, p. 280.

[12] *The Emerging Church* (vide bibliografia).

[13] Referência ao livro de Doug PAGGIT, *Reimagining Spiritual Formation*. (N. do T.)

[14] *The Emerging Church*, p. 175.

[15] Idem, p. 215.

[16] Idem, p. 230.
[17] Idem, p. 140-141.
[18] Idem, p. 180.
[19] Mosaic Church é a igreja de Erwin McManus. (N. do T.)
[20] *The Emerging Church*, p. 217.
[21] Rick WARREN, *Purpose Driven Church*, p. 130 (vide bibliografia).
[22] *Reimagining Spiritual Formation*, p. 56-57.
[23] Esse é o nome da comunidade que Dieter Zander, ex-membro de Willow Creek, ajudou a fundar em San Francisco.
[24] A descrição é extraída de RASCHKE, *The Next Reformation*, p. 176.
[25] *Preaching Re-Imagined*, p. 10, 18.
[26] Idem, p. 20ss.
[27] *The Worship Phenomenon*, p. 74.
[28] Idem, p. 145.
[29] *The Reading and Preaching of the Scriptures in the Worship of the Church*, vol. 3, p. 359.
[30] Citado no capítulo de Nick Needham, intitulado "Worship through the Ages", em Philip Graham RYKEN e outros, *Give Praise to God*, p. 376.
[31] *Reading and Preaching the Scriptures*, vol. 1, p. 93.
[32] Cf. Harold M. BEST, *Unceasing Worship*, p. 158: "Se há alguém capaz de entender múltiplos significados de uma mesma coisa, esse alguém é Deus. Não obstante, creio firmemente que a melhor pregação, por mais poética e elegante que possa se tornar, não pode se dar ao luxo de desviar-se tanto a ponto de significar muitas coisas diferentes ao mesmo tempo. Embora seja importante para a alma humana — como os salmos e as declarações poéticas dos profetas o são — a pregação que se baseia neles deve levar de volta à firmeza e à aplicabilidade direta da verdade proposicional". Best é organista, compositor e ex-diretor do Conservatório de Música do Wheaton College.
[33] MCLAREN e CAMPOLO, *Adventures in Missing the Point*, p. 158ss.
[34] Idem, p. 160ss.
[35] *Preaching Re-Imagined*, p. 79.
[36] Jesus Creed, "Rob Bell and His Sex God 2", <http://blog.beliefnet.com/jesuscreed/2007/03/rob-bell-and-his-sex-god-2.html>. Acesso em: 11 jan. 2011. Cf. *Velvet Elvis*, p. 125. Witherington é outro acadêmico, simpático ao ministério de Bell de modo geral, que, porém, adverte do uso indiscriminado de fontes judaicas feito por Bell. McKnight também menciona o uso às vezes incompreensível que Bell faz de etimologias. Juntamente com esses textos, todo pastor deveria ler o livro *Exegetical Fallacies*, 2ª ed., de D. A. Carson (vide bibliografia), especialmente o capítulo intitulado "Word-Study Fallacies" (Falácias no estudo das palavras).
[37] *Velvet Elvis*, 162 (vide bibliografia).
[38] Você pode encontrar um tocante relato narrativo da ascensão de Otaviano ao poder e seu subsequente governo como César Augusto em

Tom Holland, *Rubicon: The Last Years of the Roman Republic*, p. 338-378 (vide bibliografia).

[39] Ethelbert Stauffer, *Christ and the Caesars*, p. 83.

[40] Idem, p. 88.

[41] Em outro ponto, Stauffer faz eco a 1Coríntios 7:30, quando fala sobre Augusto: "Ele sabia como possuir tudo como se não possuísse nada" (Idem, p. 98).

[42] *Listening to the Beliefs*, p. 128-129.

[43] Os exemplos citados foram extraídos de McLaren, *Generous Orthodoxy*, p. 210ss.

[44] Essa frase consta do parágrafo de abertura de *As Institutas* de 1536, conforme citado em T. H. L. Parker, *John Calvin: A Biography*, p. 36.

[45] Pagitt, *Listening to the Beliefs*, p. 121-122.

Capítulo 8

[1] Peter Rollins, *How (Not) to Talk of God*, p. 134.

[2] Eu sei, existe uma diferença entre os termos "emergent" e "emerging" em inglês [...] e, em favor da simplicidade, se comparássemos com o espectro político, "emergent" estaria na extrema esquerda, enquanto "emerging" estaria em algum lugar à direita. Também já ouvi uma descrição segundo a qual "emergent" está pronto para lançar um enorme lastro teológico quanto à existência do inferno e à autoridade das Escrituras, enquanto "emerging" pode simplesmente estar fazendo algumas coisas de maneira diferente apenas para alcançar um grupo diferente de pessoas.

[3] "Brian McLaren on the Homosexual Question" em "Out of Ur", um *blog* do *Leadership Journal*. Disponível em: <http://blog.christianitytoday.com/outofur/archives/2006/01/ brian_mclaren_o_3.html>. Acesso em: 11 jan. 2011.

[4] Eu sei, eu sei, essa coisa de "tenho um amigo *gay*" é a clara defesa do intolerante, mas o que fazer? Eu provavelmente serei detonado por ambos os lados por causa desse parágrafo.

Capítulo 9

[1] Essas metáforas e descrições foram extraídas de Brian D. McLaren, *The Secret Message of Jesus*, p. 138-148. McLaren faz essas sugestões porque a linguagem do reino "está desatualizada e distante", evocando "patriarcado, chauvinismo, imperialismo, dominação e um regime sem liberdade" (p. 139) (vide bibliografia). Você poderá encontrar comentários similares de Walter Rauschenbusch, o líder do evangelho social no início do século XX, em Russell D. Moore, *The Kingdom of Christ*, p. 184.

[2] McLaren, *Secret Message*, p. 111.

[3] Brian D. McLaren, *The Last Word and the Word after That*, p. 121.

4 Brian D. McLaren, *The Story We Find Ourselves In*, p. 125.
5 McLaren, *Secret Message*, p. 134.
6 Rob Bell, *Velvet Elvis*, p. 21 (vide bibliografia).
7 *A Theology of the New Testament*, rev. ed., p. 68ss (vide bibliografia).
8 Idem, p. 79-88.
9 Idem, p. 89-90.
10 McLaren, *Secret Message*, p. 118.
11 Brian D. McLaren, *A New Kind of Christian*, p. 132.
12 Mensagem eletrônica citada em Spencer Burke, *Making Sense of Church*, p. 148.
13 Brian McLaren em Leonard Sweet, *The Church in Emerging Culture*, p. 215.
14 De acordo com Bell, o evangelho é boa-nova para o mundo porque significa que começamos a viver como Jesus, o que faz que a vida seja melhor para todos (*Velvet Elvis*, p. 166). Isso não apenas tira o evangelho de seu centro, a morte salvadora de Jesus na cruz, como também é grosseiramente simplista. A verdade é que o fato de as pessoas começarem a seguir a Jesus não significa boas-novas para todos. Se o ministério de Paulo servir de indicação, metade das pessoas vai nos amar e a outra metade nos odiará por crer em Jesus. Jesus não disse que não veio para trazer paz, mas espada, e que famílias se dividiriam por causa dele? (Mt 10:34-39; cf. Lc 2:34-35).
15 McLaren, *The Last Word*, p. 171.
16 McLaren escreve: "Portanto, um elemento central da mensagem de Jesus — e de sua vida — é a confiança radical de que a morte não é o fim, que esta vida não é tudo o que existe e que haverá uma ressurreição real" (*Secret Message*, p. 189).
17 Idem, p. 36.
18 Conforme citado em Moore, *The Kingdom of Christ*, p. 52.
19 McLaren, *The Last Word*, p. 151.
20 Cf. McLaren, "se as pessoas crerem que as guerras são necessárias e justificadas, então as guerras continuarão a acontecer. Se as pessoas crerem na violência redentora, então a violência proliferará. Mas, se elas crerem na mensagem secreta de Jesus, acreditarão que existem alternativas criativas à guerra e à violência e, pela graça de Deus, cada vez menos guerras e menos violência resultarão disso. E, um dia, pela graça de Deus, talvez a guerra siga o mesmo curso da escravidão e do colonialismo — de modo que possamos dizer que o reino de Deus chegou mais plenamente" (*The Secret Message of Jesus*, p. 160 – vide bibliografia).
21 Idem.
22 Lloyd-Jones explicou em um sermão, cinquenta anos atrás: "Para quem foi direcionado o Sermão do Monte? A quem ele se aplica? Qual é realmente o propósito desse sermão; qual é sua relevância? [...]. Dizia-se que foram lançados ali os princípios para se saber como a vida deveria ser vivida pelos homens, e tudo o que temos a fazer é aplicar o

Sermão do Monte. Por meio disso, podemos produzir o reino de Deus na terra, a guerra será banida e todos os nossos problemas serão eliminados. Essa é a típica visão do evangelho social". Ele concluiu que "essas declarações ['bem-aventurados'] significam que nenhum homem pode viver o Sermão do Monte em si e por si mesmo, sem receber nenhuma ajuda" (*Studies in the Sermon on the Mount*, p. 13-14).

[23] Veja John R. W. STOTT, *Christian Mission in the Modern World*, p. 27. A visão de Stott sobre missão é tudo o que poderíamos esperar dele: caridosa, equilibrada e sábia. Stott declara a necessidade da ação social, mas não hesita em dizer que a principal prioridade da igreja deve ser evangelizar os milhões que não conhecem a Cristo (p. 15-17, 19, 23, 35).

[24] John PIPER, *What Jesus Demands from the World*, p. 23; as ênfases estão presentes no original.

[25] McLAREN e CAMPOLO, *Adventures in Missing the Point*, p. 122.

[26] Cf. Darryl HART, *A Secular Faith*, 103.

[27] O Concílio Federal de Igrejas, por exemplo, precursor do Concílio Nacional de Igrejas (NCC na sigla em inglês), emitiu esta declaração em 1939, logo após o início da Segunda Guerra Mundial: "Conclamamos as igrejas neste momento a buscarem a paz, não em favor da segurança ou do lucro, mas em favor de Cristo e de um mundo mais amistoso. Não poderíamos ficar nem ficaremos imunes aos problemas e às dores do mundo. Por meio de contribuição generosa e serviço prático, que conheçamos os que tomam parte conjuntamente dos sofrimentos de Cristo em terras devastadas pela guerra. Com disposição de se sacrificar, que nos juntemos a outros na preparação de um plano de uma paz justa, ou de uma vida econômica não desfigurada pela pobreza e pela ganância, e de uma ordem mundial na qual as necessidades e o serviço de todas as nações possam encontrar aceitação" (*Secular Faith*, p. 191). De modo similar, três décadas depois, a Consulta sobre a União da Igreja (COCU na sigla em inglês), apoiada pela NCC, declarou sua "luta contra o racismo, a pobreza, a devastação do meio ambiente, a guerra e outros problemas da família do homem" (Idem, p. 196-197)

[28] McLaren compara o anúncio do reino de Deus a uma entrevista televisiva com um profeta que anuncia: "Chegou a hora! É hora de desativar os programas de armamentos e de fazer as pazes com os inimigos! É hora de os CEOs arrocharem seus ganhos milionários e conceder aumentos generosos aos empregados de menor remuneração!" (*Secret Message*, p. 24).

[29] *A Secular Faith*, p. 233-234.

[30] *The Passion of Jesus Christ.*

[31] Cf. D. A. CARSON, *Becoming Conversant with the Emerging Church*, p. 157-187.

[32] McLaren, *The Story We Find Ourselves In*, 105-106.

[33] Idem, p. 102.

[34] *Secret Message*, p. 226.

[35] Steve CHALKE e Allan MANN, *The Lost Message of Jesus*, p. 182-183.
[36] *Becoming Conversant*, p. 186.
[37] CHALKE e MANN, *The Lost Message*, p. 181.
[38] Idem, p. 67.
[39] *The Post-Evangelical*, p. 126.
[40] Idem, p. 125. Ao comentar sobre essa passagem, Pagitt argumenta que "muitos pós-evangélicos sentem-se à vontade com uma visão hebraico-oriental que indica que Deus pode ser encontrado nas pessoas". Essa visão pode ser oriental, mas não é hebraica. O Antigo Testamento apresenta uma posição radicalmente favorável à distinção entre Criador e criatura. "'Pois os meus pensamentos não são os pensamentos de vocês, nem os seus caminhos são os meus caminhos', declara o SENHOR. 'Assim como os céus são mais altos do que a terra, também os meus caminhos são mais altos do que os seus caminhos, e os meus pensamentos, mais altos do que os seus pensamentos'" (Is 55:8-9).
[41] Idem, p. 101.
[42] CHALKE e MANN, *The Lost Message*, p. 98-99. Cf. Bell, *Velvet Elvis*: "Disseram-me que eu precisava crer em Jesus, o que é muito bom. Mas o que estou aprendendo é que Jesus acredita em mim. Disseram-me que preciso ter fé em Deus, o que é muito bom. Mas o que estou aprendendo é que Deus tem fé em mim" (p. 134).
[43] Cf. Donald MILLER, *Blue Like Jazz*, p. 231 (vide bibliografia).
[44] Cf. Rob BELL, *Sex God*, p. 98, 112ss (vide bibliografia).
[45] Grande parte desta seção se baseia em um artigo que desenvolvi para a *Church Herald*, a revista oficial da Reformed Church of America. Ele será publicado em uma edição futura da revista.
[46] *Ecumenical Creeds and Reformed Confessions*, CD, I.15.
[47] Idem, BC 37.
[48] Idem, HC 10.
[49] *The Kingdom of God in America*, p. 193.
[50] McLaren, *New Kind of Christian*, p. 124ss. Veja também BELL, *Velvet Elvis*, p. 146, que escreve sobre céu e inferno, mas descreve os dois como lugares "cheios de pessoas boas".
[51] *The Last Word*, p. xii. Grifo do original.
[52] Idem, p. 80-81.
[53] *Secret Message*, p. 23.
[54] Isso sem mencionar outras advertências de julgamento presentes no Novo Testamento (p. ex., At 17:31; Hb 9:27) e de retribuição futura (todo o livro de Apocalipse).
[55] *What Jesus Demands of the World*, p. 93.
[56] *Art of Pastoring*, p. 78.
[57] BELL, *Velvet Elvis*, p. 21 (vide bibliografia).
[58] CHALKE e MANN, *Lost Message*, p. 121.
[59] *New Kind of Christian*, p. 66.
[60] *Generous Orthodoxy*, p. 293.

[61] *Secret Message*, p. 169-170.
[62] *Generous Orthodoxy*, p. 122-123.
[63] Idem, p. 120-121.
[64] *The Church in Emerging Culture*, p. 220.
[65] McLaren, *The Story We Find Ourselves In*, p. 67.
[66] *New Kind of Christian*, p. 127.
[67] G. K. Chesterton, *Everlasting Man*, p. 182 (vide bibliografia).

Capítulo 10

[1] Russell Hammond e o repórter adolescente William Miller estão andando juntos em Topeka, Kansas, tentando "encontrar algo real" quando uma Kombi na qual estão as "pessoas reais de Topeka" vem por trás e por fim emparelha com eles.
[2] De acordo com sua biografia em *www.velocityculture.com*. Acesso em: 11 jan. 2011.
[3] Como se alguém aqui fosse dizer "sabe, não há nada de tão especial em relação ao período da História em que vivemos. Nada revolucionário, nada digno de nota, nenhuma grande mudança está acontecendo". Eu diria que praticamente qualquer período histórico já vivido pode ser considerado essencial e, talvez ao mesmo tempo, defendido como nem um pouco importante em termos do homem e suas motivações.
[4] McKnight usa as palavras "cheiros e sinos" para descrever as reuniões de adoração emergentes que enfatizam os sentidos, referindo-se ao ritualismo de igrejas como a católica e a anglicana. Ele não chega a lugar algum sobre isso, a não ser para dizer, em essência, "olha, somos criativos; o que você quer?".
[5] Versos de uma música *gospel* famosa nos Estados Unidos, cuja tradução seria: "Não vou deixar ninguém me vencer, me vencer, me vencer./A injustiça não vai me vencer, me vencer, me vencer." (N. do T.)
[6] Disponível na Harvest Orthodox Presbyterian Church em Grand Rapids; o endereço eletrônico é *www.harvestopc.org*, e o nome original do artigo é "Jumping Off the Mark: A Response to Rob Bell's *Velvet Elvis*". Trata-se de um recurso excelente, que eu gostaria de reproduzir na íntegra.

Capítulo 11

[1] Existem mais agasalhos de moletom dos times do Indianapolis Colts e do Chicago Bears no local do que camisetas de *indie-rock* e canecas de café.
[2] <http://kingdomnexus.squarespace.com/keeping-jesus-revolutionary/>.
[3] Entre outras obras, Umberto Eco é autor de *O pêndulo de Foucault* e é frequentemente invocado por pessoas jovens e de idade (na maior parte das vezes, por jovens) quando tentam parecer mais espertos do que

realmente são, porque a grande realidade é que a maioria das pessoas não entende essas coisas. Pode me incluir nesse grupo. A propósito, não acho que Tony Jones seja esperto.

[4] *The Wave* é um livro juvenil de Todd Strasser, baseado em filme homônimo, que conta uma experiência feita por um professor de História que criou um movimento autoritário em uma classe de ensino médio com o objetivo de demonstrar na prática por que os nazistas seguiram Hitler. (N. do. T)

[5] "Various Surrealities at Monster Jam", entrada de 29 de jan. de 2007 no *blog* de Tony Jones. Disponível em: <http://theoblogy.blogspot.com/2007_01_01_archive.html>. Acesso em: 11 jan. 2011.

Epílogo

[1] Brian McLaren escreve em *Generous Orthodoxy*: "*Comprometimento* (assim como tolerância) é uma espécie de palavrão para muitos cristãos. Sugere um rebaixamento dos padrões. Mas é uma palavra linda (como tolerância) se você estiver tentando viver em comunhão com outros, com a Escritura, razão, tradição e experiência em uma tensão dinâmica. Sob essa luz, comprometimento e tolerância sugerem manter um padrão elevado (não comprometido!) de unidade e um alto nível de respeito pelos irmãos e irmãs que discordam de você" (p. 235). Não estou defendendo que "tolerância" seja uma palavra imunda e que em momento nenhum é adequada aos cristãos, mas apenas que McLaren e outros líderes emergentes dificilmente conseguem imaginar por que a intolerância poderia sequer ser justificada. Ao fazê-lo, eles são mais generosos que Jesus.

[2] Wilson H. Kimnach e outros, "The Excellency of Christ", *The Sermons of Jonathan Edwards*, p. 161-196.

[3] Donald Miller, *Blue Like Jazz*, p. 238 (vide bibliografia).

[4] *The Works of Jonathan Edwards, Volume I*, p. xlvii.

[5] *God in the Wasteland*, p. 225.

Bibliografia

BARTH, Karl. *Church Dogmatics.* Edinburgh: T&T Clark, 1975.

BASDEN, Paul, org. *Exploring the Worship Spectrum: 6 Views.* Grand Rapids: Zondervan, 2004. Publicado no Brasil como *Adoração ou Show?* São Paulo: Vida, 2006.

BELL, Rob. *Sex God: Exploring the Endless Connections Between Sexuality and Spirituality.* Grand Rapids: Zondervan, 2007. Publicado no Brasil como *Deus e Sexo* São Paulo: Vida, s.d.

_______. *Velvet Elvis.* Grand Rapids: Zondervan, 2005. Publicado no Brasil como *Repintando a Igreja: Uma visão contemporânea.* São Paulo: Vida, s.d.

BEST, Harold M. *Unceasing Worship.* Downers Grove, Ill.: InterVarsity, 2003.

BUCKLEY, Christopher. *Thank You for Smoking.* New York: Random House, 1994. Publicado no Brasil como *Obrigado por fumar.* São Paulo: Companhia das Letras, 2006.

BUNYAN, John. *A peregrina.* São Paulo: Mundo Cristão, 1999.

BURKE, Spencer com Colleen Pepper. *Making Sense of the Church.* Grand Rapids: Zondervan, 2003.

BURKE, Spencer e TAYLOR, Barry. *Heretic's Guide to Eternity.* San Francisco: Jossey-Bass, 2006.

CALVIN, John (João Calvino). *Institutes of the Christian Religion* (Louisville: Westminster John Knox, 1960), III.ii.39. Publicado em português como *As Institutas* São Paulo: Cultura Cristã, 1985.

CARSON, D. A. *Becoming Conversant with the Emerging Church.* Grand Rapids: Zondervan, 2005.

_______. A. *Exegetical Fallacies*, 2a ed. Grand Rapids: Baker, 1996. Publicado no Brasil como *A exegese e suas falácias.* São Paulo: Vida Nova, 1992.

_______. A. *The Gagging of God.* Grand Rapids: Zondervan, 1996.

CHALKE, Steve e MANN, Alan. *The Lost Message of Jesus.* Grand Rapids: Zondervan, 2003.

CHESTERTON, G. K. *Everlasting Man.* San Francisco: Ignatius Press, 1925. Publicado no Brasil como *O homem eterno.* São Paulo: Mundo Cristão, 2010.

_______. *Orthodoxy.* New York: Doubleday, 1959. Publicado no Brasil como *Ortodoxia.* São Paulo: Mundo Cristão, 2008.

Christianity Today, novembro de 2004.

Christianity Today, outubro de 2004.

DRISCOLL, Mark. *Confessions of a Reformission Rev.: Hard Lessons from an Emerging Missional Church.* Zondervan: Grand Rapids, 2006.

DUNN, James D. G. *A New Perspective on Jesus: What the Quest for the Historical Jesus Missed.* Grand Rapids: Baker, 2005.

ECO, Umberto. *O pêndulo de Foucault.* Rio de Janeiro: BestBolso, 2009.

Ecumenical Creeds and Reformed Confessions. Grand Rapids: Faith Alive Christian Resources, 1988.

EDWARDS, Jonathan. *The Works of Jonathan Edwards*, Vol. I. Edinburgh, Scotland: Banner of Truth Trust, 1995 (1834).

ERICKSON, Millard J., KJOSS, Paul e TAYLOR, Justin eds. *Reclaiming the Center: Confronting Evangelical Accommodation in Postmodern Times.* Wheaton, Ill: Crossway, 2004.

FINKE, Roger e STARK, Rodney. *The Churching of America, 1776–2005.* New Brunswick, N.J.: Rutgers Univ. Press, 2005.

First Things, agosto / setembro de 2006.

First Things, janeiro de 2007.

GIBBS, Eddie e BOLGER, Ryan K. *Emerging Churches: Creating Christian Community in Postmodern Cultures.* Grand Rapids: Baker, 2005.

GRENZ, Stanley J. e FRANKE, John R. *Beyond Foundationalism: Shaping Theology in a Postmodern Context.* Louisville: Westminster John Knox, 2001.

HANSEN, David. *Art of Pastoring.* Downers Grove, Ill.: InterVarsity, 1994.

HART, D. G., ed. *J. Gresham Machen: Selected Shorter Writings.* Phillipsburg, N.J.: P&R Publishing, 2004.

HART, Darryl. *A Secular Faith: Why Christianity Favors the Separation of Church and State.* Chicago: Ivan R. Dee, 2006.

Henry, Carl F. H. *God, Revelation and Authority*. Wheaton, Ill.: Crossway, 1979.

Hirsch, E. D. *Validity in Interpretation*. New Haven: Yale, 1967.

Holland, Tom. *Rubicon: The Last Years of the Roman Republic*. New York: Doubleday, 2003. Publicado no Brasil como *Rubicão: o triunfo e a tragédia da República Romana*, 2ª edição. Rio de Janeiro: Record, 2006.

Kimball, Dan. *The Emerging Church*. Grand Rapids: Zondervan, 2003. Publicado no Brasil como *A igreja emergente*. São Paulo: Vida, s.d.

Kimnach, Wilson H., Minkema, Kenneth P. e Sweeney, Douglas A., eds. *The Sermons of Jonathan Edwards*. New Haven, Conn.: Yale Univ. Press, 1999.

Ladd, George Eldon. *A Theology of the New Testament*, ed. rev. Grand Rapids: Eerdmans, 1993. Publicado no Brasil como *Teologia do novo testamento - edição revisada*. São Paulo: Hagnos.

Leadership, verão de 2003.

Lewis, C. S. *Reflections on the Psalms*. Glasgow: Collins, 1961.

Lloyd-Jones, D. Martyn. *Spiritual Depression*. Grand Rapids: Eerdmans, 1965.

________. *Studies in the Sermon on the Mount*. Grand Rapids: Eerdmans, 1976.

Machen, J. Gresham. *Christianity and Liberalism*. Grand Rapids: Eerdmans, 1923.

McLaren, Brian D. *A New Kind of Christian*. San Francisco: Jossey-Bass, 2001.

McLaren, Brian D. e Campolo, Tony. *Adventures in Missing the Point*. Grand Rapids: Zondervan, 2003.

________. *The Last Word and the Word after That*. San Francisco: Jossey-Bass, 2005.

________. *The Story We Find Ourselves In*. San Francisco: Jossey-Bass, 2003.

________. *A Generous Orthodoxy*. Grand Rapids: Zondervan, 2004.

________. *The Secret Message of Jesus*. Nashville: Nelson, 2006. Publicado no Brasil como *A mensagem secreta de Jesus*. Rio de Janeiro: T. Nelson Brasil, 2007.

McManus, Erwin Raphael. *The Barbarian Way*. Nashville: Nelson, 2005.

Miller, Donald. *Blue Like Jazz*. Nashville: Nelson, 2003. Publicado no Brasil como *Como os pinguins me ajudaram a entender Deus*. Rio de Janeiro: Thomas Nelson Brasil, 2007.

Modern Reformation, julho/agosto de 2005.

Moore, Russell D. *The Kingdom of Christ*. Wheaton, Ill.: Crossway, 2004.

MULLER, Richard. *Holy Scripture: The Cognitive Foundation of Theology, Post-Reformation Reformed Dogmatics,* vol. 2. Grand Rapids: Baker, 1993.

NIEBUHR, H. Richard. *The Kingdom of God in America.* New York: Harper and Row, 1959.

ODEN, Thomas C. *Turning Around the Mainline.* Grand Rapids: Baker, 2006.

OLD, Hughes Oliphant. *The Reading and Preaching of the Scriptures in the Worship of the Christian Church,* vol. 2. Grand Rapids: Eerdmans, 1998.

PACKER, J. I. *Truth & Power.* Wheaton, Ill.: Shaw, 1993.

PAGITT, Doug e JONES, Tony, eds. *An Emergent Manifesto of Hope,* (Grand Rapids: Baker, 2007.

PAGITT, Doug e Solomon's Porch Community. *Reimagining Spiritual Formation.* Grand Rapids: Zondervan, 2004.

PAGITT, Doug. *Preaching Re-Imagined: The Role of the Sermon in Communities of Faith.* Grand Rapids: Zondervan, 2005.

PARKER, T. H. L. *John Calvin: A Biography.* Philadelphia: Westminster, 1975.

PIPER, John. *Desiring God: Meditations of a Christian Hedonist.* Sisters, Ore.: Multnomah, 1999.

_______. *God is the Gospel: Meditations on God's Love as the Gift of Himself.* Wheaton, Ill.: Crossway, 2005. Publicado no Brasil como *Deus é o evangelho.* São Jose dos Campos, SP: Fiel, 2006.

_______. *God's Passion for His Glory: Living the Vision of Jonathan Edwards.* Wheaton, Ill: Crossway, 1998. Publicado no Brasil como *A paixão de Deus por sua glória.* São Paulo: Cultura Cristã, 2008.

_______. *The Passion of Jesus Christ.* Wheaton, Ill.: Crossway, 2004.

_______. *What Jesus Demands from the World.* Wheaton: Crossway, 2006.

RASCHKE, Carl. *The Next Reformation: Why Evangelicals Must Embrace Postmodernity.* Grand Rapids: Baker Academic, 2004.

ROLLINS, Peter. *How (Not) to Speak of God.* Brewster, Mass.: Paraclete, 2006.

RYKEN, Philip Graham, THOMAS, Derek W. H. e DUNCAN III, J. Ligon, eds. *Give Praise to God.* Philipsburg, N.J.: P&R Publishing, 2003.

SAYERS, Dorothy. *Creed or Chaos? Why Christians Must Choose Either Dogma or Disaster (Or, Why It Really Does Matter What You Believe).* Manchester, N.H.: Sophia Institute Press, 1999.

Secular Faith

SHIFLETT, Dave. *Exodus: Why Americans Are Fleeing Liberal Churches for Conservative Christianity.* New York: Sentinel, 2005.

STAUFFER, Ethelbert. *Christ and the Caesars.* London: SCM, 1952.

STOTT, John R. W. *Christian Mission in the Modern World.* Downers Grove, Ill.: Intervarsity Press, 1975.

SWEET, Leonard, ed. *The Church in Emerging Culture.* Grand Rapids: Zondervan, 2003. Publicado no Brasil como *A igreja na Cultura Emergente - Cinco pontos de vista.* São Paulo: Editora Vida.

_______. *Soul Tsunami.* Grand Rapids: Zondervan, 1999.

TOMLINSON, Dave. *The Post-Evangelical.* Grand Rapids: Zondervan, 2003.

WARREN, Rick. *Purpose Driven Church.* Grand Rapids: Zondervan, 1995. Publicado no Brasil como *Uma igreja com propósitos.* São Paulo: Vida, s.d.

WEBBER, Robert E. *The Worship Phenomenon: A Dynamic New Awakening in Worship Is Reviving the Body of Christ.* Nashville: Abott Martin, 1994.

_______. *The Younger Evangelicals.* Grand Rapids: Baker, 2002.

_______. ed. *Listening to the Beliefs of the Emerging Churches: Five Perspectives.* Grand Rapids: Zondervan, 2007.

WELLS, David F. *Above All Earthly Pow'rs.* Grand Rapids: Eerdmans, 2005.

_______. *God in the Wasteland.* Grand Rapids: Eerdmans, 1994.

WESTERHOFF, Caroline. *Good Fences.* Harrisburg, Pa.: Morehouse, 1999.

WOODBRIDGE, John. *Biblical Authority.* Grand Rapids: Zondervan, 1982.

Compartilhe suas impressões de leitura escrevendo para:
opiniao-do-leitor@mundocristao.com.br
Acesse nosso blog: www.mundocristao.com.br/blog

Preparação: Lizandra Magon de Almeida
Revisão: Josemar de Souza Pinto
Diagramação: Pólen Editorial
Fonte: Nebraska
Papel: Lux cream 70g/m²
Cartão 250g/m² (capa)